慶應義塾大学法学研究会叢書［77］

自由民権運動の研究

急進的自由民権運動家の軌跡

寺崎修

慶應義塾大学法学研究会

加波山(撮影=著者)

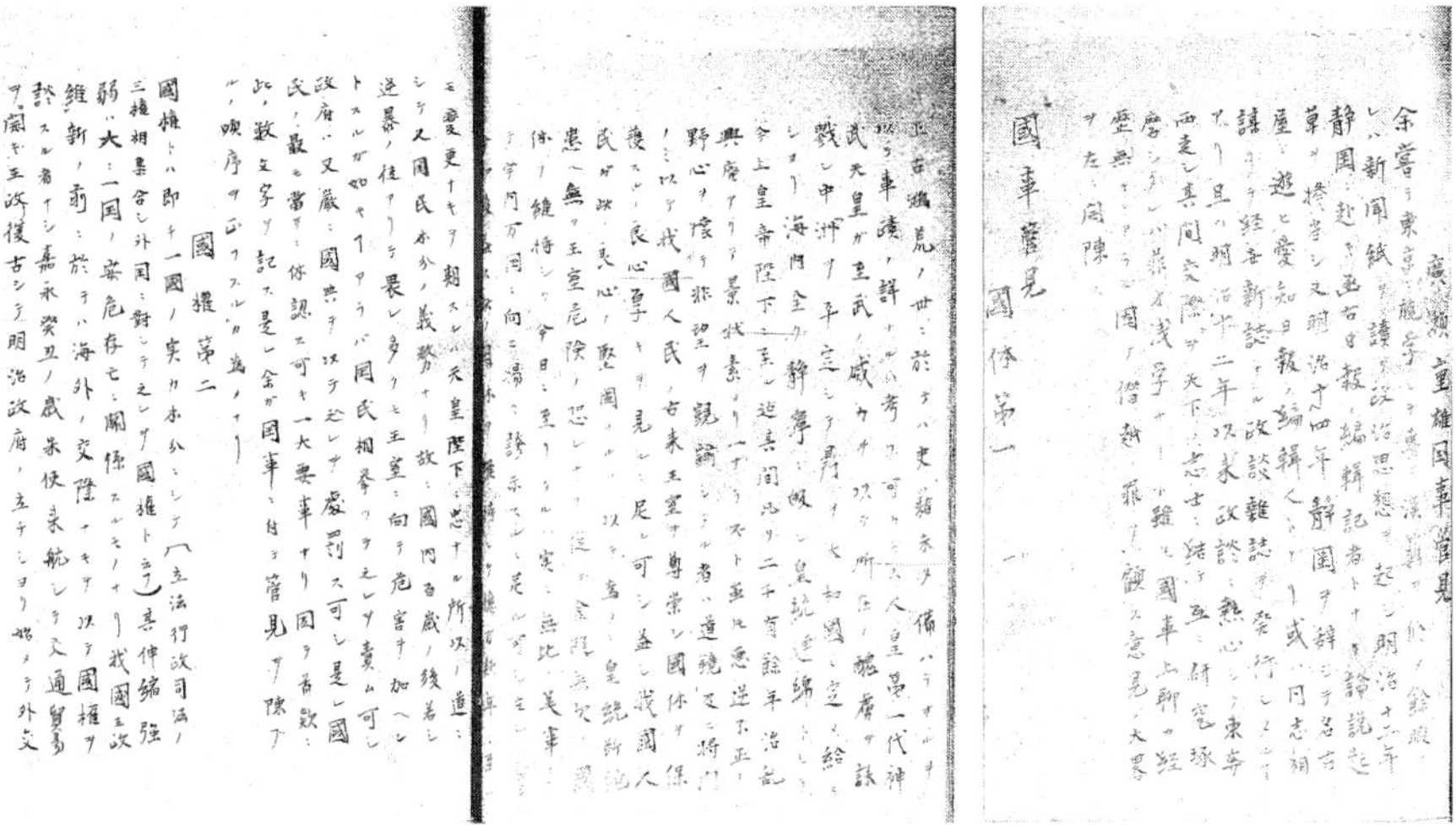

廣瀬重雄国事管見

余嘗テ東京ニ遊学シテ[illegible]
シハ新聞紙ヲ読ミ政治思想ヲ起シ明治十三年
静岡ニ赴キ函右日報ノ編輯記者トナリ論説起
草ヲ担当シ又明治十四年静岡ヲ辞シテ名古
屋ニ遊ヒ愛知日報ノ編輯ニ[illegible]ナリ或ハ同志相
謀リテ経世新誌ナル政談雑誌ヲ発行シ[illegible]
ナリ且ハ明治十二年以来政談ニ熱心シテ東奔
西走シ其間交際ヲ天下ノ志士ニ結ヒ互ニ研究琢
磨シテ[illegible]ハ非才浅学ナリト雖モ国事ニ聊カ経
歴無キニアラス[illegible]ヲ顧ミス意見ノ大略
ヲ左ニ開陳ス

國事管見

國体第一

上古鴻荒ノ世ニ於テハ史籍未タ備ハラサルヲ
以テ事蹟ノ詳ナルハ考フ可カラス人皇第一代神
武天皇ガ至武ノ威ヲ以テ所在ノ醜虜ヲ誅
戮シ中洲ヲ平定シテ[illegible]國ニ定メ給ヒ
シヨリ海内全ク静寧ニ帰シ皇統連綿トシテ
今上皇帝陛下ニ至ル迄其間凡ソ二千有余年治乱
興廃アリテ景状素ヨリ一ナラズト雖モ悪逆不正ノ
野心ヲ懐キ非望ヲ覬覦シタル者ハ道鏡尊氏ノ将門
ノミ以テ我國人民ノ古来王室ヲ尊崇シ國体ヲ保
護スル良心厚キヲ見ルニ足ル可シ盖シ我國人
民ガ此良心ノ堅固ナルヲ以テ[illegible]皇統断絶
患ヘ無ク王室危険ノ恐レナク[illegible]
体ヲ維持シテ今日ニ至リタルハ実ニ無比ノ美事
ニテ宇内万国ニ向テ誇示スルニ足ル[illegible]
モ変更ナキヲ期スルハ天皇陛下ニ忠ナル所以ノ道ニ
シテ又国民本分ノ義務ナリ故ニ國内百歳ノ後若シ
逆暴ノ徒アリテ畏レ多クモ王室ニ向テ危害ヲ加ヘン
トスルガ如キアラバ国民相率ヰテ之レヲ責ム可シ
政府ハ又厳ニ國典ヲ以テ之レヲ處罰ス可シ是レ國
民ノ最モ當ニ体認ス可キ一大要事ナリ因テ首款ニ
此ノ数文字ヲ記ス是レ余ガ国事ニ付テ管見ヲ陳ブ
ルノ順序ヲ正フスルガ為メナリ

國権第二

國権トハ即チ一國ノ実力ホ分ニシテ（立法行政司法ノ
三権相集合シ外国ニ対シテ之レヲ國権ト云フ）其伸縮強
弱ハ大ニ一国ノ安危存亡ニ関係スルモノナリ我國王政
維新ノ前ニ於テハ海外ノ交際ナキヲ以テ國権ヲ
論スル者ナシ嘉永癸丑ノ歳米使来航シテ交通貿易
ヲ開キ王政復古シテ明治政府ノ立チシヨリ始メテ外交

広瀬重雄「国事管見」（「鈴木音高外八名国事ニ関スル供述書」所載）
（国立国会図書館憲政資料室所蔵）

下館市妙西寺境内の加波山事件志士墓碑
（撮影＝著者）

加波山山頂の旗立石。
ここに「自由民権政体造立」の旗を立てた。（撮影＝著者）

大井憲太郎（1843～1922）
（国立国会図書館ホームページより）

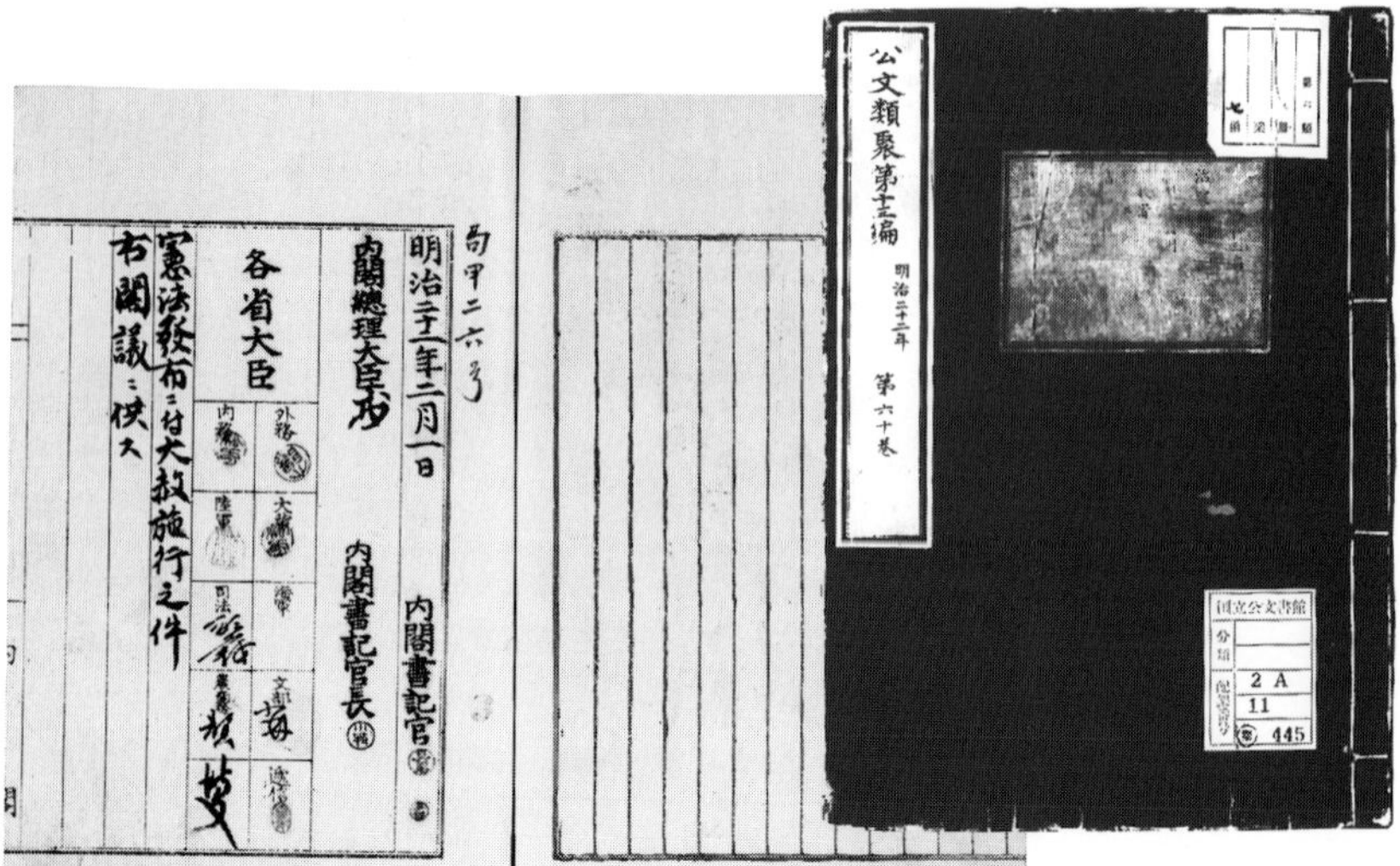
明治二十二年二月一日
内閣総理大臣
内閣書記官長
内閣書記官
各省大臣
憲法発布ニ付大赦施行之件
右閣議ニ供ス

明治22年2月1日、閣議決定した「憲法発布ニ付大赦施行之件」
（公文類聚第十三編 明治二十二年 第六十巻、独立行政法人国立公文書館所蔵）

例言

一、本書は、著者が自由民権運動を対象としておこなってきたこれまでの研究成果のうち、とくに同運動の急進派に関する論考を整理し、体系的にまとめたものである。

一、本書に旧稿を収録するにあたり、発表時以後に見出した資料および研究をとりいれ、それぞれ若干の補訂をこころみた。

一、著者の旧稿によせられた各方面からの批判は、できるかぎり謙虚にうけとめ、これを本書に生かすように心がけた。もとより、著者の記述よりも批判者の指摘自体に疑問がある場合は、このかぎりではない。

一、本書において、記述の典拠は明示するのを原則とし、書名、雑誌名、新聞名などは、『　』をもってあらわし、論文名、文書名などは、「　」をもってあらわした。

一、資料の引用に際しては、適宜句読点をほどこした。また旧漢字体については、現在一般に使用されているものに、𪜈、ヿなどの合字については、トモ、コトなどに、尓、ゟなどの変体仮名については、に、よりなどにそれぞれ改めた。

一、巻末には、初出一覧と人名索引を付した。

自由民権運動の研究――急進的自由民権運動家の軌跡　目次

自由民権運動の研究

――急進的自由民権運動家の軌跡

第一章　急進的自由民権論者の政治思想

一　はしがき

自由民権思想のなかに天皇制を否認する共和主義的な考え方があったのかどうか。かりに存在するとしても、それが当時の自由民権論者の多くに共通する一般的傾向とみなすことができるのかどうかという問題は、わが国自由民権思想の特質を究明する上で看過できない重要問題であろう。

しかし、これまで、この問題については、たとえば家永三郎氏が[1]、

明治十年前後の時期において、日本人の間に共和主義の思想が形成せられ、かつまたそれが安藤昌益の場合のような散発的現象に終ることなく、自由民権思想を軸とする一脈の思想的系列をなすにいたったことを認めてよいのではあるまいか。

と述べているごとく、自由民権論者の基底に共和主義的な思想が流れていたことを積極的にみとめようとする見解、

他方、これに対し、松尾章一氏が[2]、

私は、当時の革命的情勢のもとで、自由民権論者のなかから、天皇制を否定する共和主義者が出現したとしてもすこしも不思議ではないと考えている。しかし実際には城泉太郎のような民権論者はきわめて稀であった。民権論者の中には、政府のきびしい弾圧下にあるという社会的条件を恐れて、共和主義をはっきりと表明することをさしひかえた者もいたであろう。しかし、その大部分は、後述するような理由から、君民共治の立憲君主制論者であったというほうが歴史的に正しい見方ではないかと思う。民権論者の一部に、天皇制にたいする批判が見られたり、共和制に共鳴するような発言があったとしても、それをもってただちに天皇制を否定する共和制論者であると考えることはまちがいである。

と述べているごとく、自由民権論者の共和主義的要素を、全体として否定的にとらえようとする見解、そしてさらには、遠山茂樹氏が[3]、

共和制思想への展望をもつ民権思想を公にした先覚者たちも、そのすべてが、共和制を今日の日本の政治目標とはしなかった。……共和制思想は、自由民権運動の波濤の合間にわずかにその片鱗をあらわしたにとどまり、たちまちにその姿を消し、これを受けつぐ努力も、秩父の蜂起軍をのぞいてはほとんどなかった。それは言論取締りのきびしさの故であるが、くりかえし前述したように、自由民権運動自体の幼さと弱さの故でもある。しかし束の間にもせよ、その思想、すくなくともそれに向って開かれた思想が存在したことは、自由民権思想の包蔵する可能性の豊かさを示すことだと考える。

と述べているごとく、右記の二説の折衷説ともいうべき第三の立場をとろうとする見解等々があって[4]、いまだ学界において定説をみない。

本章は、従来の研究に利用された諸文献のほかに、かつて、手塚豊博士と私との共作で『法学研究』誌上に発表し

た「自由党静岡事件に関する新資料——鈴木音高外八名国事ニ関スル供述書——」（以下「新資料」と略す）、あるいは、現在、法務図書館が所蔵する「長野県国事犯村松愛蔵等ニ関スル一件書類」（以下「飯田事件記録」と略す）、「愛知県大島渚等強盗事件書類」（以下「名古屋事件記録」と略す）、「茨城県暴動事件書類」（以下「加波山事件記録」と略す）等々の諸資料を利用し、明治十七年前後の民権運動激化期において、もっとも急進的であった自由民権論者の政治思想がいかなるものであったかを考察し、さらに上記の問題についても、若干の卑見を述べようとするものである。いまだ不充分な一試論にすぎないが、大方のご叱正がえられれば幸いである。

（1）家永三郎「日本における共和主義の伝統」『思想』第四一〇号、昭和三十三年八月、一一頁。なお、この立場に同調するものとして石井孝「自由民権運動と共和制思想」『歴史学研究』第二三九号、昭和三十五年三月、二四頁以下がある。

（2）松尾章一『自由民権思想の研究』昭和四十年、一五三頁—一五四頁。なお、小西四郎「自由民権運動と共和制論・天皇論」『日本歴史』第一〇〇号、昭和三十一年十月、九四頁以下なども同様の立場に立つものとみることができよう。

（3）遠山茂樹「自由民権思想と共和制」『明治国家の権力と思想』昭和五十四年、二〇二頁—二〇三頁。

（4）なお、このほかに注目すべき文献として、大阪自由党の機関紙『文明雑誌』の論説のなかに共和制思想が存在したことを論証しようとした北崎豊二「自由民権運動と共和制論——大阪自由党を中心に——」『政治経済の史的研究』（森杉夫先生退官記念論文集）昭和五十八年、三七七頁以下をあげることができる。

二　加波山事件関係者の政治思想

明治十七年九月、急進派の民権家富松正安、河野広躰ら十六名が、内乱陰謀の目的をもって茨城県真壁郡加波山に蜂起し、山麓に近い下妻警察署町屋分署を襲撃するとともに、長岡畷で警戒中の警察官と衝突し、双方に死傷者を出すという事件が勃発した。いわゆる加波山事件がこれである。加波山決起の檄文[1]には、「今日我国ノ形勢ヲ観察スルニ、外ハ条約未タ改メス、内ハ国会未タ開ケス、為ニ姦臣政柄ヲ弄シ、上聖天子ヲ蔑如シ、下人民ニ対シ収歛時ナク餓孚道ニ横タハルモ之レヲ撿スルヲ知ラス。其惨状苟モ志士仁人タルモノ豈之レヲ黙視スルニ忍ヒンヤ」とあり、さらに「我々茲ニ革命ノ軍ヲ茨城県真壁郡加波山上ニ挙ケテ以テ自由ノ公敵タル専制政府ヲ顚覆シ、而シテ完全ナル自由立憲政体ヲ造出セント欲ス」とあって、その攻撃目標が「天皇」ではなく、「自由ノ公敵」である「姦臣」（専制政府）にあったことは、明らかである。しかし、右の檄文の主張は、事件参加者すべてに共通する主張であったのか、あるいは事件の指導的役割をはたした一部のひとびとのみにかぎられた主張であったのかは、一応、検討を要する問題であろう。以下に、富松正安、保多駒吉、杉浦吉副、河野広躰、天野市太郎の主張をそれぞれとりあげ、事件関係者個々人が、いかなる政治思想をいだいていたのかをさぐりたいと思う。

（一）富松正安

加波山事件の中心人物である富松正安は、明治十九年六月二十一日、千葉重罪裁判所の公判廷で、挙兵の理由を供述した。『千葉新報』所載「富松正安公判傍聴筆記」には、その供述内容がつぎのようにしるされている。(2)

被告富松氏ハ他ノ被告等ト共ニ加波山ノ挙ニ及ヒタルハ愛国憂民ノ情ニ出テタルコトニテ被告ハ常ニ自由ノ滅亡ヲ歎シ人民ノ疾苦ヲ悲ミ国権ノ枉屈ヲ憤リ之レカ救済ニ尽力スルモ当路政務官ノ無稽ナル徒ニ圧虐ヲ行ヒ最早平穏ナル手段ニ依テ政治ヲ改良スルノ望絶ヘ果テタルヲ以テ則チ事由ヲ腕力ニ訴ヘテ決セント檄ヲ飛ハシテ四方義士ノ応援ヲ促シタル次第ニテ其趣意ハ檄文ニ明カナリ而シテ政府ヲ転覆シタル上ハ明治十四年ノ詔ノ趣意ヲ遵奉シ善美ナル立憲代議ノ政体ヲ設立シ国会ヲ開キ朝野ノ全力ヲ集メテ以テ外条約ヲ改正シ内自由ヲ伸張シ国民ノ疾苦ヲ救ヒ西洋各国ト対峙シテ独立国ノ対面ヲ全フセント期セリ

これをみると、富松は、「愛国憂民ノ情」から、「腕力」による政府顚覆を決意したこと、政府顚覆後は、「明治十四年ノ詔ノ趣意」を「遵奉」し、「善美ナル立憲代議ノ政体」を確立し、「国会」を開設しようとしていたこと、そして「朝野ノ全力」をあつめ、対外的には「条約ヲ改正」し、対内的には「自由ヲ伸張シ国民ノ疾苦ヲ救」うことをめざしていたこと等々がわかる。すなわち富松の立場からすれば、対内的にも、対外的にも国民一致してわが国の近代化につとめ、「西洋各国ト対峙シテ独立国ノ対面」をたもつことこそ、天皇の「趣意」にそい、かつ、わが国が対処すべきもっとも緊要なことがらであったのである。

(二) 保多駒吉

加波山事件で死刑となった保多駒吉は、明治十七年十月二十四日、甲府軽罪裁判所検事長谷川秀実の取り調べに対し、つぎのごとく供述している。[3]

問　其方等カ茨城県ニテ暴挙ノ始末ハ本県警察署ニ於テ申立モアリシカ本職更ニ訊問スルニヨリ順次明白ナル申立ヲナスヘシ。

答　承知セリ。自分儀兼テ立憲政体ヲ渇望スルモノナリ。然ルニ我日本政府ノ措置ハ明治十四年ノ聖勅アルニモ拘ラス其以前ヨリ却テ已後ノ干渉抑圧ノ尤甚シキモノ、如シ。之レカ悪弊ヲ絶タント欲セハ目下ノ形勢行為言論ヲ以テ為シ得ヘキニアラス。断然腕力ニ訴ヘ政府ヲ顚覆スルニアラサレハ政治改良ノ針路ヲ取ルニ難シト決心シ故ニ本年八月頃ヨリ東京有一館ニ遊ヒ密カニ同志ヲ索メ居ル内……。

右の問答をみると、保多の場合も、「明治十四年ノ聖勅」をきわめて高く評価する一方、明治政府の施策をきびしく批判していたことが判明する。とりわけ「明治十四年ノ聖勅アルニモ拘ラス」、明治政府が、聖勅以前よりも聖勅以後に、より一層ひどい、言論に対する「干渉抑圧」政策をとったことは、断じてゆるしがたいことであった。明治政府が「聖勅」をふみにじり、言論弾圧をつづける以上、「腕力」で「政府ヲ顚覆」しなければ、「政治改良ノ針路」をとることができないというのが、保多の基本的な立場であり、かれの攻撃目標は、一貫して明治政府にむけられることになったのである。

(三) 杉浦吉副

加波山事件で死刑となった杉浦吉副は、明治十九年一月二十五日、栃木重罪裁判所の公判廷において、つぎのごとく述べている。(4)

曰然らは既往に溯りて我意思目的を陳述せん曰く何をか我意思目的と云ふや曰く我明治政府を改革する是なり曰く何を以て我明治政府を改革せんとするや謂ふ今之れを論述せん抑政府の本職とする所は其配下人民をして黽めて自分権利を得せしめ勉めて幸福安寧を享けしむるに外ならず然るに我政府は之れに反し苛政威圧徒らに課税を重ふす是を以て我邦人民は辛ふして其飢渇を免かる而已是れ果して政府の本文(分カ)に悖戻せすと云ふを得へきか……嗚呼夫れ我邦は立君独裁の政体なりと雖とも以上の圧制以上の違約以上(の・脱)苛政重税は決して、聖天子の御意にあらさるを知るなり試に思ひ我聖天子には明治八年に於て汝衆庶と共に其慶に頼らん云々と誓はせ玉へしにあらすや嗚呼此玉詔たるや我邦開闢以来未た曾て之れあらさる所の有り難き誓詔ならすや且又明治十四年に於ては将に二十三年を期し国会を開く云々と誓はせられたるにあらすや由是観之上　聖天子御意の在します処得て明瞭たり是を以て前陳の圧制は決して　聖天子の御意にあらさること断して毫も疑はさる所なり然らは則ち何人の意によりて以て如斯苛政重税如斯我々を欺き如斯圧制を極めしか曰廟堂に位せる大臣参議の諸輩上　聖天子の明を蔽ひ下万民を虐するに外ならず其大逆無道も亦甚しからすや思ふて此に至れは満腔の悲慨は溢れて一滴千金の涙となり一片の丹心は凝つて革命の決意となり遂に我政府の改革を企図するに至れり嗚呼予が我政府改革を企図せるは即ち如此の感情によりしものにして其手段に至りては大臣参議暗殺を以て最上策と思惟し東奔西走遂に其携帯に便なる爆烈弾を製造するに至りし予が心事の切なる請ふ少しく推量あれ

これをみると、杉浦は、「聖天子」の開明性と進歩性をみとめ、明治八年の詔勅を「我邦開闢以来未た曾て之れあらさる所の有り難き誓詔」、明治十四年の詔勅を「二十三年を期し国会を開く云々と誓はせられたる」もの、と高く

評価していたことが判明する。かれの政治思想のなかには、人民主権をめざす共和主義的思想の片鱗すらみあたらないばかりか、むしろ根底には、尊皇論の思想が色濃く横たわっていたといわざるをえないのではないかと思われる。すなわち、杉浦は、明治政府の「苛政重税」政策は、たんに人民を苦しめるばかりでなく、「聖天子の明を蔽」うものであり、「聖天子の御意」にそうためには、「大逆無道」の「大臣参議暗殺」が必要と考え、そうすることこそが、この段階における「最上策」と「思惟」することとなったのである。

(四) 河野広躰

加波山事件で無期徒刑となった河野広躰は、明治十八年九月十八日、栃木重罪裁判所の公判廷において、つぎのごとく述べている。(5)

政府ニシテ暴ナルトキハ人民力モ亦暴ヲ以テ之ニ応スヘキハ理ノ当然ナリ彼ノレペルソンカ檄文ニ暴悪政府ヲ顚滅シテ之ヲ改良スルハ人民ノ義務ナリ国民タルノ職務ナリ云々由是観之暴悪政府ヲ顚覆シテ之ヲ改良スルハ国民ノ義務ニシテ天ニ対スルノ本分ナルコトハ明カナリトス又善良ナル政府ヲ確立シテ公衆ト共ニ其幸福ヲ得ントスルハ人間ニ在リテハ欠クヘカラサルノ道徳タリ加之立憲政体ヲ確立スルハ我明治天皇陛下ニ対スルノ義務ナリ

これをみると、河野は、明治政府を「暴悪政府」とみなし、この「暴悪政府ヲ顚覆」させ、これを「改良」することは、「国民ノ義務」であって、「善良ナル政府」を樹立するために、行動をおこすことは、「人間」として「欠クヘカラサルノ道徳」に合致するという、一種の抵抗権をみとめる立場に立っていたことがわかる。しかし、河野がここできびしく批判し、抵抗権の対象としたのは、主権者の天皇や国家体制そのものではなく、あくまで天皇の意思にそわない「暴悪政府」であった。かれ自身「立憲政体ヲ確立」することが「我明治天皇陛下ニ対スルノ義務」とまで述べていることからも明らかなように、「暴悪政府」は、「天皇」ならびに「国民」の共通の敵であって、「国民」が「暴悪政府」を打倒することは、天皇の意思にかなう抵抗権の行使にほかならなかったのである。

(五) 天野市太郎

加波山事件で無期徒刑となった天野市太郎は、明治十九年一月二十二日、栃木重罪裁判所の公判廷において、つぎのごとく述べている。(6)

天皇陛下は明治の初年に於て詔して曰汎く会議を起し万機公論に決す云々と又其八年に於て漸次(時)立憲の政体を建て汝衆庶と共に其慶に頼らんとす云々と勅宣し玉ひ又同十四年十月に於ては明治二十三年を期し議員を召集し以国会を開く云々と詔し玉へり嗚呼聖旨既に如此我々は喜ひ且意へらく聖旨の所在如此なれは我廟堂の有司を初め我々人民は宜しくこれを奉体(戴)し以て準備に汲々たらさる可からず然るに独り廟堂有司は此事に出てす夫の伊藤参議の如きは国会開設準備の為め憲法取調として彼の圧制国なる独逸に渡航し□国宰相「ビスマーク」に就て政事の方針を問ひ且其撰を以て政事顧問三名を傭ふて我国に携ひ来りしと

これをみると、天野の場合もやはり、天皇の詔勅(明治初年の詔勅、明治八年の詔勅、明治十四年の詔勅)の意義を高く評価し、その「聖旨」の進歩性につよく共鳴していたことがわかる。「有司を初め我々人民」は「聖旨」を「奉体(戴)し、「準備に汲々」とすべきところ、「独り廟堂有司」のみがこれにしたがわない、というのが天野の主張であった。すなわち、天野の主張は、尊皇論の立場からその権威をかりて有司専制政府をはげしく攻撃するものであり、そこには天皇主権の国家体制そのものに対する疑念よりも、むしろ、理想化された天皇に対する絶大な信頼があったというべきであろう。

(1) 前掲「加波山事件記録」『茨城県史料』昭和六十二年、近代政治社会編Ⅲ、一五八頁。
(2) 『千葉新報』明治十九年六月二十六日付。
(3) 稲葉誠太郎『加波山事件関係資料集』昭和四十五年、四六五頁。
(4) 「加波山事件公判傍聴筆記」『下野新聞』、明治十九年二月二十五日付、前掲『茨城県史料』近代政治社会編Ⅲ、五三六頁―五三七頁。

（5）「重罪公判傍聴記」『下野新聞』明治十八年九月二十九日付、前掲『茨城県史料』近代政治社会編Ⅲ、五一〇頁。
（6）「加波山事件公判傍聴筆記」『下野新聞』明治十九年一月二十八日付、前掲『茨城県史料』近代政治社会編Ⅲ、五二〇頁。

三　飯田事件関係者の政治思想

明治十七年、愛知県田原の自由民権運動家村松愛蔵を中心とするひとびとが各地の民権家と結盟し、明治政府転覆の陰謀を計画し、未然に発覚、長野重罪裁判所において内乱罪で処断されるという事件が発生した。いわゆる自由党飯田事件がこれである。飯田事件の檄文[1]には、「夫れ我輩が諸君と相生養して以て斯国を愛し、以て其国の命脈を提繋するものは、豈我が皇上の尊栄と、我が民人の幸福を盛んにせんことを欲するが為めに非ずや」とあり、さらにづけて「而して今我が政府及び官吏の、我が皇上と我が民人に対し日に行ふ所は果して何ぞや。今や我輩は諸君と共に今日の政府の如何たる事を知得認識し、共に其心を一にして而して斯国を正さゞるべからず」とあって、かれらが敵視したのは、「我が皇上」と「我が民人」に対立する「政府」であったことが明らかである。以下に、村松愛蔵、八木重治、川澄徳次の主張をとりあげ、かれらの政治思想がいかなるものであったのかを検討してみたい。

（一）村松愛蔵

飯田事件の中心人物村松愛蔵は、明治十七年十二月八日、検事補布留川尚の取り調べに対し、挙兵の理由を供述した。その供述内容は、およそつぎのごとくである。[2]

問　其方八木重次（治カ）川澄徳次等其他ノ者ト謀リ目下ノ政事上ニ付之ヲ改革スル等ノ事ヲ計画シタルコトアルカ。

答　有之候。目今政府ノ組織及ヒ施政上ニ付テモ之ヲ改良セサル可ラサルハ既ニ陛下ノ詔勅ニ依テモ明カナレハ自分ハ右改革ヲ言論ニ訴ヘ言論行ハレサレハ之ヲ兵力ニ訴ヘンコトヲ計画シ右両名ト謀リ候。

（中略）

問　言論行ハレサルトキハ兵力ニ訴ユルト決意シタル原因ハ如何。

答　目下ノ政府演説ヲ為セハ之ヲ勾引シ且時トシテ巡査憲兵等ヲ以テ反対党ヲ処スルモ己レ兵力ヲ有セサルトキハ之ヲ如何トモ為シ難シ故ニ警察署ニ於テモ申上候通兵力ヲ以テ言論ノ楯トナシ政府兵力ヲ以テ圧スレハ我党モ亦兵力ヲ以テ之レニ応シ飽迄モ政府改良ノ目的ヲ達スヘシト決心シタル次第ニ候。

これにより、村松は、「政府改良」が必要なことは「陛下ノ詔勅ニ依テ」明白であると考えていたこと、「政府改良ノ目的」を達成するためには、「言論ニ訴ヘ」、「言論行ハレサルトキハ」「兵力ニ訴ユル」ことを計画していたことが判明する。右の資料からは、村松の天皇観をうかがうことはできないが、かれがいかに熱心な尊皇論者であったかは、明治十八年十月二十一日、長野重罪裁判所の公判廷において、つぎのごとく供述していることからも、明らかであろう。「傍聴筆記」より、関係部分を摘記するならば、つぎの通りである。(3)

○愛蔵曰。上ミ　天皇陛下ノ尊栄ト、下モ万民ノ幸福ヲ進ムルヲ以テ志トスルコトハ素ヨリ自分ノ志ナルノミナラズ。然レドモ是レニハ止マラス上ハ　皇室ハ将ニ亡ヒントシ下人民ハ将ニ死セントス。故ニ之レヲ救ハントセルナリ。

○検事曰。然ルトキハ同シク政体ヲ改良セントスルコトナルヘシ。

○愛蔵曰。政体改良ハ其手段ニシテ真ノ目的ハ　皇室ノ亡フルヲ助ケ、万民ノ死ヲ救ハントスルニ在ルナリ。

これをみると、村松は、現状が「皇室ハ将ニ亡ヒ」「人民ハ将ニ死セン」とする状況下にあると認識し、つよい危機感をいだいていたこと、それゆえただちに「政体改良」を計画実行し、そのことを通じて、「皇室ノ亡フルヲ助ケ」「万民ノ死ヲ救ハン」としたこと、等々がわかる。すなわち、「天皇陛下ノ尊栄」と「万民ノ幸福」は、かれにとって追求すべき最高の価値であり、その価値を実現することこそ、かれの最大の目標であったのである。

（二）八木重治

飯田事件関係者の八木重治は、明治十八年十二月十日、検事補前田常有の取り調べに対し、つぎのように供述している。[4]

問　兵力ヲ以テスルヲ可ナリト信シタル理由ハ如何。

答　其兵力ニ訴フルヲ可トセシハ曩ニ板垣退助其他参議ニ於テ民撰議院設立ノ建白ヲナスト雖モ容レラレス又立憲政体ヲ立テサセ給フコトハ陛下ノ詔勅アリト雖モ行ナハレス其他河野広中片岡健吉等人民ノ総代トナッテ国会開設ノ請願ヲナスト雖モ亦タ採用セラレス茲ニ於テ新聞紙ヲ以テ天下ノ蒼生ニ諭サントセハ酷ナル新聞条例アッテ充分ニ吾意想ヲ陳フル能ハス又演説ヲ以テ意思ヲ告ントセハ厳ナル集会条例アッテ其意ヲ吐露スル能ハス右陳フル如ク願望ノ途絶ヘ如何トモ為ス能ハス爰ニ至ッテ独兵力ニ訴フルノ一路アルノミ他ニ術ナキヲ以テ兵力ニ訴フルヲ可トシタル訳ニ候。

これをみると、八木が「兵力ニ訴フル」決意をしたのは、政府が「詔勅」を無視して徹底した言論統制をおこない、そのため、もはや「他ニ術」がなくなったというのが、その理由であったことがわかる。かれが天皇を攻撃する意思をまったくもっていなかったことは、明治十八年十月二十二日、長野重罪裁判所の公判廷において、つぎのように供述していることからも明らかであろう[5]。

○八木重治曰ク。弁論ニ先テ検察官ニ承ハリ置キタキコトアリ。内乱陰謀ニハ政府ヲ顚覆スルコト、邦士（土カ）ヲ僭竊スルコト、朝憲ヲ紊乱スルコト等ノ三個アリ。今検察官ハ此三個中自分等ヲ孰レノ犯罪ト見做サル、ニヤ。承ハリ置キタシ。

○検察官曰。朝憲ヲ紊乱スルモノト考フ。

○八木重治曰ク。政体ノ改革セサルヘカラストノ念慮ハ今ニ至ルモ猶ホ未タ重治カ脳裏ヲ去ラザルナリ。然レトモ未タ曾テ朝憲ヲ紊乱セントスル如キ意志アラサルナリ。兵ヲ挙クルハ朝憲ヲ紊乱スルニ非ス。然レドモ其目的若シ朝憲ヲ紊乱セント云フニ在ラハ則チ其挙兵ハ以テ朝憲ヲ紊乱スルノ業為ト謂フヘシ。其目的若シ朝憲ヲ紊乱セント云フニ在ラサレハ則チ其挙兵ハ以テ朝憲ヲ紊乱スルモノトハ謂フ可ラサルナリ。今マ重治カ挙兵ハ朝憲ヲ紊乱スルモノナリヤ否ヲ確定センニハ其目的ヲ知ラハ自カラ明カナラン。重治等カ兵ヲ挙ケント云フハ朝憲ヲ紊乱スルニ在ラスシテ其目的ハ上ハ　陛下ノ叡慮ヲ安ンシ奉リ下ハ天下蒼生ノ熱望ヲ達セシメ而シテ国家ヲ泰山ノ安キニ置カント云フニアリ国家ノ為メニ兵ヲ挙クルモノナレハ即チ義兵ナリ。彼ノ往時楠正成児島高徳ノ南廷ニ尽シ奉ルト異ルコトナキナリ。而シテ若シ重治等カ挙兵ヲ名ケテ朝憲ヲ紊乱スルモノナリトセハ正成高徳ノ挙兵モ亦朝憲ヲ紊乱スルモノナリト言ハサルヲ得ス。

これにより、八木の犯罪事実は、検察官により、「朝憲ヲ紊乱スルモノ」と認定されたこと、これに対し、八木は、挙兵の目的は「陛下ノ叡慮ヲ安ンシ」、「天下蒼生ノ熱望ヲ達」することにあり、断じて「朝憲ヲ紊乱スルモノ」ではなかったことを、くりかえし主張したこと、等々がわかる。右のごとき八木の主張をみれば、かれの天皇観がいかなるものであったかは、おのずから明らかであろう。

(三)　川澄徳次

飯田事件関係者の川澄徳次は、明治十八年十月十五日、長野重罪裁判所の公判廷において、つぎのごとく述べている。[6]

自分カ精神ノ在ル所ハ載セテ檄文ノ中ニ在レハ更ラニ云フ迄モナキコトナレト今之ヲモ括言スレハ彼ノ大虚無道ナル有司専制ノ政府ニ居ル所ノ邪悪ナル官吏ヲ誅戮シ藩閥専制ノ政府ヲ斃シテ上ハ聖明ナル陛下ノ叡慮ヲ安シ奉リ下ハ同胞人民ノ思ヲ慰メント欲スルニ在リ。扨此念慮ノ発シタルハ明治十三年頃ニアリ。当時村松愛蔵等ト謀リテ国会開設ヲ願望シ現政府ノ改良ヲ望ミタルモ一トシテ行ハレス。啻ニ行ハレザルノミナラス政府ノ為ス所ヲ見ルニ益々之レニ反対スルノ業為ナリシ。今其一二ヲ挙テ云ハ、請願スルモノアレハ請願条例ヲ発シ、建言スルモノアレハ建白条例ヲ布キ、言論ニ発スレハ新聞条例集会条例等ヲ発布シテ以テ其舌ヲ縛シ其耳ヲ箝シ人民ヲシテ死体同様タラシム。於是被告等以為ラク現政府ヲ改良スルニハ温和手段ヲ以テスルコト能ハス。果シテ強テ温和的ノ手段ノミヲ以テセハ上ハ　聖慮ヲ安シ下ハ民心ヲ慰スルノ限ナシ。然ラハ則チ上下ノ容レサル所ナル政府ニ対スルニハ過激手段ヲ以テセザルヘカラスト思惟セリ。是レ実ニ十五年末ヨリ十六年始ノコトナリキ。

これをみると、川澄は、明治政府が請願条例、建白条例、新聞紙条例、集会条例等の弾圧法令をさだめ、人民の「舌ヲ縛シ」「耳ヲ箝シ」、人民を「死体同様タラシ」めていることに、つよい憤りをいだいていたこと、また、「邪悪ナル官吏ヲ誅戮シ、藩閥専制ノ政府ヲ斃シ」、「上ハ聖慮ヲ安シ、下ハ民心ヲ慰スル」ためには、もはや「温和手段」では不可能であり、「過激手段」をとるほかはないと考えていたことがわかる。川澄が「聖明ナル陛下ノ叡慮ヲ安シ奉」ることをつねに考えていたことをみれば、かれの政治思想の根底には、尊皇論の思想が色濃く流れていたことをみとめざるをえない。

（1）『自由党史』（岩波文庫版）下巻、九七頁。
（2）前掲「飯田事件記録」、本書第二章、六七頁。
（3）「長野裁判傍聴筆記」『信濃毎日新聞』明治十八年十月二十五日付、田崎哲郎編『信濃毎日新聞所載飯田事件裁判記事』昭和五十六年、三七頁。
（4）前掲「飯田事件記録」。
（5）「長野裁判傍聴筆記」『信濃毎日新聞』明治十八年十月二十九日付、前掲・田崎『信濃毎日新聞所載飯田事件裁判記事』四五頁。
（6）「長野裁判傍聴筆記」『信濃毎日新聞』明治十八年十月十六日付、前掲・田崎『信濃毎日新聞所載飯田事件裁判記事』一二頁―一三頁。

四　名古屋事件関係者の政治思想

明治十六年末から十七年にかけて、名古屋地方の大島渚、久野幸太郎ら二十数名が、明治政府打倒の内乱陰謀を企て、軍資金獲得のための強盗をおこない、強盗ならびに殺人の罪で処断されるという事件が発生した。いわゆる名古屋事件がこれである。しかし、名古屋事件関係者がいかなる政治思想をいだき、どのような内乱陰謀を企てたのか、この点を当時の裁判記録や新聞報道などからさぐることは、この事件が強盗事件としてあつかわれたという事情もあって、ほとんど不可能に近い。(1) ここでとりあげる事件関係者が、わずかに久野幸太郎ひとりにとどまるのは、そのためである。

(一) 久野幸太郎

名古屋事件の中心人物のひとりである久野幸太郎は、明治十七年十二月二十七日、名古屋警察署警部代理巡査渡辺弥の取り調べに対し、挙兵の理由を供述した。久野の供述内容は、つぎの通りである。(2)

問　然ラハ原ニ朔リ現日本政府ヲ顚覆センコトヲ目論見タル念慮ヲ聞カン

答　目下我国ノ景勢ヲ視察スルニ国権不奮、従テ外交不全。条約改正ノ遅々スルヲ以テ証スルニ足レリ。亦タ政府ガ民人ヲ虐ヒタケルコト甚タシ。之レガ一証ヲ挙レバ年々歳々新法ノ出ルニ従ヒ課税ノ種類ヲ増シ税額ヲ重クシ若シ不納者ナラバ家財ヲ挙テ公売処分ニ付シ毫モ仮借スル処ナキヲ以テ知ルニ足。尚ホ其他新聞条例集会条例県会条例等ノ厳則アッテ民権ヲ束縛スルコト甚タシ。事爰ニ及ホス原由推究セバ民人ニ参政権ヲ与ヘス独リ有司ノ擅政ニ基クナラント思料シ日一日モ国会開設ノ速カナランコトヲ希フト雖モ其期限ニ至リテハ既ニ業ニ　聖勅モアリ如何トモスルコト不能。去リ迚目下ノ状況黙過スルニ不忍。然ラハ之レガ改良ヲ計ラントセンカ廟堂ノ状況普通一片ノ穏当手段ニテハ事行レスト考ヘ於茲奮然起テ腕力則チ兵力ニ訴ヘ我ガ不良ト見認タル政府ニ抵抗シ法律ノ改良ヲ求メント欲スルノ念ヲ起シタリ。

これをみると、久野は、明治政府の外交政策が充分でないこと、さらに対内政策も、「税額ヲ重クシ」、「新聞条例集会条例県会条例等ノ厳則」で「民権ヲ束縛」し、「民人ヲ虐ヒタケ」ていることを指摘し、「有司ノ擅政」をきびしく批判していたこと、そしてこのような「廟堂ノ状況」を打破するためには、「穏当手段」では不可能であり、「奮然起テ腕力、則チ兵力ニ訴ヘ」る必要があると考えていたこと、等々が判明する。右の資料からは、事件関与の動機以外のことはわからないけれども、「我ガ不良ト見認タル政府ニ抵抗シ法律ノ改良ヲ求メン」とあることから、かれの攻撃目標は、「明治政府」にとどまり、それ以上におよぶものではなかったものと思われる。

（1）名古屋事件の公判は、傍聴禁止となり、そのため公判内容は、いっさい報道されなかった（手塚豊『自由民権裁判の研究』中巻、昭和五十七年、七九頁）。
（2）前掲「名古屋事件記録」。

五　静岡事件関係者の政治思想

静岡事件は、明治十七年、岳南自由党の鈴木音高、湊省太郎などが遠陽自由党の中野二郎三郎、山田八十太郎などと結び、明治政府打倒、高官暗殺の陰謀を企て、静岡周辺においてその軍資金獲得のために強盗をおこない、そのことから計画が露見し、ついにその目的を達しないままにおわった自由民権関係事件のひとつである。この事件の関係者たちは、いかなる政治思想を抱いていたのであろうか。以下に、鈴木音高、湊省太郎、広瀬重雄、小池勇、松村弁治郎の主張をそれぞれ検討してみたい。

（一）鈴木音高

静岡事件の中心人物である鈴木音高は、「国事犯罪申立書」のなかで、つぎのように述べている。[1]

一官吏若シ暴ヲ行ヘハ全政府ヲ挙ケテ其暴ヲ遂ケシメントシ、加フルニ、言論出版ヲ抑圧シ、集会結社ヲ牽制シ、紙幣ヲ濫発シテ重税ヲ収斂シ、政略ヲ秘密ニシテ賢良ヲ誣害シ、人民トノ契約ニ違背シテ屢々徳義ノ信ニ反キ、姦商ト結托シテ市利ヲ壟断シ、内膏血ヲ搾取シテ、外欧米ニ諛ヒ条約改正セズシテ国権蹂躙セラレ、実ニ憂世愛国ノ志士ヲシテ憤慨已ム能ハザラシム。然リ而シテ、政府カ斯ノ如ク暴虐ナルコトノ最モ著大ノ証拠ヲ挙クレハ、彼レ甚タ国会ノ開設ヲ厭忌シ只管専制ヲ熱望シタルモ、時運ノ止ムヲ得サルヨリ之ヲ十年ノ後ニ開クベシトノ窮策ヲ構ヘ、愈之ヲ開設スルノ期ニ至ラハ不法言フニ忍ヒサル欽定憲法、否、擅定憲法ヲ発布シ、苟モ人民ヲシテ政権ニ関与スルナカラシメ、若シ国会ニ政府官吏ト意見ヲ異ニスルアラハ彼ノ憲兵ノ暴力ヲ用フルハ勿論、陸海軍ヲ挙ケテ之ニ当リ、以テ其新設セル国会議場ニ鮮血ヲ漂スノ策略ヲ取ラントスルノ思想ナルコトハ、彼ノ専制武断ノ聞ヘアル独逸政略ニ模倣セント吸（汲）々タルニ依リテ明白ナリトス。況ンヤ其国会開設ノ期ニ近クニ随ヒ、益々言論出版ヲ抑圧シ、集会結社ヲ牽制シ、峻刑酷罰ヲ増発シテ、以テ天下ノ口筆ヲ撲滅セシメントスルニ於テヲヤ。

コレ上ハ陛下ヲ蔑ロニシ、下ハ人民ヲ虐スルモノト謂ハスシテ何ソヤ。

これをみると、鈴木は、明治政府が「只管専制ヲ熱望シ」ていること、たとえ国会を開設するとしても「欽定憲法、否、擅定憲法ヲ発布シ」、「人民ヲシテ政権ニ関与」させないようにしていること、国会開設後、もしも政府が窮地に追い込まれるようなことがあれば、「憲兵」や「陸海軍」を動員し、「国会議場ニ鮮血ヲ漂スノ策略ヲ取ラントスルノ思想」をもっていることなどを指摘し、これをきびしく批判していたことがわかる。形だけの国会論を拒否し、権限のつよい国会をのぞんでいた鈴木の立場からすれば、かれの右のごときびしい批判も当然のことであったであろう。しかし、明治政府の施策が、「上ハ陛下ヲ蔑ロニシ、下ハ人民ヲ虐スルモノ」にほかならない、というかれの批判の論理からも明白なごとく、かれの攻撃目標は、あくまで明治政府にとどまるものであった。かれが共和主義的思想をもっていなかったことは、かれ自身、(2)

同志中中野二郎三郎及外二三士ノ如キハ、本年内（即チ明治十九年）ニ聖上必ラス箱根ノ離宮ニ行幸アルヘシ。然レハ数日前ヨリ同志漸々其沿道ニ埋伏シ、畏クモ之ヲ道ニ擁シ奉リ、突然爆発物ヲ投シテ其侍衛ノ臣ヲ追ヒ陛下ヲ箱根ノ離宮ニ奉シ、以テ檄ヲ四方ニ飛ハシテ以テ天下ニ号令セハ大事立ロニ成ラン。宜シク其事ニ決スヘキナリト。……然レトモ不肖音高ハ深ク其意ヲ賛成スル能ハス。何ントナレハ其事少シク浅謀軽挙ナルノミナラス、仮リニ之ヲシテ一時陛下ヲ離宮ニ奉スルノ僥倖ヲ得セシムルモノトスルモ陛下ノ玉体ニ頗ル危殆ヲ来タスヘケレハナリ。若シ其レ過テ陛下ノ玉体ニ危害ヲ及ホスカ如キコトアラハ、我党何ノ面目アツテ復タ天下ニ立ツコトヲ得ンヤ。是レ断シテ行フヘカラサルノ事ニシテ音高カ賛成セサル所以ナリ。

と述べ、事件関係者の一部がとなえていた天皇人質論をつよく排撃していた事実からも、これをうかがうことができると思う。

（二）湊省太郎

静岡事件で「有期徒刑十五年」となった湊省太郎は、「上申書」のなかで、つぎのように述べている。(3)

彼レ大臣ヲ誅戮セントスルハ其人ヲ怨ムニアラスシテ其政ノ悪キヲ以テ万不得止ノ断行ヲ為スモノナリ。彼レ大臣ニ於テ前非ヲ改悟シ人民ノ艱難ヲ思ヒ国家ノ危急ヲ顧ミ且又特ニ純忍ノ節ヲ尽シテ明ニ天皇陛下ニ対シ奉リ臣子ノ本分タル正道ヲ致スノ心ヲ持シ圧制暴戻ノ法令ヲ施サス驕奢逸遊ノ為業ヲ為サス其残虐専横ニシテ大逆無恐ノコトナカラシメハ何ヲ苦ンテ刄ヲ加フルノ極端ニ走ルヘキ。今伊藤伯ノ総理大臣ト為リテ首相ノ地位ニ立チ従前情実縁故ノ政略ヲ改メテ公明正大ノ途ニ出テハ我十八年ノ罪悪ヲ責メスシテ俄然心ヲ翻シ明ニ伊藤伯ヲ奉戴セン。

これをみると、湊は、「其政ノ悪キヲ以テ」、やむをえず「大臣」の「誅戮」を、断行しようとしたこと、もしかりに政府当局者が「従前」の「政略」を改め、「天皇陛下ニ対シ」「臣子ノ本分」をつくすならば、「伊藤伯」（首相）を「奉戴」してもよいとまで言明していたことが判明する。かれの攻撃目標が明治政府要人であり、天皇ではなかったことは、湊が、明治十九年六月二十九日、警視庁第二局警部森沢徳夫の取り調べに対し、(4)

茲ニ一ツ申上置ク事アリ。元来日本ノ歴史ヲ閲ミスルニ　天皇陛下ニ対シ聊カ不敬ヲ加フルノ意思ニアラス。畢竟執政官ニ対シテナシタル事モ単ニ朝敵ト記スルノ例アリ。是ト同一ニテ私トモノナス処ハ決シテ　天皇陛下ニ対シ不敬ヲナスノ意ナキモ右ノ如ク見做サレテハ本意ニ背ク事故此意ヲ御酌取アリタシ。

と供述していることからも、明らかであろう。

（三）広瀬重雄

静岡地方の過激派として有名な広瀬重雄は、「国事管見」のなかで、つぎのように述べている。(5)

徳川幕府倒レテ明治政府立チ百般ノ政弊ヲ改革シテ開明ノ点ニ進歩シ殊ニ聖明ナル天皇陛下ハ王政維新ノ初メニ当リ天地神明ニ誓テ五条ノ御誓文ヲ発セラレ明治八年四月十四日ニ於テ立憲政体ヲ建ルノ詔アリ。又明治十四年十月十四日ニ於テ国会開設ノ勅諭アリテ我々人民将来ニ自由幸福ヲ得ントスルノ境ニ近キタリ。然ルニ何ソ図ラン。天皇陛下ノ聖意ト我々人民ノ希望トハ殆ント一轍同軌ニ出ツルモ政府ノ意見ト人民ノ意想トハ全ク反対ノ点ニ出テ維新以来政府ニ抗敵シテ罪ヲ国事ニ得タル者三五ノ少数ニ止マラサル也。

これをみると、広瀬は、天皇の開明性を高く評価した上で、「聖意」と「人民ノ希望」は「一轍同軌」と述べるなど、きわめて熱心な勤王家であったことがわかる。かれが、共和制の採用に絶対反対であったことは、つぎのごとき発言からも明らかであろう。(6)

政体ハ宜シク君民同治ノ立憲政体ヲ採用スベシ。是レ蓋シ公議輿論ノ希望スル所ニシテ又実際実益アルベキヲ確認スルナリ。然ルニ百年ノ後若シ万一我国体ヲ変更シ王室ヲ廃シテ共和体制ヲ建テントスルカ如キ狂人アラバ実ニ無比ノ国賊ナレバ鼓ヲ鳴ラシテ之レヲ攻メテ可ナリ。余ガ公議輿論ト共ニ善美ナル立憲政体ヲ採用シテ帝国ノ実益ヲ得ント欲スルハ畢竟勤王報国ノ赤心有ルニ因ルナリ。

静岡事件関係者の多くは、原口清氏が指摘するように[7]、憲法制定については、国約憲法論を主張し、国会については、完全なる立法権を掌握する一局議院制論を主張するなど、かなり徹底した立憲政体論の立場をとっており、広瀬の場合も例外ではなかったのであるが、右の資料からもうかがえるごとく、広瀬が共和制論に傾斜する可能性は、将来においてもほどんどなかったとみることができよう。石井孝氏は、広瀬重雄を「民権運動のすぐれたイデオローグ」とみなし、かれを「将来」における「共和制論者」のひとりにかぞえているが[8]、疑問とせざるをえない。

（四）小池勇

静岡事件で警視庁に逮捕された小池勇（有期徒刑十二年）は、明治十九年七月十七日、警視庁第二局警部森沢徳夫に対し、「意見上申書」を提出した。この「意見上申書」中には、つぎのような一節がある[9]。

抑モ自分カ明治十年ノ交ヨリ政治上ノ思想ヲ起シ現政体ニ向テ不満ヲ懐キ之カ改革ヲ謀ラントスルノ熱心ハ日ニ月ニ高度ニ進ミ言論ニ文章ニ汲々力ヲ尽シタリシモ如何セン其目的ヲ達スルヲ得ス終ニハ理論以テ事ヲ成ス能ハス寧ロ腕力以テ革命ノ大事ヲ実行セントスルノ決心……。第一新聞集会出版ノ三条例諸願建白ニ規則等ヲ制定発布シテ言論文筆ノ自由ヲ箝制シ言路ヲ壅塞シ所謂階前百里ニシテ下情上達セス其人文ノ自由ヲ検束スルノ甚シキ是レナリ。第二現時ノ立法府タルヘキ元老院ニ充分ノ実権ヲ与ヘ之ヲシテ行政府ノ干渉ヲ受クルナク独立以テ事ヲ議セシメス。……第三各地方ノ気脈ヲ通シ民意ノ向背ヲ察シテ施政ノ便否ヲ論シ以テ全国人民ノ休養ヲ謀ルヘキ一大機関タル各地方官会議ヲ年々ニ開設スルコトヲナサス。……第四各地人民ノ休戚ニ関シテ最要ナル地方経済ノ得失ヲ審議詳論スル府県会ノ権限ヲ抑制シテ其区域ヲ狭隘ニシ唯其府知事県令カ視メス所ノ議案ヲ検閲可否スルモ止マル如キノ感アラシムル是レナリ。第五明治十四年ノ　大詔ニ因テ国会開設ノ期将ニ近ニアラントス。然ルニ国家法律ノ脳髄タル憲法ニ至リテハ未タ明カニ其如何ナル主旨ヲ以テ編成サル、ヤハ知ラスト雖トモ窃カニ之ヲ現時ノ事情ニ徴シテ考察ヲ下セハ自分カ熱心以テ企図スル所ノ国約憲法ニ非スシテ欽定憲法ナルヤ必セリ。然リ而シテ其議院ノ如キモ之ヲ一局トナサスシテ之ヲ二局トナシ亦其議員モ之ヲ普通選挙トナサスシテ之ヲ制限選挙トセラル、カ如キ情状アリ。此事タル素ヨリ国家命脈ノ関スル所至大至重ニシテ軽々論評スヘキニ非スト雖トモ苟モ憲法ヲ制定シ議院ヲ組織シテ国利民福ヲ謀ラント欲セハ宜ク之ヲ一国ノ与論ニ問ヒ勉メテ人民ノ自由権理ヲ伸張センコトニ注意スベシ。然ルニ今反テ公衆ノ希望ニ反シ与論ノ敢テ可トセサル憲法ヲ制シ議院ヲ設ケント欲セラル、傾向アル是レナリ。

これにより、小池は、明治政府が言論の自由を弾圧したこと、元老院に「充分ノ実権」をあたえないこと、「地方官会議」を開催しないこと、「府県会ノ権限」を抑制したこと、「国約憲法」ではなく「欽定憲法」を制定しようとしていること、「一局」ではなく「二局」の議院を開設しようとしていること、「普通選挙」ではなく「制限選挙」を実施しようとしていることなどに対し、つよい不満をいだき、「之カ改革ヲ謀」ろうとしたこと、しかし、「現政体」を「理論」をもって改革することは、不可能であるとさとり、「腕力」をもって、これを実行する決意をかためたこと、等々が判明する。右の資料からは、かれが事件に参画した動機以外のことはわからないけれども、かれが後年に書いた「小池勇自叙伝」をみると、「是豈至仁ナル陛下ヲ欺罔シテ怨府トナシ、自ラ其責ニ任セスシテ陰ニ其実ヲ竊ム者」[10]とあり、かれの攻撃対象が、もっぱら「陛下ヲ欺罔」し、「自ラ其責」を負わない「明治政府」に限定されていたことは、疑いがない。

（五）松村弁治郎

静岡事件で警視庁に逮捕されたものの、強盗計画に加わらなかったために罪に問われなかった者として松村弁治郎[11]なる人物がいる。松村は、明治十九年七月十八日、警視庁第二局警部森沢徳夫の取り調べに対し、つぎのように述べている。[12]

問　汝ハ大臣ヨリ尚ホ進ンテ皇室ニマテ害ヲ及ボサントシタルニアラスヤ。

答　国体ヲ変更スル事ハ申タルモ玉体ニ害ヲ及ホストマテハ申（シ・脱）マセン。

これにより、松村は、森沢警部の取り調べに対し、「国体ヲ変更スル」つもりであったことを、公然と供述したことが判明する。松村は、この点につき、同志の荒川太郎に対しても「恐レ多キ事ナレトモ　主尊ニマデ及ボシタレバ其反動カ起リ目的モ遂ケラル、ト思フタリ」[13]と述べていたというから、かれが明確な天皇制否定論者であったことは、確実であろう。これまで共和制論者であることを明確に意思表示した実例は、ほとんど知られていないから、[14]松村の主張は、稀な実例となろう。

（1）手塚豊・寺崎修「自由党静岡事件に関する新資料――鈴木音高外八名国事ニ関スル供述書――」『法学研究』第五五巻第二号、昭和五十七年九月、七九頁―八〇頁、手塚・前掲『自由民権裁判の研究』中巻、二二〇頁―二二一頁。
（2）同前、二二六頁―二二七頁。
（3）同前、二三五頁。
（4）同前、二四六頁。
（5）（6）同前、二四一頁。
（7）原口清『自由民権・静岡事件』昭和五十九年、一四八頁。
（8）石井・前掲「自由民権運動と共和制思想」『歴史学研究』第二三九号、二四頁。
（9）手塚・前掲『自由民権裁判の研究』中巻、二六三頁―二六四頁。
（10）村上貢『自由党激化事件と小池勇』昭和五十一年、三六頁。
（11）松村弁治郎については、鶴巻孝雄「多摩の国会開設建白書――府中の民権家松村弁治郎の『国会開設ノ議』――」『武相民権百年ニュース』第

四〇号、昭和六十年五月、二頁以下、同「松村弁治郎と静岡事件」『武相民衆史研究』第一号、昭和六十年七月、二頁以下を参照。

(12) 手塚・前掲『自由民権裁判の研究』中巻、二六二頁。

(13) 同前、二六〇頁。

(14) 家永三郎氏は、共和主義思想と覚しき思想の実例として十一例を示し（前掲「日本における共和主義の伝統」『思想』第四一〇号、一頁以下）、また、北崎豊二氏は、大阪自由党の機関誌『文明雑誌』の論説のうち二篇が、共和主義の立場に立っていることを説いておられる（前掲「自由民権運動と共和制論」『政治経済の史的研究』三七八頁以下）。筆者もまた、この点に関しては、明治十年六月、青木周蔵より伊藤博文宛書簡中に、「高知之近況は如何に御坐候や。三千五百万之人民中には、或共和之政体を慕ひ、又は単に民権を致主張候者、高知県之外にも多々可有之候得共、……」とみえている事実（『伊藤博文関係文書』第一巻、四三頁）、さらには、明治四年、内海忠勝が渡米先で親しく交遊した名和緩に対し、「共和政ニ傾キタルカノ疑」いをもった事実（『内海忠勝伝』昭和四十一年、三七八頁）等々、同様の事例を追加しうる。しかしながら、これらの実例の大部分は、単なる天皇批判にとどまったり、氏名等が不明であったり、あるいはまた、伝聞・推測にすぎなかったりして、明確な共和主義者の存在を示す実例としては、不充分なものといわざるをえない。

六　むすび

以上、明治十七年前後の自由民権運動激化期において、もっとも急進的であった自由民権論者の政治思想をさぐり、かれらを突きうごかしたところの政治思想のなかにいかなる特質をみとめうるのか。わけても、かれらの天皇観はどのようなものであったのか。そしてまた、かれらの政治思想のなかに、わずかなりとも共和主義的要素をみとめることができるかどうか、といった問題につき、若干の考察をおこなってきた。その結果、これまで一部分しかわからなかった急進的自由民権論者の全般的傾向、わけても、その内容の大体が明らかとなった。いま、ここで明らかとなった諸点を整理するならば、つぎのごとくである。

㈠ 急進的自由民権論者の大多数は、天皇の開明性と進歩性をみとめ（天皇制に厳しい態度を表明したのは、わずかに松村弁治郎一人にすぎない）、明治八年の詔勅、さらには同十四年の詔勅を高く評価していた。

㈡ 急進的自由民権論者が敵視したのは、天皇の「聖意」を無視して立憲政体を確立しようとしない「有司専制政府」であり、かれらは、天皇主権国家それ自体を崩壊させるような行動は、いっさいとらなかった。

㈢　急進的自由民権論者がめざしたものは、君民共治の立憲政体の樹立、地租軽減の実行、条約改正の断行などであった。かれらがめざした路線と明治政府がめざした路線のちがいは、もとより小さいものではなかったが、さりとて当初から両者の間に、あいいれないほどの根本的差違があったわけではなかった。

ところで、もっともラジカルな行動に走った自由民権論者たちの政治思想が上述のごとくであったとするならば、自由民権運動は、はたして革命運動といえるであろうか[1]。明治政権打倒の手段がいかに過激で、直接的であったとしても、かれらの政治思想のなかに「尊皇思想」が色濃く残存し、かれらが打ち出す政権構想が「明治十四年の詔勅」の「完全実施」にとどまっていたという実態論からみれば、それは、革命運動というよりも、むしろ武力による政権奪取を意図した反政府運動とみるべきではないかという疑問がただちに生じるからである。自由民権運動の根本的性格をどのように理解すべきか。まさにこれは古くて新しい難問であるが、すくなくとも私は、戦後歴史学界をながく支配してきた自由民権運動の本質的性格をブルジョア民主主義革命運動とみる見解[2]は、あまりにも公式論にすぎ、あらためて再検討の必要があると思う。

（1）かつて松尾章一氏は、「自由民権運動をブルジョア民主主義革命運動と評価することに」「大きな疑問をもっている」（「自由民権運動期に於ける天皇論――自由党を中心として――」『法政史学』第一二号、昭和三十四年十月、七五頁）と述べ、同様の指摘をしたことがある。しかし、同氏は、その後、労作『自由民権思想の研究』（昭和四十年）を発表し、そのなかで「前の拙論の基本的立場に重大な誤りがあった」と述べ、「自由民権運動はブルジョア民主主義革命運動としての性格をもつものではないのではないかと考えたこと」を、全面的に撤回された（九六頁）。私は、今日においてもなお、松尾氏の近年の主張よりも、同氏のかつての主張に、大きな魅力を感じている。

（2）たとえば、江村栄一氏は、その著書『自由民権革命の研究』（昭和五十九年）のなかで、「これまでの研究史の蓄積と本書の研究を総括すれば、自由民権運動とは国会開設・国約憲法・地租軽減・地方自治・不平等条約撤廃という五大要求を掲げ、形成されつつある絶対主義的天皇制国家を根本的に変革しようとしたブルジョア民主主義革命運動であったと考えられる。専制的な無限の天皇大権を基軸とする明治政府に決定的な制約を加えることを意図した国会開設と民主的な憲法制定という二つの要求は、自由民権運動のそのような歴史的性格を端的に示す指標となる。

激化事件もあわせて考え、『自由民権革命』と命名した所以である」(四九二頁)と述べ、自由民権運動に「自由民権革命」の名称を付与した理由を述べている。しかし、本文中に述べたごとく、自由民権運動が、「絶対主義的天皇制国家」そのものを全面的に否認し、この体制を「根本的に変革」しようとした「革命運動」とみなすことに、私は、いささか躊躇せざるをえない。

第二章　村松愛蔵――飯田事件を中心に

一　はしがき

明治十七年、愛知県田原の自由民権運動家村松愛蔵[1]を中心とする人々が各地の民権家と結盟し、明治政府顚覆の陰謀を計画し、未然に発覚、長野重罪裁判所において内乱罪で処断されるという事件が発生した。いわゆる自由党飯田事件がこれである。

この事件については、関戸覚蔵『東陲民権史』[2]（明治三十六年）以来、数多くの研究が発表され[3]、種々の角度からの検討がすすんでいる。なかでも、後藤靖「飯田事件」[4]（昭和三十一年）、手塚豊「自由党飯田事件の裁判に関する一考察」[5]（昭和三十六年）、日比野元彦「飯田事件再考」[6]（昭和五十四年）等々は、研究史にのこるすぐれた研究であり、この事件を考える場合の必読の文献となっている。

本章は、右記の諸文献にみちびかれつつも、近年、筆者自身がみい出したいくつかの資料を利用し、事件の中心人物であった村松愛蔵の行動を中心に、あらためて飯田事件の全体像を再検討しようとするものである。いまだ不充分な一試論にすぎないが、大方のご叱正がえられれば幸いである。

（1）かれの伝記としては、鈴木金太（蔵山）『衆議院議員候補者評伝』下巻（明治三十五年）のほか、『田原町史』（昭和五十三年）に登載された小伝、さらには、『たはら文化』に連載された小沢耕一「回天の志士村松愛蔵」（昭和五十三年―五十八年）等々のすぐれた伝記がある。
（2）関戸覚蔵『東陲民権史』明治三十六年、五五二頁―五七七頁。
（3）飯田事件関係文献の詳細は、手塚豊「自由党飯田事件の裁判に関する一考察」『法学研究』第三四巻第一号、昭和三十六年一月、三頁―六頁、手塚・前掲『自由民権裁判の研究』中巻、三頁―六頁を参照。
（4）後藤靖「飯田事件」『明治史研究叢書』昭和三十一年、一〇〇頁以下。
（5）手塚・前掲『自由民権裁判の研究』中巻、三頁以下。
（6）日比野元彦「飯田事件再考」『東海近代史研究』創刊号、昭和五十四年十二月、一〇頁以下。

二　事件の推移

村松愛蔵が愛知県田原の同志八木重治、川澄徳次と共謀し、明治政府弾劾の檄文五万部を配布し、政治変革をめざす計画をたてたのは明治十七年春のことである。愛蔵が、右の計画にはじまるいわゆる飯田事件の中心的存在であったことは、かれ自身、名古屋警察署の取り調べにおいて[1]、

問　其中首謀者ハ誰ナルヤ
答　最初自分ガ発起シタルト言フニ非ス意気投合シテ茲ニ至リタレドモ平素ノ交際上自分ガ年長ナレバ推シテ自分ヲ首謀者ノ位置ニ進メタルモノ、如シ依テ其ノ意ニアリタリ

と供述していることから、明らかであろう。

愛蔵らの檄文配布計画は、その後、信州飯田の愛国正理社幹部桜井平吉（柳沢平吉）の加入により、より大規模なものとなった。桜井が計画に参画する経緯につき、八木は、次のように供述している。(2)

問　柳沢平吉ハ何時汝等ノ陰謀ニ同意ヲナシタルヤ

答　自分村松川澄等相会シ柳沢ヲ説キ同意セシムヘシトノ事ニ一決シ本年四月上旬川澄カ信州飯田ニ赴キ柳沢ヲ説キ同意セシメタルモノニテ其趣ハ川澄ヨリ村松へ宛報知致候

しかし、愛蔵らの檄文配布計画は、警察の警戒が厳重であったことと、資金集めがうまくいかなかったことの二つの理由から、容易に進展しなかった。檄文印刷のため、信州の深山自由新聞の活版器械購入に奔走した八木重治は、この間の事情を次のように語っている。(3)

問　汝カ信州へ赴ク為メ東京ヲ発足セシハ何日ナリヤ

答　本年八月廿八日ナリ

問　右信州へ赴キタルハ深山自由新聞ノ活版器械ヲ購入スル為メナリヤ

答　前日モ申供スル通東京ニテ檄文ヲ摺立ツルコトハ発覚ノ恐レモアレハ川澄村松ト共議ノ上深山自由新聞ノ活版器械ヲ買入ル、カ又ハ之ヲ借用致スカ何レカ其都合ニ致サント相決シ川澄ハ自分ヨリ四五日以前ニ名古屋ニ到ル筈ニテ京地ヲ発シ村松ハ未タ訴訟事件ノ落着セサルヲ以テ滞京ヲナシ自分ハ器械ヲ求ムル為メニ信州へ赴キタル次第ナリ

問　該品買入等ノコトハ如何ナリタルカ

答　夫レヨリ正理社々長柳沢平吉方ニ到リ同社三階ニ於テ平吉ニ面接シ被(ママ)ノ器械購求又ハ借用ノコトヲ謀リタルニ何等ノ用ニナスヤト申ニヨリ実ハ檄文ヲ摺立所存ナリトテ自分カ懐中スル檄文ヲ示シタルニ其時平吉ハコレカト申ニ付自分甚タ不審ヲ抱キタリ其故ハ右檄文ノコトハ他ニ漏洩セサルヨウ三名カ固ク申合置キタルニ

平吉ノ言語如何ニモ他ヨリ伝聞セシモノ、如シ察スルニ川澄トハ交情親密ノモノナルカ故ニ川澄ヨリ兼テ通シタルモノナラント思ヒタレトモ要スルニ彼レモ同志ノ一人ナレハ其コトハ敢テ尋ヲナサス器械買入一件ニ移リ尋ヲナシタルニ平吉ハ当時官ノ注目スル所トナリ居レハ此地ニ於檄文ヲ摺立ツルコトハ六ツケ敷カラント申聞又自分ニ於テモ該地ニ至リ道路ノ説ヲ探偵スル処其頃内藤魯一等飯田ニ赴キ演説或ハ宴席ヲ開キタル等ノ事ニ付柳沢等ノ挙動ニ就テハ痛ク警官ノ注目致シ居ルトノコトヲ探知セシニ依リ飯田ニ於テ檄文ヲ摺立ツルコトハ発覚ノ恐レアレハ宜シカラスト考ヘ山間僻地ニ至リ摺立ノコトニ従事シテハ如何ト談シタルニ平吉ニ於テ其所ト家ナキヲ如何セント申ニヨリ先ツ器械ヲ得レハ其辺ハ如何トモ亦相談ヲナスヘシトテ自分ハ下宿ニ戻リ其后相越シタルニ右機械ハ銀行ヘ抵当ニナリ居全部ノ金額ヲ払ハサレハ買入ル、コトナラサル旨ニ付右熟考中金員ノ事件ニ依リ名古屋ヘ帰ラサルヲ得サル要用出来シニヨリ其目的ヲ遂ケスシテ名古屋ヘ相帰リタリ

愛蔵らが、従来の檄文配布の手段を放棄し、実力をもって明治政府の打倒をめざす決意をかためたのは、十一月八日のことであった。村松愛蔵方におけるこの日の会合の模様につき、伊藤平四郎は、次のごとく供述している。(4)

問　本年十一月九日(ママ)ニ愛蔵方ヘ行キシヤ
答　正午十二時少シ前ニ相越シ候
問　其日ハ誰ガ来リシヤ
答　川澄徳次八木重治江川甚太郎自分並ニ愛蔵ノ五名会合致候
問　何レニテ会シタルヤ
答　名古屋区小市場町村松愛蔵ノ宅ニ有之候
問　其日如何ナル事ヲ謀議シタルカ

答　今日ノ政府ハ課税ヲ厳ニシ民ノ疾苦ヲ顧ミザルヨリ埼玉県ノ如キ暴動ノ起ル所以ナランヤ今日ハヨリ人民ノ困苦ニ迫リタル日ナレハ志士ハ黙過スヘキ時ニアラズ依テ兵ヲ挙ゲテ政府ニ迫マラント謀議シタル事ニ候

問　兵ヲ挙グルニ付テノ計画ハナカリシヤ

答　有之候川澄徳次ハ信州へ行キ柳沢ト気脈ヲ通シ兵ヲ募リ又愛蔵ハ本籍ナル田原村ニ行テ兵ヲ募リ江川甚太郎ハ本籍ナル三河国碧海郡高棚村ニ赴キ兵ヲ募リ八木重治ハ名古屋区ニ残リ居ル事ト相談纏リ候

問　其方ハ如何

答　如斯夫々手ヲ分ケ兵ヲ募ル事ト相成リタレ共自分ハ短才ナルモノニテ兵ヲ募ル抔ノ事ニ従事ハ難出来ニ付自分ハ可成勉強シテ出金スル事ヲ務ムヘキ旨申述ヘタル所愛蔵ノ申スニハ実ニ夫レハ第一ノ急務ナレハ是非金員ノ心配ヲ致シ呉レト申候

これにより、愛蔵方に集合したのは、川澄徳次、八木重治、江川甚太郎、村松愛蔵、伊藤平四郎の五名であったこと、そして、かれらは、ここで「兵ヲ挙ケテ政府ニ迫ラント謀議シ」、「川澄徳次ハ信州へ行キ柳沢ト気脈ヲ通シ兵ヲ募」ること、「愛蔵ハ本籍ナル田原村ニ行テ兵ヲ募」ること、「江川甚太郎ハ本籍地ナル三河国碧海郡高棚村ニ赴キ兵ヲ募」ること、「八木重治ハ名古屋区ニ残」ること、伊藤平四郎は、「金員ノ心配」をすることなど、それぞれの分担を取り決めたことが判明する。

しかし、挙兵のための募兵は、容易に進展しなかった。たとえば田原地方を訪れた愛蔵は、次のように述べている。(5)

問　本年十一月中其方田原ニ趣(ママ)キタル節神谷磯吉ヲ訪ヒタルカ

答　相尋候

問　如何ナル相談ヲ為シタルカ

答　彼レハ自分等ト同思想ノ者ト存シ候ニ付同人ニ面会シ彼ノ埼玉暴挙ノ如キヲ話シ之ヲ試シ候処到底自分等トハ意見ヲ同フセサルモノト見認メ候ニ付其儘酒ヲ飲ミ立別レ候

問　其節其方ハ意見ノ合ハサルヲ憤リ火入ヲ投ケ出シタルコトアルカ

答　自分当時激シテ同地ニ赴キタル処彼レ等同シ自由ノ主義ヲ執ルモ腕力ヲ以テ言論ノ楯ト為シ進行スヘキ手段ヲ用ヒサルモノニ付自分激シテ右様ノ所為ヲ為シ彼ヲ鼓舞セント致シタルモノニ有之候

十一月十三日、募兵先から名古屋にもどった愛蔵らは、江川甚太郎宅に集まり、ふたたび挙兵問題を協議することになった。江川甚太郎は、この日の協議の模様を次のように述べている。(6)

問　然ラハ挙兵之事ハ如何セシカ

答　右之如ク挙挙(ママ)兵ノ募集充分ナラサルヨリ自分宅ニテ決議セシ次第ハ此上ハ三河地方ニテ挙兵ノ義ハ暫ラク見合セ是レヨリ公道館ヲ手広キ家ニ移シ田原地方ハ勿論各地ヨリ有志ヲ集メ之ヲ養ヒ以テ兵ヲ挙クヘシトノ事ニ候

問　然ラハ同月十五日ノ集会ハ如何

答　右ノ次第ニ付十五日ノ会モ見合セ候

さらに八木重治も次のように述べている。(7)

問　其ノ后ノ計画ハ如何

答　元来静岡辺ニ於テ同志ヲ募リ気脈ヲ通シ挙兵ヲナスノ目的ノ所埼玉ニ於テ暴徒蜂起シタルヲ以テ俄ニ目的ヲ変シ八日ノ集会ヲナシ其議決ニ随ヒ手ヲ分ツテ兵員ヲ募ルコトニ着手致シタルコト有之然ルニ埼玉ノ勢ヒ日々挫ケ退縮セシニヨリ其計画ハ相止メタル訳ケニテ其后ハ旧議ニ復シ専ハラ屈強ノ士ヲ募リ目的ヲ達スルコトニナシタル義ニ候

（中略）

問　右ハ何レニテ議シタルカ

答　十一月十三日江川甚太郎方ニ於テ自分村松江川ノ三名ニテ議決致シタリ……

右の二資料により、この日の会合において、「挙兵ノ募集充分ナラサル」こと、あるいは「埼玉ノ勢ヒ日々挫ケ退縮セシ」ことを理由に、「挙兵ノ義ハ暫ラク見合セ」ることになり、十一月十五日に予定されていた挙兵の正式決定は、延期されることになったこと、そして計画は、「旧議ニ復」し、「専ハラ屈強ノ士ヲ募」ることになったこと、等々がわかる。

ここで重要なことは、挙兵決定延期の理由である。右の資料からは、募兵の不足、秩父事件の鎮静化など漠然とした理由以外はわからないが、注目すべきは、ここにみえないもうひとつの理由である。その理由に言及した八木重治の検察訊問調書は、次の通りである。(8)

問　川澄徳次カ挙兵準備ノ為メ飯田表ニ出張シタル節十一月十八日附ヲ以テ汝及村松ト連名書簡ヲ川澄ニ贈リタル事アリヤ

答　書簡ヲ川澄へ贈リタルコトアリ

（中略）

問　又当地ハ兼テ御約束ノ通リ十五日ニ相会スル筈ノ処東ノ相場甚タ悪シキ故更ニ評議シ先ツ公道館ヲ今少シ広キ家ニ移シ之ニ田原其他ヨリ来ル人々ヲ置キ盛ニ訴訟鑑定等ノ業ヲ為シ依頼者アラハ直チニ其地ニ派出スルコト出来ル様ニ仕ル心組ニ御座候トアルハ如何

答　兼テ御約束ノ通リ十五日ニ相会スル筈トハ陰謀ノコトヲ議スル為メ十一月十五日ニ相会スル筈ニナリ居タル故其コトヲ認メタル訳ケナリ而シテ東ノ相場悪シキトハ東即静岡辺ノ自由党員ノ情況ヲ案スルニ吾々ニ応ス

ル気運未タ来タラス遊説スル時機尚早シト云ヘル意味ヲ含マセテ記シタルモノニ有之右時機ナル文字ヲ使用スルハ角立宜シカラサルニ依リ相場ノ語ヲ代用シタル次第ナリ又公道館ヲ広キ家ニ移シトハ小市場町ノ公道館ヲ堀詰町ニ移シタルコトヲ云ヒ又盛ニ訴訟鑑定トハ田原其他ノモノヲ誘引シ若シ適宜ノ人物アラハ所々遊説ニ派遣スル意思ニテ認メタリ

これにより、「東ノ相場甚タ悪シキ」こと、すなわち、「静岡辺ノ自由党員ノ情況」がいまだ自分達に「応スル気運」になっていなかったことが、挙兵決定延期のいまひとつの理由であったことが判明する。すなわち、飯田事件関係者が挙兵決定を延期したのは、たんに兵員不足や秩父事件の鎮静化によるだけでなく、静岡事件関係者との連携が不充分であったことにも、その大きな原因があったのである。

(1) 名古屋警察署における明治十七年十二月六日付村松愛蔵警察訊問調書、本書第二章、六二頁。
(2) 名古屋軽罪裁判所における明治十七年十二月十日付八木重治検察訊問調書。
(3) 名古屋軽罪裁判所における明治十七年十二月十一日付八木重治検察訊問調書。
(4) 名古屋軽罪裁判所における明治十七年十二月十六日付伊藤平四郎検察訊問調書。
(5) 名古屋軽罪裁判所における明治十七年十二月二十七日付村松愛蔵検察訊問調書、本書第二章、八四頁—八五頁。
(6) 名古屋軽罪裁判所における明治十七年十二月十五日付江川甚太郎検察訊問調書。
(7) 名古屋軽罪裁判所における明治十七年十二月十七日付八木重治検察訊問調書。
(8) 名古屋軽罪裁判所における明治十七年十二月十二日付八木重治検察訊問調書。

三　他の事件関係者との連携

さて、前節で指摘した飯田事件関係者と他の事件関係者との連携の問題は、「専ハラ屈強ノ士ヲ募」る方針に定まった十一月十三日以降、どのように進展したのか。また、その結びつきの度合は、どの程度であったのであろうか。

この点については、かつて「いわゆる『一般的大動乱』計画について」[1]と題する小論において、若干の考察をおこなったことがあるが、飯田事件研究上、きわめて重要な問題であるので、ここで再度とりあげておくことにしたい。

飯田事件関係者と他の事件関係者の連携の問題については、これを消極的に評価する見解もあるが[2]、私は、飯田事件関係者と他の事件関係者の接触は、十一月十三日以降、事件が発覚するまでの間、きわめて活発であったと考えている。いま、この点を確認するために、「長野県国事犯村松愛蔵等ニ関スル一件書類」(法務図書館蔵)、「愛知県大島渚等強盗事件書類」(同上)、あるいは「鈴木音高外八名国事ニ関スル供述書」[3](国立国会図書館憲政資料室蔵)の諸資料を利用し、飯田・名古屋・静岡事件関係者の謀議の実例を列挙するならば、次の通りである。

(a) 十一月二十日頃、塚原久輪吉宅における強盗計画謀議

明治十七年十一月二十日頃、名古屋区京町の塚原久輪吉宅に、久野幸太郎、鈴木松五郎、田中文次郎、広瀬重雄が集合し、計画謀議の上、同日夜、同区寺町の寺院に強盗に押し入ろうとするが、失敗に終った計画である。計画謀議の概要を供述する塚原久輪吉の警察訊問調書は、次の通りである[4]。

問　本年十一月廿日夜汝カ宅ニ集合シ強奪ノ相談セシコト有リ哉

答　如何ニモ其ノ事有之タリ

問　其節集合セシ者ハ誰レナリシ哉

答　久野幸太郎鈴木松五郎広瀬重雄田中文次郎ノ四名ナリ

問　如何ナル相談ヲセシ哉

答　彼レ等ハ其ノ前兼テ相談ノ有リシコトト見ヘ寺町辺ヘ強奪ニ行ク相談ヲ致シ居タリ

(中略)

問　果シテ強奪ニ越セシ乎
答　自分ハ其ノ節酒ニモ酔ヒ居且ツ気ノ進マサリシ故行カサリシモ久野鈴木広瀬田中ノ四人ハ罷越シタリ

右の文中に飯田事件関係者の氏名はみあたらないが、静岡事件関係者の広瀬の氏名がみえることは、注目に値する。広瀬が名古屋事件関係者の強盗計画に参加していた事実は、かれと名古屋事件関係者とのつながりが決して弱いものではなかったことを示している。

(b) 十一月二十三日の村松愛蔵方における会談

十一月二十三日午前十時頃、静岡事件関係者の広瀬重雄と小池勇の両名は小市場町の村松愛蔵方を訪ね、村松方二階において、広瀬・小池・村松の三者会談をおこなった。このことを述べる明治十七年十二月十九日付広瀬重雄警察訊問調書は次の通りである。[5]

問　十一月二十三日小池勇ト共ニ村松愛蔵方へ行キシ時間ハ如何
答　午前十時頃ナリ
問　何用ノ為メ越シタル哉
答　久敷面会ヲセサル故一度訪ヒ度ト勇ニ申シタル処同人モ是非訪ヒ度トテ村松方へ趣キタリ
問　其節愛蔵ニハ何レニ於テ面会セシ哉
答　該時愛蔵方奥座敷エ兵隊ラシキ人弐名居合ヒシ故二階へ登リ自分勇愛蔵ノ三名談話シタリ

さらに小池勇も、明治十九年七月十七日付警視庁第二局警部森沢徳夫宛の「意見上申書」において会談の模様を次のごとく述べている。[6]

其十一月初旬ニ及ヒ広瀬重雄カ再ヒ名古屋ニ来リシヲ幸ヒニ同人カ下宿ニ至リ相伴フテ村松カ寓ヲ訪ヒ階上ニ於

テ略ホ意中ヲ明カシ以テ挙兵ノコトヲ約シ数月ヲ期シテ相起リ戮力協心必大事ヲ成サンコトヲ談セリ

右の二資料により、この十一月二十三日の三者会談の結果、「挙兵ノコト」が約束されたこと、そして「数月ヲ期シテ相起リ戮力協心必大事ヲ成サン」との相談がなされたことなどきわめて重大な事実が判明する。

なお、原口清氏は、この会談がおこなわれた月日を「十一月三日」と推定し、そのことを前提に「はたして村松がそのような約束ができたかどうか疑問」「十一月三日といえば、この時点では、飯田事件グループは、檄文印刷の資金調達に奔走中であって、具体的な挙兵計画は約束できる状況にはなかった[7]」と主張されている。原口氏は、いわゆる一般的大動乱計画の存在を否定的にみる立場から、三者会談を「十一月三日」と推定せざるをえなかったのかもしれないが、そのような推定がなりたつ余地はみとめられない。

（c）十一月二十六、七日頃、広瀬重雄方における会談

十一月二十六、七日頃、飯田事件関係者の八木重治は、静岡事件関係者の広瀬重雄の止宿先を訪ね、「国事」に関する盟約を結んでいる。このことを供述する明治十八年二月二十五日付広瀬重雄警察訊問調書は、次の通りである[8]。

問　国事改良ヲ八木重治ト盟約セシハ何年何月幾日頃ナリシ哉

答　明治十七年十一月廿六七日頃ニ盟ヒタリ

問　其盟ヒハ汝カ下宿ニ於テ盟ヒタルニ相違ナキ乎

答　相違無之

さらに、明治十八年三月十日付広瀬重雄検察訊問調書にも、次のようにみえている[9]。

問　其方政府改良ノ目的ヲ以テ八木重治ト謀議シタル事実ハ曩ニ名古屋警察署ニ於テ申立タル通相違ナキカ

答　相違無之候

問　右改良ノ義ハ要路ノ官吏ヲ暗殺シ地方ニ兵ヲ挙クル等ノ手段ヲ用フル相談ナリシカ
答　然リ

広瀬と八木の接触については、広瀬が「(八木は) 三回程モ (広瀬の下宿先に) 宿泊シタルト覚ユ」、「下宿へ来リシコトハ数回ニ有之タリ」と供述していることによってかなり頻繁であったことがわかる。[10] しかも、広瀬がはじめて八木と面会したのは、「十一月中旬」の頃、「村松ノ添書ヲ携ヘ」て、八木が広瀬の下宿先を訪ねてきたときのことであったから、[11] 両者の接触の背後に、愛蔵の意向がはたらいていたことは明らかであろう。

(d) 十一月二十八日、名古屋区堀詰町の公道館における会談

十一月二十八日、名古屋区堀詰町の公道館で開かれた会合に、村上佐一郎、村松愛蔵、湊省太郎、伊藤平四郎、八木重治らが出席している。このことを述べる明治十七年十二月二十一日付八木重治検察訊問調書は、次の通りである。[12]

問　本年十一月廿八日名古屋区堀詰町公道館ニ寄合タルコトアリヤ
答　同夜寄合タルコト有之候
問　其人名ハ如何
答　村上佐一郎石塚重平湊省太郎伊藤平四郎自分 (八木重治をさす——筆者註) 並ニ村松愛蔵ノ六名ナリ

さらに、伊藤平四郎も、同様の供述をおこなっている。明治十七年十二月十七日付伊藤平四郎検察訊問調書は、次の通りである。[13]

問　本年十一月廿八日公道館ニ於テ集会ヲ致シタルヤ
答　改メテ集会ト申ス事ハ聞キ不及候得共是迄追々申上候愛蔵重治甚太郎于夫村上広瀬湊等カ来リ居ル事ニ有之

候但シ自分カ承知致シ居ル内ハ何モ別段ノ噺シモ無之候

この日の謀議の内容を示す資料は、残念ながらみあたらないが、飯田事件関係者の村松、伊藤、八木と、静岡事件関係者の村上、湊らが一同に集まっていることは、注目に値する。

(e) 十一月三十日、名古屋区堀詰町の公道館における会談

十一月三十日、公道館において、八木重治、中島助四郎、伊藤平四郎、湊省太郎、福住大宣らが接触している。このことを述べる明治十七年十二月九日付福住大宣警察訊問調書は、次の通りである。[14]

問　昨日三十日ニ公道館ニ相越シタル節居合ハシタル人名ヲ申立ヨ

答　八木重治中島助四郎伊藤平四郎及ヒ遠州ノ産湊トカ申者ト四名居合ハシ自分ハ是ニ二時間程居リ而シテ帰院致シタリ

右の資料には、愛蔵の名前がみえないが、湊省太郎がこの日も、飯田事件関係者の八木、中島、伊藤、福住らと接触している事実は、軽視できないと思う。また、福住は、挙兵の「同意書」として、村松、八木、中島、江川、伊藤のほか、名古屋事件の塚原久輪吉、静岡事件の湊省太郎の両名をあげており、[15] 塚原、湊の両名が謀議に加わることは、すでにこの時点でめずらしいことではなかったようである。

(f) 十二月一日、南長島町道徳社（村上佐一郎方）における会談

十二月一日、村上佐一郎方に、飯田・名古屋・静岡事件の関係者が多数集まり、会談をおこなっている。このことは、十七年十二月十九日付広瀬重雄警察訊問調書[16]に、

問　本年十二月一日南長島町道徳社即チ村上左（ママ）一郎方へ何用有リテ越セシ哉

答　左(ママ)一郎ト従来入魂ノ間柄ニ付別ニ用向トテハ無之遊ヒニ行キタリ

問　其節祖父江道雄伊東(藤)平四郎村松愛蔵岡田利勝竹内伝右衛門沢田慶次郎等左(ママ)一郎座敷ニ居合セシニ相違ナキ乎

答　然リ居合セシニ相違無

とあり、また、これに添付された図面（左に掲載）に、その配置が具体的に記されていることから明らかである。[17]

このほか、右の会合には、八木重治が出席していたことが確実であり、[18]この会合において、村松愛蔵、八木重治、伊藤平四郎の飯田事件関係者、岡田利勝、祖父江（吉田）道雄の名古屋事件関係者、さらには、村上佐一郎、広瀬重雄、湊省太郎の静岡事件関係者が一同に会していたことになる。

談合ノ場所

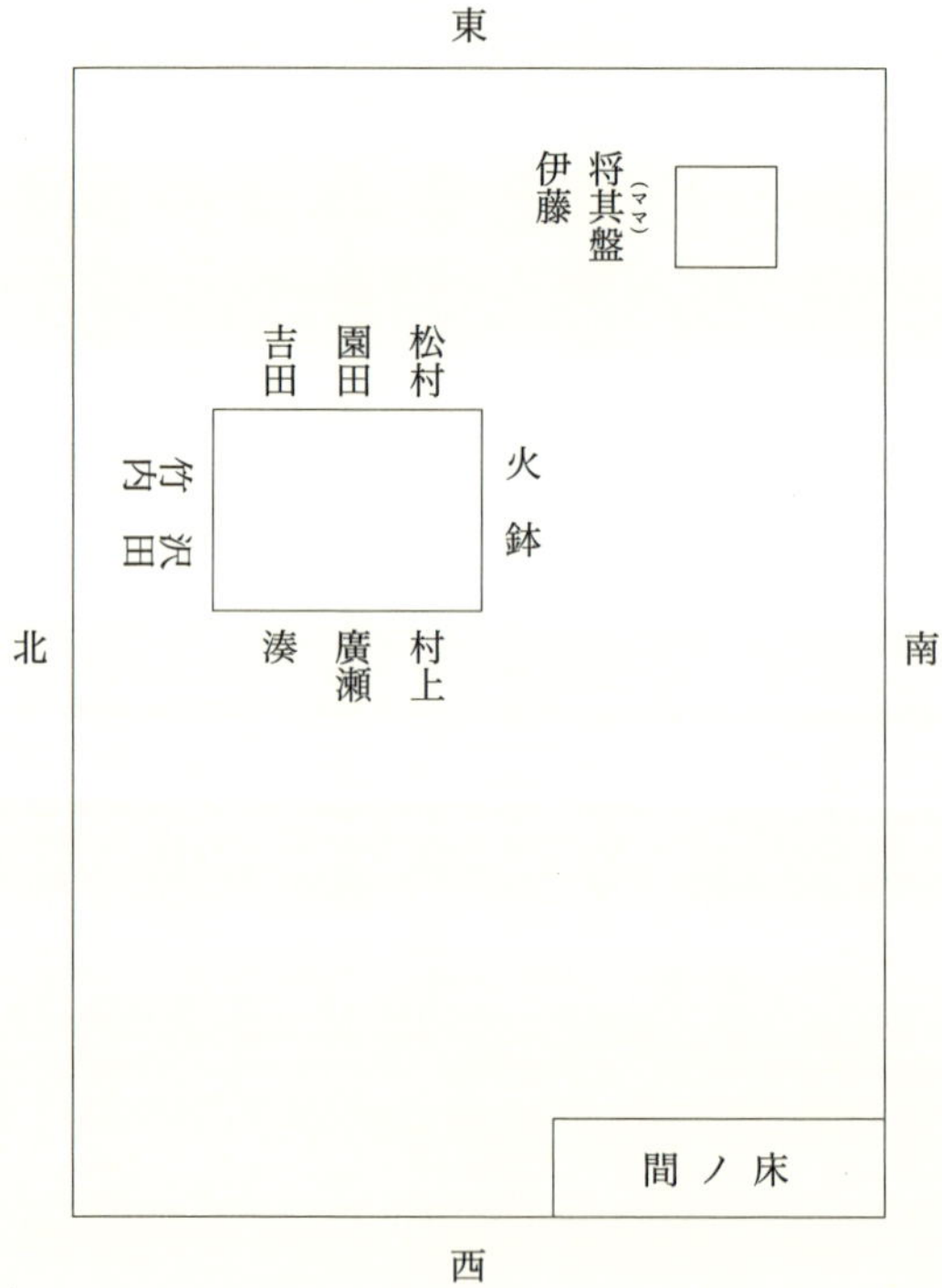

十二月一日長島町道徳社へ行キシ時ノ景況並ニ室内ノ間取左ノ如シ尤モ自分ハ同日午後七時頃罷越同二十分頃同家ヲ去リ矢場町へ趣(ママ)キタレトモ外数名ハ尚ホ居リテハ種々談話致シ候様子ニ覚ヘ候

(g) 十二月三日、公道館における会談

十二月三日、公道館に江川甚太郎、伊藤平四郎、村松愛蔵、八木重治の四名が集まり会合を開いた。この日の会合の模様を述べる明治十七年十二月十七日付八木重治検察訊問調書は、次の通りである。[19]

問　十二月三日講道館ニ集会シタルコトアリヤ
答　江川伊藤村松及ヒ自分ノ四名カ集会致シタリ
問　如何ナル相談ヲナシタルヤ
答　中島助四郎ヲ脱営セシメテ諸方ヘ遊説ニ出シ又ハ他ノモノヲ遊説員ニ募ルコト或ハ旧自由党ナル大和田郡村名不知利(土)倉庄三郎ハ金満家ナルヲ以テ同人ヨリ金員ヲ借入ルコト等ヲ密議シタリ

この日の会合には飯田事件関係者以外の出席者はいなかったようであるが、そこにおいて「遊説員」の派遣、あるいは土倉庄三郎より「金員ヲ借入ルコト」などの問題が話しあわれていたことは注目に値する。愛蔵らがさらに広範囲の連携をめざしていた事実は、いわゆる「一般的大動乱」計画の存在を裏づける有力な根拠ともなるであろう。

以上に示したいくつかの謀議の実例によって、明治十七年十一月中旬以降、飯田、名古屋、静岡事件関係者の連携は、日を追って緊密なものとなっていったことが理解できる。愛蔵を中心とする飯田事件関係者は、単に、これまで指摘されてきた信州飯田の同志との連携だけでなく、名古屋・静岡両事件関係者とのむすびつきを重視し、より広範な連携をすすめつつあったのである。

（1）拙稿「いわゆる『一般的大動乱』計画について」『慶應義塾創立一二五年記念論文集（慶應法学会政治学関係）』昭和五十八年、二二九頁以下参照。
（2）原口清「静岡事件研究の新段階――手塚・寺崎両氏の新史料紹介に寄せて――」『静岡県近代史研究』第八号、昭和五十七年十月、七頁以下、同『自由民権・静岡事件』昭和五十九年、一五一頁以下。
（3）全文は、手塚豊・寺崎修「自由党静岡事件に関する新資料――鈴木音高外八名国事ニ関スル供述書――」『法学研究』第五五巻第二号、昭和五十七年二月、七二頁以下、手塚・前掲『自由民権裁判の研究』中巻、二一一頁以下参照。
（4）名古屋警察署における明治十七年十二月二十九日付塚原久輪吉警察訊問調書。
（5）名古屋警察署における明治十七年十二月十九日付広瀬重雄警察訊問調書。
（6）手塚・前掲『自由民権裁判の研究』中巻、二六四頁。
（7）原口・前掲『自由民権・静岡事件』一八一―一八二頁。
（8）名古屋警察署における明治十八年二月二十五日付広瀬重雄警察訊問調書。
（9）名古屋軽罪裁判所における明治十八年三月十日付広瀬重雄検察訊問調書。
（10）註8に同じ。
（11）註9に同じ。
（12）名古屋軽罪裁判所における明治十七年十二月二十一日付八木重治検察訊問調書。
（13）名古屋軽罪裁判所における明治十七年十二月十七日付伊藤平四郎検察訊問調書。
（14）名古屋警察署における明治十七年十二月九日付福住大宣警察訊問調書。
（15）名古屋軽罪裁判所における明治十七年十二月十五日付福住大宣検察訊問調書。
（16）（17）註5に同じ。
（18）名古屋軽罪裁判所における明治十七年十二月十四日付八木重治検察訊問調書。
（19）名古屋軽罪裁判所における明治十七年十二月十七日付八木重治検察訊問調書。

四　事件の処理過程

しかし、愛蔵らの陰謀計画は、十二月初旬、長野県南和田村の村役場の筆生米山吉松（元正理社員）の密告が端緒となり未然に発覚した。[1]大規模な蜂起をめざすかれらの計画は、一瞬のうちに水泡に帰することになったのである。

事件関係者の逮捕は、十二月三日より、長野、愛知の両県ではじまった。愛知県下では、村松愛蔵をはじめ、八木重治、江川甚太郎、伊藤平四郎、福住大宣、遊佐発、鈴木滋、太田善太郎、白井伊蔵、高和義吉、広瀬重雄らが名古屋警察署に、また、長野県下では、川澄徳次、桜井平吉、小塩周次郎、遠山八郎らが飯田警察署に、それぞれ逮捕された。愛蔵の勾引状ならびに愛蔵を逮捕した丹羽巡査の引致手続書は、次の通りである。(2)

勾引状

愛知県名古屋区小市場町
二丁目寄留士族

松村愛蔵

右ハ国事犯ノ事件ニ付訊問ノ筋有之当署へ勾引ス
可キ者也
但本人潜匿シタル時ハ家宅ヲ捜査ス可シ

明治十七年十二月五日午後二時発

名古屋警察署
警部補　近藤実秀　印

勾引シタル被告人ノ署名捺印若シ能ハサル時ハ其事由	松村愛蔵　㊞
執行シタル月日	明治十七年十二月五日
執行シタル場所	被告松村愛蔵宅
執行ノ手続	正本ヲ示シ謄本ヲ下附ス
家宅捜査ヲ為シタル時ハ其事由	
勾引スルコト能ハサル時ハ其事由	

右之通取扱候也
明治十七年十二月五日午後六(ママ)時
名古屋警察署
巡査　丹羽忠行　㊞

引致手続書

愛知県名古屋区小市場二丁目寄留士族
村松愛蔵

右ハ国事犯事件ニ付明治十七年十二月五日勾引状執行可致旨名古屋警察署警部補近藤実秀ノ命ニ依リ今日午後第七時同人宅ニ出張致シタル処本人ハ中ノ間ニ於テ妻ト対座火箱ニ寄リ掛リ居タルヲ以右今状ヲ示シ署名押印セシメ直チニ本人引致及ヒタル儀ニ付此段手続具申候也

名古屋警察署巡査　丹羽忠行 ㊞

明治十七年十二月六日

警部　安田退三殿

これにより、愛蔵が逮捕されたのは、十二月五日であったこと、逮捕場所は、名古屋区小市場町二丁目の自宅であったこと、さらに、取り調べ当局は、当初から、この事件を国事犯事件と考えていたこと、等々が判明する。ところで、事件関係者の取り調べは、名古屋警察署と飯田警察署の双方において別個にすすめられることになり、愛蔵ら名古屋で逮捕された人々は、名古屋警察署の取り調べをうけることになった。

愛蔵に対する名古屋警察署の訊問は、逮捕直後の十二月五日の晩にはじまり、翌六日まで二回にわたって行われた。この取り調べにおいて、愛蔵は、事件のほぼ全容をみとめ、次のごとく供述した(3)。

問　汝カ党ノ目的トスル所ハ何レニアルヤ。

答　昨日申上タル通リ目ニ我国ノ政事不良ト見認タルガ故ヘ之ヲ改良セントスルニアリ。去リナカラ改良スルノ途ニ様アリ。一ハ言論ナリ。一ハ腕力ナリ。依テ我カ党ノ目的トスル所ハ言論ヲ先ニ立テ腕力則チ兵力ヲ楯トナシ急速政事改良ヲ望ム所ニアリ。

問　即ニ兵挙（ママ）ノ法方（ママ）手段ヲ計画シタルヤ。

答　否ナ其計画スル迄ニハ至ラス。尚ホ党員加入ニ尽力中ナリ。

（中略）

問　然レドモ兵挙（ママ）ノ方法手段ヲ計画スルノ存慮ニアリシヤ。

答　尤モ計画ハ勿論手ノ及フ丈ケハ兵ヲ挙クノ準備迄致シ置クベキノ見込ミナリ。

十二月七日、名古屋警察本署警部安田退三は、同警察署による取り調べが終了したことにともない、証拠物件とともに愛蔵の身柄を名古屋軽罪裁判所検事近藤巨摩代理検事補青木素宛送付した。安田警部の送検状ならびに証拠物件目録は、次の通りである。(4)

愛知県三河国渥美郡田原村士族現今同県尾張国名古屋区小市場町竹内スエ方寄留

村　松　愛　蔵

二十七年　十ケ月

前書村松愛蔵ハ明治十五年中当名古屋区ニ来リ尓来新聞編揖ニ従事シ或ハ政談演説ヲナシ自由主義ヲ取テ専ラ他人ヲ我党ニ誘導セン事ニ扱（汲）々セリ然シテ渠レカ性行ヲ視ルニ跡暴過激家事ヲ見ルナク父母ヲ顧ルノ念慮ナク其平素ニ在ツテハ小市場町竹内スエヲ騙瞞シ同人ト私通シ該家ニ寄留シ公道館ト唱ヘ訴訟鑑定ノ業ヲ為スト雖トモ依頼者有ルヲ見ス僅カニ竹内スエニ寄リ生活スルモノニシテ言行共ニ怪マサルヲ得ス因テ早晩犯罪ヲ免カレサルモノト認ムルニ付常ニ視察ヲ怠ラサル処明治十七年七月中出京同年十月中帰県其後ハ田中常直ト唱フル者ヲ寓居セシメ共ニ其職業トシテ為ス処ナク又村松愛蔵カ原籍ナル川澄徳次或ハ鎮台看護卒等ト時々会合何ニカ密議ヲナスニ依リ其何故タルヲ知ラン為メ厳密探偵ヲ遂ケサセタル処別紙二号報呈書ノ通当県下居住並ニ止宿ノモノニテ兼テ自由主義ヲ取ルモノト密会ヲナシタル事アリ其内同県三河国碧海郡高棚村江川甚太郎並ニ同県名古屋区江川町

伊藤平四郎ノ両人ノ如キハ時々村松愛蔵等ト親密ナル往復ヲナシ然シテ同年十一月廿五日頃伊藤平四郎ノ周旋ニテ同区堀詰町二丁目ニ一家ヲ借入レ之レニ江川甚太郎村松愛蔵方ニ寓居セシ田中常直モ止宿且其際兼テ村松愛蔵方戸外ニ掲ケアリシ公道館ノ門標ヲ撤去シ之ヲ堀詰町借家ヘ送付セリ且近来ニ当リ彼レ等相会スレハ密談私語或ハ筆談等ヲナシテ協議スル状況アリ彼レ是レ挙動尋常ナラス必然国事上陰謀ヲ企テ居ルモノト思料将ニ糾治ノ手続ニ及ハントスル際茲ニ同年十二月四日長野県警部補青木直交別紙三号書類ヲ携帯シ来報スル要領ハ右川澄徳次ナル者長野県飯田地方ニ至リ政社愛国正理社員ヲ誘導其挙動甚タ怪ム可キヲ以テ同月三日該県警察署ニ引致先ツ渠レカ所持品ヲ検査スルニ当リ着衣ノ襟中ヨリ書類三通ヲ発見セリ之レヲ閲スルニ其一ハ自由革命ノ為メ挙兵ヲナサントスルノ檄文其二ハ田中村松ヨリ川澄ニ宛タル陰謀事件ヲ通知シタリト認ムルニ足ル書翰ナルヲ以テ被告川澄ヲ訊問スルニ村松愛蔵田中常直等ト共ニ自由革命ノ義兵ヲ挙ケントシ同志募集ノ為メ当地ニ来リシ旨陳述セリト之レニ因テ犯情全ク明確ナルヲ以テ現行ニ準シ治罪法第二百五条ニ従ヒ同年十二月五日午後七時名古屋警察署詰巡査丹羽忠行ヲシテ村松愛蔵田中常直ヲ拘引ス可キ事ヲ命シタリ村松愛蔵ハ彼レカ自宅於(ママ)テ引致シ該夜ハ数名ノ巡査ヲ以テ村松愛蔵カ自宅並ニ堀詰町公道館ヲ看守セシメ翌十二月六日日出ヲ待テ各家宅ノ捜査ヲ遂ケタリ然ルニ別紙七号調書ノ通リ村松愛蔵方於テ檄文及ヒ軍令職ト題シタル内乱事件ニ必要ナル証拠書類ヲ初メ其他別紙目録ノ物品ヲ押収シタリ

又右五日ヲ以テ治罪法第百六十九条ニ従ヒ別紙九号ノ人名ニ関スル書類電報ノ受取方ヲ名古屋郵便局並電信分局ヘ通知シタリ

又別紙三号書類中村松田中ヨリ川澄ヘ宛テタル御着飯以来頻リニ云々トアル書翰中ニ田原其他ヨリ云々トアルヲ以テ当県管内自由党員ノ挙動ハ特ニ視察注意ス可キ旨ヲ各警察署ヘ通知シタリ

名古屋警察署ニ於テ被告村松愛蔵ヲ訊問スルニ別紙第一号調書ノ通挙兵シテ革命セント志ヲ決シ川澄徳次田中常

直等ニ謀リ同意賛成ヲ得川澄徳次ヲシテ信州飯田ニ遣リ愛国正理社長柳沢平吉初メ誘導中ナル旨供出シ事実明白ナルヲ以テ被告村松愛蔵ト共ニ証拠物件相副及証告候也

愛知県警察本署

警部　安　田　退　三　㊞

明治十七年十二月七日

名古屋軽罪裁判所

検事近藤巨摩代理

検事補　青　木　素　殿

追テ共謀者ナル田中常直事八木重治中島助四郎福住大宣江川甚太郎伊藤平四郎遊佐発ノ六名ハ各捕縛当時取調中ニ付后日可及御送付其他ノ同謀者ハ目下捜査中ニ有之候事

書　類　物　件　目　録

第壱号	訊問調書	壱冊
第弐号	探偵報呈書	壱通
第三号	長野県飯田警察署ヨリノ照会書	壱通
第四号	長野県警部長ヨリノ電報写	壱通
第五号	勾引状	壱通
第六号	勾引手続書	壱通
第七号	家宅捜査調書及押収物品目録共	壱通
第八号	竹内スエ訊問調書	壱通
第九号	郵便電信両局ヘ通知シタル人名目録	壱通

第十号　家宅捜査押収品目録ニ記載シタル書類　壱括

同上目録ニ記載セシ短銃及弾丸

十二月八日、名古屋軽罪裁判所において、検事補布留川尚による取り調べが開始された。村松は、この日の検察官訊問においても、さきの警察官訊問と同様、内乱隠謀の事実を供述したため、「禁錮以上ノ刑ニ該ル可キ者ト思料」（治罪法第一二六条）され、かれの身柄は、「愛知県監獄本署ノ監倉ヘ勾留」されることになった。十二月八日夜、名古屋控訴裁判所内留置所において執行された愛蔵の勾留状は、次の通りである。(5)

勾留状

愛知県三河国渥美郡田原村士族
当時尾張国名古屋区小市場町寄留

松村愛蔵

右内乱ニ関スル被告事件ニ付治法第二百(ママ)十六条ノ規則ニ従ヒ愛知県監獄本署ノ監倉ヘ勾留ス可キ者也
但本人潜匿シタル時ハ家宅ヲ捜査ス可シ

明治十七年十二月八日

勾留シタル被告人ノ署名捺印若シ能ハサル時ハ其事由	松村愛蔵　拇印 実印無之ニ付拇印セシム
執行シタル月日時	十二月八日午后七時
執行シタル場所	名古屋控訴裁判所内留置所ニ於テ
執行ノ手続	正本ヲ示シ謄本ヲ下付ス
家宅捜査ヲ為シタル時ハ其事由	
勾留スルコト能ハサル時ハ其事由	

名古屋軽罪裁判所
検事補　布留川　尚　印
書　記　西　村　幸　頼　印

右之通取扱候也
明治十七年十二月八日
名古屋警察署詰
巡査　吉　田　広　遠　㊞

愛蔵に対する検察官の取り調べは、右の勾留決定後も継続した。「長野県国事犯村松愛蔵等ニ関スル一件書類」には、十二月二十七日までの検察官調書が綴られており、取り調べは、断続的に十二月二十七日までつづいたものと考えられる。

翌十八年三月二十八日、太政官は、飯田事件の管轄裁判所を長野始審裁判所に定め、名古屋に拘禁されていた愛蔵ら十一名は、長野県松本へ護送されることになった。事件の本拠地が名古屋であったにもかかわらず、太政官がその管轄を松本に決定した背後には、国事犯事件を大都市ではなく、なるべく世間の目にふれない地方都市であつかった方が被告を英雄化させずにすむとの判断があったといわれている(6)。

九月八日、予審が終結し、村松ら八名の被告は、重罪裁判所（長野始審裁判所松本及庁に開設）に移されることになった。裁判長は戸原楨国、陪席は、判事世良重徳、判事補高橋克親の両名、立会検事は石川重玄であった(7)。

公判は十月十日にはじまり同月二十四日までつづいた。二十四日には、石川検事によって、求刑がおこなわれ、村松、八木、川澄の三名は、「朝憲ヲ紊乱シタルモノトシ刑法第百二十五条ノ二項則チ内乱ノ隠謀ヲナシテ未タ予備ニ至ラサルモノ」とされ「死刑」より「二等ヲ減シテ有期流刑ニ処断スヘキ範囲内ノモノ(8)」とされた。

十月二十七日、判決の言い渡しがおこなわれ、伊藤平四郎、広瀬重雄の両名をのぞく六名に対し有罪が宣告された。判決書から愛蔵に関連する部分を摘記するならば、次の通りである(9)。

第一被告人村松愛蔵八木重治川澄徳次等ハ我政府ノ施政ヲ不是トシ之ヲ改革センコトヲ企図シ常ニ露国虚無党カ施ス所ノ秘密出版ノ例ニ倣ヒ先ツ其政府ヲ改革セサルヘカラストノ檄文五万部ヲ普ク我邦内ニ伝ヘ民心ノ志気ヲ教挑激昂セシメ因テ以テ革命ノ気暴ヲ作興センコトヲ相謀リ……明治十七年十一月八日愛知県名古屋区小市場町公道館即チ竹内スエ方ニ愛蔵重治及被告人江川甚太郎等会合スルニ当リ……今ニシテ檄文ヲ撒布セントスレハ事既ニ晩シ矣寧ロ干戈ニ訴ヘ政府ヲ転覆スルニ如カスト……盟ヲ為シタル所為ハ即チ政府ヲ転覆スル事ヲ目的トシ内乱隠謀ヲ為シタル者ト判定ス

第二被告人村松愛蔵ハ八木重治カ徴兵看護卒ノ身ヲ以テ明治十七年六月三十日夜名古屋鎮台病院ヲ脱営シ来レル情ヲ知テ同年七月六日迄自己ノ寓所ニ蔵匿……セシメタル者ト認定ス……

右ノ理由ニ因リ被告人村松愛蔵川澄徳次第一ノ所為ニハ刑法第百二十五条第二項ニ拠リ刑法第百二十一条第一項ノ例ニ照シ二等ヲ減シ各有期流刑ニ該ル第二ノ所為ハ刑法第百五十一条第一項ニ該リ刑法第百条第一項ニ拠リ一ノ重キニ従ヒテ処断スヘク……然リ而シテ各被告人ハ原諒スヘキ情状アルヲ以テ刑法第八十九条第一項ニ重罪軽罪違警罪ヲ分タス所犯情状原諒ス可キ者ハ酌量シテ本刑ヲ減軽スルコトヲ得刑法第九十条酌量減軽ス可キ者ハ本刑ニ一等又ハ二等ヲ減スルトアルニ依リ各本刑ニ二等ヲ減シ被告人村松愛蔵ハ軽禁獄七年ニ処シ……

すなわち、判決は、㈠村松らの「政府ヲ転覆スルニ如カスト……盟ヲ為シタル所為」は、「内乱」の「予備ニ至ラサル者」に該当する、㈡村松が八木重治をかくまった行為は、「情ヲ知テ」「蔵匿セシメタル者」に該当する、と認定した上で、二罪倶発の規定、すなわち「一ノ重キニ従テ処断ス」（第一〇〇条）との規定を適用し、村松の行為は、もっぱら㈠をもって論ずるものとし、死刑より二等を減じて有期流刑とした上、第八九条、第九〇条で酌量減軽、さらに二等を減じ、「軽禁獄七年」を言い渡すものであった。死刑よりつごう四等（死刑→無期流刑→有期流刑→重禁獄→軽禁獄）を減じたこの判決は、法律操作上、可能なかぎり軽い量刑を言い渡したものといえるであろう。

(1) 事件発覚のくわしい経緯は、手塚・前掲『自由民権裁判の研究』中巻、三頁以下参照。
(2) 被告人村松愛蔵書類。
(3) 名古屋警察署における明治十七年十二月六日付村松愛蔵警察訊問調書、本書付録、六二頁—六三頁。
(4) (5) 註2に同じ。
(6) 手塚・前掲『自由民権裁判の研究』中巻、三三頁、三四頁。
(7) 同前、三七頁。
(8) 『信濃毎日新聞』明治十八年十一月七日付、愛知大学文学部田崎研究室『飯田事件裁判記事』(増訂版) 昭和五十八年、六七頁。
(9) 後藤靖「飯田事件裁判記録」『立命館法学』第二二号、昭和三十二年、一〇五頁以下。

五　むすび

愛蔵が「軽禁獄七年」の刑期をおえて満期出獄するのは、明治二十五年十月のはずであったが、明治二十二年二月、憲法発布の大赦により、愛蔵は、わずか三年三カ月あまりで出獄することになった。明治二十二年二月十七日、名古屋市上前津の長松院で開催された国事犯出獄者歓迎会の模様につき、鈴木清節は、次のように述べている。[1]

大阪事件出獄者は、大井憲太郎、小林樟雄、新井章吾、館野芳之助その他。飯田事件出獄者は、村松愛蔵、八木重治、川澄徳次その他を主賓とし、来会者は、国島博、祖父江道雄、岡田利勝、渋谷良平、清水平四郎、鈴木滋、白井菊也、後藤文一郎、江川甚太郎、佐藤琢次、荒井太郎、山田才吉、富田耕治、川口代助、石原烈、福岡祐次郎、田島任天、鈴木滋(ママ)、藤田鉞太郎、服部雅常、磯部松太郎、宇佐美庄次郎、大杉茂生、小原小金吾、太田鐇太郎、鈴木巳之作、奥村哲次郎その他三百余人発起人総代福岡祐次郎の痛快なる歓迎の辞に対し、大阪事件代表新井章吾の答辞は当時十八歳の青年志士小久保喜七代読し、飯田事件代表八木重治の謝辞あり、爆薬製造中発火し、一眼隻手を失った館野芳之助は壮烈なる感想談を試み記念の撮影を為し、凱旋将軍を迎うるが如く、意気冲天の感を以て散会した。

田原にもどった愛蔵は、その後まもなく、政治活動を再開し、明治三十一年三月の第五回衆議院議員選挙では初当選をはたし、その後、三十六年三月の第八回総選挙、三十七年三月の第九回総選挙、四十一年五月の第十回総選挙にも当選し、かれの代議士としての名声は、東海地方に鳴りひびくことになった。(2) かれの民権家としての声望は、明治憲法体制確立後も消えることがなかったのである。

しかし、代議士としてのかれの活動は、あまり長くはつづかなかった。明治四十二年四月十五日、いわゆる日糖疑獄事件で警視庁に逮捕されるにいたり、(3) 同年七月三日、東京地方裁判所で、「重禁錮五月」の有罪判決をうけ、ふたたび入獄することになったからである。(4)

愛蔵は、有罪判決をうけた直後、鈴木清節に対し、次のごとき書簡を送っている。(5)

四月十六日入獄以来接見禁止は二十三日間継続せり。この間実に少しく得る処ありたり。天は空しく我を苦しめ給わざるなり。五日附玉章謹誦仕候。名古市(ママ)若くは東京へ御転任の上は篤と御協議の上、邦家の為め社会のため、またお互のため画策するあらんと期せり。而して今は名古屋に御転任を見たり。然るに嗚呼僕は違背せり。失策せり。実に申訳無之候。不面目の極に候。慚愧の至りに候。貴命の如く大任を僕に下されんことを天に祈り奉りてそれを愛領せざるべからず。深く期す。去三日夕刻保釈出獄、来る九日は更に入獄、今年十二月には放免出獄、右の順序に御座候。謹んで貴下の御健康を祈り、高堂の御多祥を祝す。　頓首

七月六日

明治四十二年十二月、満期出獄した愛蔵は、二度と政治の世界にもどろうとはしなかった。かれは、報知新聞記者のインタビューに対し、出獄直後の心境を次のように語っている。(6)

思えば本年取って五十四！　既に定命を超ゆること四歳だ。五十三年の生涯は茫漠たる夢の歴史だつたが今の村松は権勢の圏内に捉へられず悪鬼悪魔にも呪はれず小さい信仰に生たりとも大宇宙に向つて唯我独尊村松だ。片

時も偉大な神の光明を浴さぬことがない。此の絶大な幸福を受くるに至つた動機は勿論幽暗な日糖事件連座の牢獄生活からである。思えば日糖事件も寧ろ感謝に堪えぬ。神は汚れたる村松に天刑を加へて新生涯に踏み込む新光明を与へて呉れた。森々と更け渡る牢獄の一夜、良心に荊の蔓生つた村松を神は喚起して囁いて呉れた。而して歴々と目前に出現した。今も深く心に銘刻して忘れられぬ。

扨て私の余名も短かい。此短生涯を如何に暮さんかは刻下の大問題で一生懸命神に祈禱を捧げて残れる生涯を神の光栄を現すべく其命令を待つのみである。救世軍の一士官になつて心に烈々の天火を抱き罪亡ぼしの為め大道や軍営で一大獅子吼を試みんか、其とも外国二人あると云ふ救世軍の赤い帽子を被つて代議士運動を開始し再び議場に現はれて花々しき大活躍を試みむか、又は一家の経営を計つて旁ら慈善事業に身を委ねんか、之は未定で前途暗黒である。無理に村松愛蔵の前途を予想して見ると救世軍の一士官となつて余生を暮すのが適性の様に思はれる。要するに村松の新生涯は短いが何物かを社会に残して見たいが一心だ。

右の談話のごとく、愛蔵は、「救世軍の一士官となって余生を暮す」ことになった。愛蔵は、救世軍において、京橋・岡山・横浜の各小隊長を歴任したあと、大正二年十二月には救世軍本営社会部人事相談部主任となり、昭和四年六月に、七十三歳で現役をしりぞくまでその地位にあったのである(7)。

昭和十四年四月十一日午後四時三十分、愛蔵は、東京麻布区宮村町八番地の自宅で八十三歳で死亡した。愛知県田原町役場にのこる愛蔵の除籍簿には、次のごとく記載されている(8)。

昭和拾四年四月拾壱日午後四時参拾分東京市麻布区宮村町八番地ニ於テ死亡同居者村松きみ届出同月拾弐日麻布区長間宮竜興受附同月拾五日送附

（1）鈴木清節『八十年を語る』昭和二十三年、一五頁。

（2）明治三十一年の総選挙では、愛知県第一一区（定員一名）から出馬、三九〇票で当選し（『新愛知』明治三十一年三月十八日付）、同三十六年の総選挙では、愛知県郡部（定員一一名）から出馬、三三二五票でトップ当選をはたした（『新愛知』明治三十六年三月三、四日付）。しかし、同三十七年の総選挙では、同じく愛知県郡部から出馬、当選したものの、票数は一四四八票にすぎず、最下位当選であった（『新愛知』明治三十七年三月三、四日付）。また、同四十一年の総選挙では、愛知県郡部から出馬、四四六〇票を獲得し、第四位で当選した（『新愛知』明治四十一年五月十八、十九日付）。
（3）『東京日日新聞』明治四十二年四月十九日付。
（4）『東京日日新聞』明治四十二年七月四日付。
（5）鈴木・前掲『八十年を語る』九〇頁。
（6）『報知新聞』明治四十三年一月三十日付。
（7）山室軍平編『代議士から救世軍士官に』昭和五年、一二頁―一七頁。
（8）愛知県田原町除籍謄本。

付録　村松愛蔵警察・検察訊問調書

ここに紹介する資料は、現在、法務図書館が所蔵する「長野県国事犯村松愛蔵等ニ関スル一件書類」と題する綴りの一部で、[1]愛蔵の名古屋警察署における警察訊問調書二通、ならびに名古屋始審裁判所における検察訊問調書四通である。これまで飯田事件の中心人物である村松愛蔵の警察・検察訊問調書については、ごく断片的なものしか知られていなかったから、[2]その覆刻の意義は、おのずから明らかであろう。ここに附録として紹介する所以である。

（1）「長野県国事犯村松愛蔵等ニ関スル一件書類」第二巻（法務図書館蔵）。
（2）私が知るかぎり、『長野県史』近代史料編第三巻、昭和五十八年、一一六頁以下に登載されている警察訊問調書二通（明治十七年十二月五日付、同年同月六日付）以外みあたらない。しかも、右の二通の警察訊問調書は、いずれも省略されたものであり、完全なものではない。

(一)　村松愛蔵警察訊問調書

〔第一回調書〕

明治十七年十二月五日被告人村松愛蔵ニ対スル訊問陳述ヲ録スル左ノ如シ
問　汝ノ住所氏名身分職業年齢ハ如何
答　住所ハ愛知県三河国渥美郡田原村当時名古屋区小市場町竹内セイ方寄留身分ハ士族職業ハ無職氏名ハ村松愛蔵年齢ハ当二拾七年十ケ月生地ハ矢張田原村ナリ
問　無職業ニテ何ヲ以テ生活相立居ルヤ
答　自分ハ法律学ヲ始メトシテ諸学研究ノ為メ館主トナツテ公道館ヲ設立シ旁ラ訴訟鑑定ヲ為シ生活相立居リ候
問　汝ハ父母存命ナルカ亦タ兄弟等ハ之レナキヤ
答　父ハ良雲ト呼ヒ母ハイヲト称シ尚ホ存命ニ有之兄弟ハ他家ヘ養子ニ参リ高橋甫三郎ト云フ同人ハ目下愛知医学校ニ入校セリ父母ハ原籍地ニ居住シ農業位ヲ致シ居レリ
問　汝ハ如何ナル教育ヲ受ケ居ルヤ
答　普通ノ教育ヲ請ケ殊ニ明治六年頃ヨリ五六年間東京外国語学校ニ入リ洋書漢籍等ヲ学ヒタリ
問　是迄奉職致シタルコトアルヤ
答　曾テ官ニ仕ヘタルコトナシ
問　最前申立タル公道館ハ何レニ設置シタルヤ
答　小市場町ナル自分ガ居宅ニ仮設シ尚ホ目今ニ至リテモ依然ト致シ居レリ
問　社員ハ数多アルカ
答　右公道館ヲ設置シタルハ昨年七八月頃ニテ其際病気ニ罹リ爾来中絶ノ姿ニ相成リ居リ依テ将来社員ヲ招結ス

ル存慮ナレドモ現今ニテハ一名ノ社員モ無之候

問　田中常直川澄徳次等ハ知ル人ナルヤ

答　両名トモ同村居住ノ者ニテ竹馬馴染ニ之レアリ究テ懇親ナリ

問　右両名ガ目下ノ居所承知ナルカ

答　両名トモ目下何レニ居合スヤ承知セス其中田中ハ本日下掘詰町ニテ面会シタレバ当区内ニ居合スコトト考へ
候

問　川澄徳次ニ近ク面会シタルハ何ツ頃ナルヤ

答　去月上旬小市場町居所へ来遊シ其際面語シタル而已ニシテ爾来今日迄面会セス

問　其際川澄徳次ト如何ナル談話ヲ為シタルヤ

答　別段記臆（ママ）スルノ重立タル談話致シタルコト無之唯タ普通咄シニ之レアリタリ

問　其際行キ先ハ語ラザリシヤ

答　其義更ニ承ラズ

問　長野県飯田飯田（ママ）町ニ愛国正理社ナルモノ設立アリ其義承知致シ居ルヤ

答　承知致シ居レリ

問　如何シテ承知ナルヤ

答　本年七月下旬自分ガ出京ノ際三拾階（間）堀ニ設立スル寧静館ニ居合シタレハ正理社々員ノ者一名同館ニ参リ演説
者壱名差立ノコト申述シタルヨリ飯田ニ正理社ノアルコトヲ承知セリ

問　右社長ハ承知ナルカ

答　更ラニ承知セズ

問　汝ハ右正理社ニ就キ何カ関係ヲ存セサルカ
答　然リ同社ニ就テハ毫モ関係スルコトナシ
問　柳沢平吉ナル者ハ知ル人ニ非ラスヤ
答　承知セリ
問　如何シテ承知致シ居ルヤ
答　寧静館ヘ参リタル者ハ則チ柳沢平吉ニ有之夫故ニ承知致シ居レリ
問　川澄徳治（次）ガ右正理社ニ居合セ同氏ニ宛書状ヲ発シタル等ノコトハナキカ
答　然リ同氏ノ所在ヲ知ラサレバ音信スルコト能ハズ
問　汝ハ近頃飯田地方ニ趣（ママ）キタルコトナキヤ
答　近頃ハ勿論従来同地ヘ参リタルコトナシ
問　汝ハ近頃田中常直ト何カ国事ニ就キ密話シタルコトナキヤ
答　密談等致シタルコトハ無之モ同氏ヲ初メ諸人ト是迄公然国事ニ就キ歎慨ノ談話ヲ為シタルコトアリ
問　如何ナル歎慨ヲ起シタルヤ
答　目下我国ノ状況ヲ視察スルニ上皇室ノ衰ヘ下民権ノ振ハザルハ独リ執政有司ノ政権ヲ擅ニスルガ故ヘ之レヲ歎慨セリ
問　施政ノ不良ナルガ故ヘ歎慨スルト言フ意味ナルカ
答　然リ
問　然ラバ其政事改良ヲ熱望スルカ
答　然リ尤モ其改良ヲ熱望セリ

問　其改良スルニ就キ何カ説ヲ有スルカ

答　自分ガ常ニ説ク処ハ政事ヲ改良スルニハ演説ニ新聞ニ衆民ヲシテ民権ヲ伸張セシメ一方腕力ニ訴ヘ執政官迫リ恰モ車ノ両輪ナル勢ニテ急速事ヲ為サヽレバ到底政事改良スルコト不能ト云ニアリ

問　然ラハ汝ハ其決定(ママ)ナルカ

答　然リ其決心ナリ

問　其腕力ニ訴ヘ、キノ方法ハ計画セサリシヤ

答　然リ未タ其計画ハ不仕候

問　汝ガ決心ニ就キ同意ヲ誘ヒ結約等ハ為サヽルカ

答　衆人ノ同意ヲ得ルモ未タ結約等ハ不致候本日ハ右ニテ訊問ヲ止ムベシ

右陳述読聞セタル処左ノ訂正ヲ求メリ

一正理社ノ設立ヲ知リタルハ自分ガ寧静社(ママ)ニ居合居リ云々トアルハ自分ガ旅館ヘ如何シテカ柳沢平吉ガ尋ネ参リ誰レカ演説者ハナキヤトノ問ニ就キ自分ガ寧静館ヘ案内シ同館ノ内ヨリ演説者ノ参ルベキ様紹介シ其時正理社ノアルコトヲ承知云々ト訂正アリタシ

一亦タ政事ヲ改良スルニ就キ言論腕力並行云々トアルハ言論ヲ先ニシ腕力ヲ後ニナシ則チ腕力ハ言論ノ楯トシ云々ト改メタシ

右訂正ノ廉読聞セタル処相違ナキ旨固執ス依テ署名捺印セシメ本職爰ニ連名押印スルモノナリ

右　村　松　愛　蔵　㊞

明治十七年十二月五日

愛知県名古屋警察署警部補代理

巡査　渡　辺　　弥　㊞

〔第二回調書〕

明治十七年十二月六日被告人村松愛蔵ニ対スル第二回ノ訊問陳述ヲ左ニ録ス

問　愛蔵ヨ本日ハ昨日ニ続テ訊問ヲ行フベシ左様承知セヨ

答　承知セリ

問　汝ト田中ト両人ヨリ長野県信州飯田愛国正理社内川澄徳次ニ宛テ廿一日ノ御書披見仕尽力ノ程奉謝候却説貴地ノ相場過日申上候如ク別ニ変動モナク専ラ米買入方着手致シ居候就テハ兄並ニ柳兄ニモ御都合ニ依リテハ御出名被下度云々ト認メ郵便端書ヲ差出タルコトナキ哉

答　過日田中ヨリ川澄柳沢ノ両氏出名方申送リタル旨承リタレドモ自分ノ氏名ヲ連署シタルコト亦米買入云々ノ咄シ無之ヲ以テ是迄端書ノ差立アルコトハ承知セサレドモ只今ノ御訊問ニ依リテハ其際田中ガ自分ノ氏名ヲ濫用シタルモノ(ママ)考ヘラル

問　然ラハ右出ノ事実ハ承知セサルカ

答　承知セズ

問　然ラハ廿一日附川澄徳次ヨリ発シタル書状モ披見シタルコトナキ哉

答　其書披見シタルコトハ無之モ田中ヨリ不遠柳沢ヲ出名サスル云々川澄ヨリ書状差越シタリト承リタルコト有之思フニ廿一日附ノ書状ナラント考フ

問　亦タ汝ト田中ノ両人ニテ川澄ヘ宛ヘ御着館以来頻リニ御尽ノ所社会ノ為メニ感謝ニ堪ヘズ亦御壮健ノコト奉愛賀候然ラハ御地ノ状況御書面ニ依リテ承知ス柳氏ノ同意実ニ力ヲ得タリ今日頃ハ定メテ御地ノ米員モ大概ニ分リタルナラン中略十五日ニ相会スル筈ノ処当中略田原其他ヨリ来ル人々ヲ置キ盛ニ訴訟鑑定等ノ業ヲ為

シ依頼者アラバ直ニ其地ニ派スルコト出来ル様ニ在ル心組ニ御座候云々ト認メ十一月十八日附書状ヲ発シタルコトハナキ哉

答　然リ右書ハ自分ガ筆ヲ取リ川澄ニ宛テ発シタルニ相違ナシ

問　田中ト協議ノ上発シタルヤ

答　確乎トシタル御答ハ申兼レトモ多分田中ニハ相談ナク自分一己ノ専断ト記臆(ママ)セリ

問　昨日ノ陳述ニ川澄ニ書状ヲ送リタルコト更ラニ無之ト答弁シタルハ如何

答　右ハ自分ガ今回国事犯ノ嫌疑ヲ請ヤ御調ヲ蒙ルモ其事実ナキコト故ヘ若シ之レニ関シ川澄迄モ嫌疑ヲ請ケ御調トナレハ一ハ御上ノ御手数ヲ察シ一ハ川澄ノ迷惑ヲ考ヘ加之昨日御訊問ノ際ニ当リ或ハ差立タル様ニモ考ヘ或ハ否ラザル哉ニモ考ヘ確乎トセザルカ故ヘ更ラニ発シタルコトナキ様答弁シタリ

問　右書面中米員トアルハ如何ナル文意ナルカ

答　米ト言ハ人ト言フノ暗号ニテ認メタリ

問　尚問十五日ニ相会スル筈トハ如何ナル会合ノ目論見ナルヤ

答　場所ハ定メ置カザレドモ川澄徳次田中常直自分ノ三名ガ相会シ政事ヲ改良スルニ就キ挙兵ノ手段計画セント約シ置キタルヲ云フ

問　尚問田原其他ヨリ来ル人々トハ何人ヲ指称スルヤ

答　来ル人々ト認メアルモ未タ其誰タルノ定メナシ自分ガ目的トスル所ハ曩ニ田中ヨリ原籍田原村太田善太郎ヲ誘導センカ為メ一度出名スル様申送リタル処事実詳細報告致シ呉レサレバ出名スルコト不能ト答書参リタル故ヘ自分ヨリ委曲報知セント考ヘタレドモ尚ホ退テ熟考スルニ若シ之レガ証憑等ニ残レバ他日ノ害ト考ヘ亦タ思量ヲ変シ事実ヲ詳述セス是非々々一度出名可致ト再報致シ置キタルコト有之ヨリ若同人ノ着名致シタル

上同氏ノ同意ヲ得バ党員募集セシムベキ考ヘニアリタリ

問　尚問盛ニ訴訟鑑定等ノ業ヲ為シトアルハ如何ナル事実ヲ指シタルヤ

答　右ハ事起リタル用ニ供セン為メ盛ニ党員ヲ養ヒ置クト云フ意味ニテ認メタリ右ハ暗号ニハ無之彼レ自カラ推知スルナラント考ヘ認メタリ

問　尚問依頼者アラバ直チニ其地ニ派出スルコト出来ル様トハ如何ナル意味ナルヤ

答　右ハ信州地ニ於テ時機到来兵ヲ挙クルニ及バヾ報知次第人員ヲ操出スト言フ意味ナルベシ是亦暗号ニ非ラス前述ノ通ナリ

問　右ニテ書面ノ文意ハ明瞭セリ是ヨリ進テ右文意答弁ニ就キ訊問スベシ先暗号ノ義ニ付問ハン何人ガ暗号ヲ設ケタル哉

答　川澄徳次カ或ル日自分方ヘ来ツテ斯ク暗号ヲ設ケテハ如何ト言テ数種ノ暗号ヲ設ケ白半紙ニ認メタルモノヲ差置キ行キ夫レニテ漸ク暗号ヲ承知シタレバ其成立ハ知ラズ

問　田原村太田善太郎ハ汝ノ再報ニ依リ来着セシ哉

答　自分ガ再報シタルハ去月ノ下旬ニアレドモ今以テ来名セズ

問　今回川澄ガ信州飯田正野(ママ)社ヘ趣キタルハ如何ナル目的ナルヤ

答　正理社ニ於テハ柳沢平吉ナル者ハ尤モ有力者ト考ヘタルガ故同氏ヲ同意セシメバ勢ヒ全社員ノ動クベキモノト考ヘ依テ同氏ノ(ヲ)我ガ党ニ誘ハンガ為メ川澄ガ遊説ニ相越シタリ

問　川澄ガ該地ニ相越スニ就テハ田中汝等ノ協議ニ出タルカ

答　田中ノコトハ承知セサレドモ自分ニ於テハ川澄ガ曾テ該地ニ留マリ教員ト相成リ居リ其頃ヨリ川澄ト柳沢トハ知人ノ間ナルヲ以テ同氏ヲシテ柳沢ニ説カシメタル方得策ト考ヘ彼レト協義(ママ)ノ上(ママ)趣カシメタリ

問　然ラハ正理社ト関連スルニ至リタハ(ママ)其尓来ノコトナルカ

答　其前后ヲ不論正理社トハ毫モ関連無之独タニ柳沢平吉ト関係ヲ有シタル迄ナリ

問　汝ガ党員ハ目下幾名ナルヤ

答　目下心ヲ一ニシ躰ヲ一ツニシ互ニ約ニ不背様堅ク同盟シタル者ハ田中常直川澄徳次柳沢平吉自分ノ四名ナリ

問　盟書ハ設ケアルカ

答　盟書等ハ無之互ニ意気投合シ口約ニ止マレリ

問　其中主謀者ハ誰ナルヤ

答　最初自分ガ発起シタルト言フニ非ラス意気投合シテ茲ニ至リタレドモ平素ノ交際上自分ガ年長ナレバ推シテ自分ヲ主謀者ノ位置ニ進メタルモノ、如シ依テ自分モ其ノ意ニアリタリ

問　汝カ党ノ目的トスル所ハ何レニアルヤ

答　昨日申上タル通リ目下我国ノ政事不良ト見認タルガ故ヘ之レヲ改良セントスルニアリ去リナカラ改良スルノ途二様アリ一ハ言論ナリ一ハ腕力ナリ依テ我カ党ノ目的トスル所ハ言論ヲ先ニ立テ腕力則チ兵力ヲ楯トナシ急速政事改良ヲ望ム所ニアリ

問　既ニ兵挙(ママ)ノ法方(ママ)手段ヲ計画シタルヤ

答　否ナ其計画スル迄ニハ至ラス尚ホ党員加入ニ尽力中ナリ

問　目下ノ国勢ニテハ政事改良スルニハ言論ノ途絶へ兵力ニ訴ヘサレバ汝ガ望ヲ達スルコト不能ト考ヘ居ルニハ非ラスヤ

答　尚ホ未タ言論ノ途絶ヘタルトハ考ヘス

問　然レドモ兵挙(ママ)ノ方法手段ヲ計画スルノ存慮ニアリシヤ

答　尤モ計画ハ勿論手ノ及フ丈ケハ兵ヲ挙クノ準備迄致シ置クベキノ見込ミナリ
問　第一着トスル言論ノ途ハ如何シテ行フベキ哉
答　昨日申上タル通演説新聞等ヲ以テスルニアリ此ノ途ハ既ニ是迄行ヒ居リ然レドモ容易ニ望ヲ達ス可カラサレバ今ニ至リ実力則チ兵力ヲ準備セサル可カラサルノ理ヲ知リ今回兵力養成ニ着手シタル次第ナリ尤モ言論ノ途モ将来一層盛ンニスルノ見込ミナリ
問　目下ノ政事ヲ改良シ如何ナル政体ヲ希望スルヤ
答　自分自由民権ヲ貴フ者ナレバ無論自由政体ヲ希望セリ
本日ハ是レニテ訊問ヲ止ム
右読聞セタル処事実相違ナキ旨固執スルモ実印携帯セザル旨申立ルヲ以テ署名拇印セシメ本職左ニ連署押印スルモノ也

村　松　愛　蔵　拇印

明治十七年十二月六日

愛知県名古屋警察署警部代理
巡査　渡　辺　　弥　㊞

㈡　村松愛蔵検察訊問調書

〔第一回調書〕

明治十七年十二月八日被告人村松愛蔵ニ対スル訊問陳述ヲ録スル左ノ如シ
問　其方ハ村松愛蔵ナルカ
答　然リ

問　住所身分職業年齢ヲ聞カン
答　住所ハ愛知県三河国渥美郡田原村五番邸当時名古屋区小市場町二丁目百三拾番地竹内スヘ方同居寄留身分ハ士族職業ハ無職ニシテ年齢ハ廿七年十ケ月ナリ
問　其方無職ト申スモ現ニ同家ニ公道館ナル者ヲ設立シ詞訟鑑定等ノ業ニ従事スルニアラスヤ
答　自分ハ専ラ学術研究ヲ以テ目的(ママ)シ傍ラ鑑定等ノ業ニ従事候義ニ付営業トハ申難ク候
問　是迄処刑等受ケタルコトナキヤ
答　更ニ無之候
問　公道館ナル者ハ詞訟鑑定法学研究ノ目的ニテ設立シタルモノカ
答　詞訟鑑定及ヒ諸学科研究ノ目的ニ有之候
問　其方当地ニ来リタルハ何年前ナルカ
答　明治十五年三四月頃当地ニ来リ候
問　尓来(ママ)現今ノ竹内スヘ方ニ寄留セシカ
答　否最初宮町ノ愛岐日報社ニ居リ夫レヨリ長者町成文社ニ移リ昨十六年七八月頃ヨリ竹内スヘ方ニ寄留致シ候
問　公道館ヲ設立シタルハ何年頃ナルカ
答　竹内スヘ方ニ寄留シタル頃ニ有之候
問　其公道館ハ頃日他ニ移転シタル訳カ
答　未タ移転ト申ス訳ニハ無之候得共其目途ニテ名古屋区堀詰町ニ借宅致シ候処未タ全ク引移ラサル前勾引セラレ候
問　右堀詰町ニ借宅シタルハ何日頃ナルカ

答　自分ノ間ニ一人立入リ周旋致シ呉レタレハ確然申上兼得共先月三十日カ本月一日頃ト覚へ候
問　何人カ立入借入リ呉レタルカ
答　田中常直ナル者借入候尤モ実際之義ハ同人ニ於テ学術研究ノ為メ堀詰町ニ借宅致シ候ニ付自分モ右ニ合併ノ存念ニテ公道館ノ表札ヲ削リ右札ト及ヒ椅子テイブルヲ運搬シタル迄ニテ未タ公道館ヲ移シタリトハ申上難ク候
問　其田中常直トハ何レノ者ナルカ
答　渥美郡田原村ノ者ニ候
問　同村ノ何レニ居住スルカ
答　夫レハ存セス候
問　何年頃ヨリ懇意ニナリタルカ
答　明治十三年頃ニ候
問　何レニ於テ懇意トナリタルカ
答　自分同年頃原籍ニ於テ智識ヲ研磨スル目的ヲ以テ恒心社ト申ス社ヲ設立シタル処其頃右田中ハ岐阜県下ノ美濃新聞社ニ従事シ偶々帰村シ我社ニ来リ一場ノ演説ヲ為シタルコトアルヨリ始メテ懇意ト相成候
問　田中常直トハ偽名ニアラスヤ
答　御尋ネノ如ク偽名ニシテ実名八木重次ニ有之候
問　重次ハ何故偽名ヲ称シ居ルヤ
答　自分其原因ハ不存候得共彼レハ目下鎮台ヲ脱営シ居ル趣ニ付夫レヨリ偽名ヲ称シ居ル義ト想像致シ候
問　同人ガ脱営シタル義ハ他人ヨリ聞タルカ本人ヨリ聞キタルカ

答　只今思ヒ出サス候得共脱兵ノ事ハ自分推察罷在候
問　同人カ徴兵トナリ入営シタル年月ヲ知ルカ
答　夫レハ不存候得共昨年八九月頃同人カ兵卒ノ服ヲ着シ自分方ヲ訪ヒ候ヨリ始メテ入営シ居ルコトヲ承知致シ候
問　同人カ脱営シタリト思フハ何月頃ヨリナルカ
答　本年七月頃同人平服ヲ着シ来リ最初ハ休暇ト承ハリ候処尓来（ママ）平服ヲ着シ居休暇ハ如斯長キモノニアラサレハ夫レヨリ疑ヲ生シ始メタル次第ニ候
問　本年七月頃ヨリ以来重次（治）ハ何レニ居住セシヤ
答　自宅ニ居タルコトアリ又ハ東京ニ参リタルコトモ有之候
問　其方川澄徳次ナル者トハ懇意ナルカ
答　懇意ニ候
問　何レノ者ナルカ
答　渥美郡田原村ノ者ニ候
問　当地ニ寄留又ハ止宿シ居ルカ
答　当地ニ於テ自分宅ニ止宿シ又ハ二ケ月間モ東京ニ同行滞留シタルコトモ有之候
問　徳次ヲ止宿セシメタルハ何月頃ナルカ
答　本年十月初旬カ中旬ノ内ニテ自分東京ヨリ立帰ル前自宅ニ来リ居尓来（ママ）止宿セシメ後信州ニ罷越シ候
問　信州ニハ何月頃罷越シタルヤ
答　確ニ御答致シ難ク候得共今日ヨリ凡廿日程前ト覚ヘ居候

問　其方八木重次(治)川澄徳次等其他ノ者ト謀リ目下ノ政事上ニ付之ヲ改革スル等ノ事ヲ計画シタルコトアルカ
答　有之候目今政府ノ組織及ヒ施政上ニ付テモ之ヲ改良セサル可ラサルハ既ニ陛下ノ詔勅ニ依テモ明カナレハ自分ハ右改革ヲ言論ニ訴ヘ言論行ハレサレハ之ヲ兵力ニ訴ヘンコトヲ計画シ右両名ト謀リ候
問　其兵力ニ訴ユルノ計画如何
答　未タ計画ハ不致候
問　右相談ハ何月頃ヨリ始メタルカ
答　両名ト懇意ニナリテヨリ以来ノコトニ有之候
問　言論行ハレサルトキハ兵力ニ訴ユルト決意シタル原因ハ如何
答　目下ノ政府演説ヲ為セハ之ヲ勾引シ且時トシテ巡査憲兵等ヲ以テ反対党ヲ処スルモ己レ兵力ヲ有セサルトキハ之ヲ如何トモ為シ難シ故ニ警察署ニ於テモ申上候通兵力ヲ以テ言論ノ楯トナシ政府兵力ヲ以テ圧スレハ我党モ亦兵力ヲ以テ之レニ応シ飽迄モ政府改良ノ目的ヲ達スヘシト決心シタル次第ニ候

右　被告人

右読聞セタル処左ノ変更ヲ求メタリ
一自分愛岐日報社ニ居タリト申シタルハ同社新聞ニ従事シ居他ニ止宿シタルモノニテ其止宿先キハ今日記臆(ママ)無之候

右　被告人　村松愛蔵

右読聞セタル処相違ナキ旨申立署名拇印シタリ

明治十七年十二月八日

於名古屋軽罪裁判所

検事補　布留川尚

右正本ニ因謄写ス

名古屋軽罪裁判所

明治十七年十二月廿一日

書記　西村幸頼

〔第二回調書〕

明治十七年十二月九日被告人村松愛蔵ニ対スル訊問陳述ヲ録スル左ノ如シ

問　其方昨日ノ訊問ニ対シ政府ノ改良ハ之ヲ言論ニ訴ヘ言論行ハレサレハ之ヲ兵力ニ訴フルノ決意ナル旨陳述シタル処右改良ヲ兵力ニ訴フルトハ如何ナル方法ヲ用ユル意ナルカ

答　夫レニ付自分モ充分ニ申上ヘキ心得ニ候間先ツ自分カ一ケ月余モ精神ヲ凝シ起草シタル檄文自宅ニアレハ夫レヲ御取寄セノ上御一覧相成度候

問　其檄文トハ之レナルカ（村松愛蔵家宅ヨリ押収シタル挙兵ノ檄文ヲ示ス）

答　即チ御示シノ此檄文ニシテ自分ノ意思ハ此檄文ニ記載シタル通ニシテ先ツ之ヲ天下公衆ニ公示スル目的ニテ尤モ事切迫セサレハ之ヲ印刷シテ一般ニ頒テ事切迫セハ一二通ニテモ足レリ之ヲ以テ義兵ヲ挙クルノ名トナシ決シテ無名ノ師ナラサルヲ示スニ在リ

問　右檄文ハ何月頃筆記シタルカ

答　右檄文ヲ草スル義ニ付其思想ヲ陳ルコト本年六月頃ヨリノコトニテ之ヲ筆記シタルハ本年十月下旬カ十一月上旬ノ事ニ有之候

問　右ハ何人ト謀リ起草シタルカ
答　自分一人ニテ起案シ而シテ川澄徳次八木重次等ニ示シ候
問　福住大宣伊藤平四郎遊佐発等ニモ示シタルカ
答　否示シ不申候現ニ遊佐発ノ如キハ此思想ノ起リタルヨリ以後更ニ面会モ不致候程ニ有之候
問　右檄文ハ何通認メタルカ
答　都合四通ニテ内三通ハ御示シノ如キ紙ニ認メ一通ハ美濃紙ニ認メ候
問　右檄文ハ四通トモ自宅ニアルカ
答　有之候
問　否一通ハ川澄徳次ニ渡シタルニアラスヤ
答　夫レハ自分不存万一徳次所持致シ居候義ナレハ同人カ自分ニ匿シ持行キタルモノニ有之候
問　右檄文ハ八木重次起案シ川澄徳次筆記シタルモノニハアラズヤ
答　否自分カ起案且筆記致シ候
問　何レニ於テ筆記シタルカ
答　自宅ニ於テ筆記致シ候
問　然ラハ同居人竹内スエモ居合セタルカ
答　同人傍ラニ居ルモ婦人ノ義ニ付別ニ意ニ介セス尤モ文旨ニ付檄文等ハ読ミ得サルニ付安心致シ居候
問　此軍令書及要需品目音信符合又ハ職員撰挙権限書草案ハ如何（村松愛蔵家宅ヨリ押収シタル軍令職ト題スル文書ヲ示ス）
答　右ハ挙兵ノ準備ニ供シタルモノニ有之候

問　何人カ起案且筆起セシカ

答　皆自分一人ニ候

問　川澄徳次八木重次ハ知リ居ルカ

答　八木重次ハ知リ居ルモ川澄徳次ハ多分存セサルヘシト考ヘ候如何トナレハ同人信州ニ発足ノ節此軍令状等ヲ
認ムル程切迫ノ時ニ有之候

問　此兵ヲ起ストハ何レノ地方ヨリ兵卒ヲ募ル筈ナルカ

答　全国ニ向テ募ル意ニ候

問　何レノ地方ヨリ先ツ着手スル筈ナルカ

答　未夕其場ニ臨マサレハ判然決意不致候

問　然レ共先ツ川澄徳次ヲ信州ニ遣ハシ兵隊ヲ募集セシメタルニアラスヤ

答　否同人ハ信州遊歴旁同地方ニ相起シ且柳沢平吉ノ意見ヲ聞カシメタル迄ニ有之候

問　然ラハ柳沢平吉ノ意見ハ如何

答　自分ノ意ニ同意賛成シ候

問　尓来(ママ)柳沢平吉川澄徳次等ハ同地方ニ於テ兵ヲ募リタルニアラスヤ

答　募リタルカハ不存候得共自分不存候

問　何故知ラサルカ

答　実際承知不致候

問　然ラハ本年十一月十八日付其方及ヒ田中ノ連名ニテ川澄ニ宛タル郵書ハ如何

答　夫レハ一度川澄ニ帰県シ呉レヨト申シタル手簡ニ候

問　何故同人ノ帰県ヲ促シタルカ

答　信州地方人心及ヒ情況如何ヲ親シク聞取度ヨリノコトニ有之候

問　右郵書冒頭御着館以来頻リニ御尽力ノ段社会ノ為メニ感謝云々右頻リニ尽力トカハ如何ナル尽力ナルカ

答　民権ヲ拡張社会ヲ改良スルコトニ尽力スル意ニ候

問　右文中御地ノ状況ハ書面ニ依リ承知云々右川澄ヨリ来ル書面ハ如何シタルカ

答　夫レハ田中即チ八木重次方ニタル書面ニテ最早同人於テ破リ棄タルヘシト存シ候

問　同文中ニ柳氏ノ同意実ニ力ヲ得タリ同日頃ハ定メテ御地ノ米員モ大概ニ分リタルナラン云々トハ如何ナルコトヲ云フカ

答　柳氏トハ柳沢ヲ云ヒ米員トハ同意ノ人員ヲ云フ義ニ候

問　同文中当地ハ兼テ御約束ノ通十五日ニ相会スル筈ノ処東ノ相場甚悪シキ故更ニ評議シ先ツ公道館ヲ今少シ広キ家ニ移シ之レニ田原其他ヨリ来ル人々ヲ置キ盛ニ訴訟鑑定等ノ業ヲ為シ依頼者アラハ直チニ其地ニ派出スルコト出来ル様仕ル心組云々トハ如何ナルコトヲ言ヒタルカ

答　十五日ニ会スルトハ同日相会シ先ツ檄文ヲ発スルカ又ハ兵ヲ直チニ揚クルカノコトヲ云ヒ公道館ヲ広キ家ニ移ストハ堀詰町ニ移スヲ云ヒ田原其他ヨリ来ル人々ヲ置クトハ今回ノ挙ニ同意スルモノハ勿論諸方ヨリ来リ役ニ立ツヘキモノヲ同館ニ置クヲ云ヒ訴訟鑑定等ヲ為ストハ多分ノ人数ヲ置クコトヲ形容シ依頼者アラハ其地ニ派出ストハ事ヲ挙クル地アラハ其地ニ派出セシメ又無事ナルトキハ人心視察ノ為メ派出セシムル等ヲ云ヒタルコトニ有之候其他東ノ相場悪シキトハ確ニ記憶無之候得共当時埼玉県ノ暴動ヲ云ヒタルモノト覚ヘ居候

問　只今ノ陳述及ヒ檄文軍令草案等ニ拠レハ其方於テ之ヲ言論ニ訴ヘス直チニ兵力ニ訴フルノ計画準備ヲ為シタ

ルニアラスヤ

答　成程御尤モナレトモ其言論ハ既ニ今日迄我党ノ尽力シタル処ナリ然レトモ今日ニ至リ更ニ良結果ヲ得ス故ニ兵ヲ募リ以テ言論ノ楯トナシ其楯ニ拠テ言論ヲ行ヒ遂ケントスルニ在リ顧ミルニ我国聖天子上ニ在ルモ薩長ノ奸吏其明ヲ掩ヒ民人ノ怨ヲ聖主ニ帰セシム是今回ノ挙アル所以ニ有之候

問　右事ヲ挙ケントスル義ハ福住伊藤遊佐等ヘモ謀リタルカ

答　更ニ謀リ不申候

問　其他同謀シタルモノハナキカ

答　川澄八木ヲ除クノ外ハ何人ニモ話シ不申候

問　今回其方ノ家宅ヲ捜索シタルニ短銃二挺弾丸十一個入一個ト弾丸九十七個ヲ発見シタルカ右ハ如何ナル品ナルカ

答　短銃一挺ハ従来ノ所持品ニテ外一挺ハ兼テ遊佐発ノ所有品ノ処今回事ヲ挙クルノ準備旁遊佐ヨリ買取ントシテ持帰リタルモノニ候

問　弾丸ハ何レヨリ買求メタルカ

答　内若干ハ遊佐方ヨリ持来リ残リハ従来所持ノ品ニ有之候

問　川澄ヲ信州ニ遣ハシタルハ何月頃ナルカ

答　昨日御答ヘ致シタル通廿日程前ト覚ヘ候

問　然レトモ川澄ハ十一月十二日飯田ニ着シ居ルガ如何

答　何分自分ハ日限ノ覚ヘ無之候

右

被告人　村松愛蔵

右読聞セタル処相違ナキ旨申立署名拇印シタリ

明治十七年十二月九日

於名古屋軽罪裁判所

検事補　布留川尚

右正本ニ依リ謄写スルモノ也

明治十七年十二月廿一日

名古屋軽罪裁判所

書記　西村幸頼

〔第三回調書〕

明治十七年十二月十三日被告人村松愛蔵ニ対スル訊問陳述ヲ録スル左ノ如シ

問　其方本年東京ニ向ケ出発シタルハ何月ナルカ

答　本年七月下旬ノ事ニ候

問　上京セシハ海路ヨリセシカ陸地ヨリセシカ

答　東海道筋ヲ陸行致シ候

問　着京セシハ何日ナルヤ

答　七月廿九日カ三十日ナリ

問　同行人アリシカ

答　原籍田原村川澄徳次ト同行致シ候

問　着京ノ上何レニ止宿シタルヤ

答　東京神田区錦町一丁目大江宗次郎方ニ止宿致シ候
問　上京セシハ何等ノ用事アリシ故ナルカ
答　首府ノ景況伺察ト自分他人ヨリ委托ヲ受ケタル訴訟事件トノ両用ヲ兼ネ上京致シ候
問　何ノ為メニ首府ノ景況ヲ伺察スルヤ
答　人心カ何ノ点迄進ミタルヤヲ伺察スル為メニ候
問　川澄徳次ハ何用アリテ上京セシヤ
答　別ニ尋ネモ不致候へ共想フニ自分同様人心ノ何レニ傾キ居ルヤヲ伺察スル為メト存シ候
問　其方東京ニハ何日間滞留セシカ
答　確ト記臆(ママ)不致候得共七八十日間滞在セシ覚ヘニ候
問　滞在中八木重次(治)ニ面会シタルカ
答　面会致シ候
問　夫レハ何日頃ナルカ
答　八月十日頃ニ候
問　同人ト同宿シタルコトアルカ
答　同宿致シ候
問　夫レハ何日頃ナルカ
答　八月廿日頃ノ覚ヘニ候去リ乍ラ自分ハ記力(ママ)ニ乏シキニ付何卒八木ニ御尋ネ相成度候
問　八木重次(治)ニ於テハ同人カ其方ノ止宿スル大江宗次郎方ニ移リタルハ八月十日ナリト申立ツルガ如何
答　自分ノ記臆(ママ)ハ確ナラサレハ八木ニ於テ左様申立ツル上ハ夫レガ正実ニ可有之候

問　右止宿中信州飯田ノ柳沢平吉ナル者尋ネ来リタルコトアルカ
答　有之候
問　其方右平吉トハ其以前面会シタルコトアルカ
答　其節始メテ面会致シ候
問　八木重治カ東京ニ赴クトテ其方宅ヲ出発シタルハ何月ノ事ナルカ
答　自分カ出発スル日ヨリ廿日カ十五日モ前ノ事ニ有之候
問　何ノ為メニ同人ハ上京シタルカ
答　自分ハ存セス候
問　右ハ同志ヲ募ル目的ニアラスヤ
答　自分ハ存セス候
問　大江宗次郎方滞在中檄文ヲ草シタルニアラスヤ
答　其頃ヨリ檄文ヲ起草致シ候
問　八木ト其方ノ両名ニテ起案シタルニハアラサルヤ
答　八木モ「イクラ」カ相談ニ加ハリ候
問　川澄徳次モ相談ニ加ハリタルヤ
答　左様ニ有之候
問　大江方ニテ檄文ハ何通筆記シタルカ
答　一通筆記シタル覚ヘニシテ其文モ未タ充分纏マラサルモノト存シ候
問　一通ハ其方名古屋ニ立帰ル節携ヘ一通ハ八木重治信州ヲ回リ立帰ル節携ヘ行キタルニアラスヤ

答　成程八木カ一通携へ行キタル哉ト考へ候
問　八木カ携へ行クコトハ其方ニ相談ノ上ナルヤ
答　八木ニ於テ自分ニ匿シ持行クコトハ無之ニ付其際必ラス相談アリタルコトニ可有之候得共月日経過シタルニ
付確ニ覚へ無之候
問　右檄文ハ東京ニ於テ印刷スル積リニアラサリシカ
答　東京ニテ印刷スル話ハ致シタレトモ必ラス印刷スヘシト決シタルニ無之候
問　然ルニ東京ニ於テハ警視ノ探偵厳ニシテ印刷器械等買入ル、トキハ忽チ嫌疑ヲ受クルト云処ヨリ信州ノ深山
新聞ノ印刷器械ヲ買入ルヘシト相談ノ上八木重治信州ニ赴キタルニアラスヤ
答　成程深山新聞ノ印刷器械不用ト相成居ルヲ聞キ買入方ヲ相談致シタレトモ警視ノ探偵厳ナルカ為メニ東京ニ
於テ印刷方見合セタルニ無之候
問　檄文ヲ以テ天下ニ示スヘシト其方決意シタルハ何月頃ノ事ナルカ
答　上京前即チ六月七月ノ中ニ有之候尤モ魯国ノ虚無党カ屢ハ秘密ニ印刷シテ国内ニ布クコトハ聞及ヒ居新聞条
例出張版(ママ)条例ノ厳ナル専制政府ノ下ニアルトキハ此手段ニ出ツルヨリ外策無之トハ自分ノ持論ニ有之候得共
之ヲ実行スヘシト決意シタルハ六七月ニ相違無之候
問　其義ハ遊佐発ニモ話シタルヤ
答　否決シテ話シタル覚へ無之同人ニ於テ若シ之ヲ聞キタリト言ハ、夫レハ決意ノ以前ナル彼ノ専制政府ノ下ニ
在ルトキハ魯国虚無党ノ如ク秘密ニ印刷スル手段ニ依ラサル可ラスト云フ持論ヲ聞キタルコトニ可有之候
問　其方東京ヨリ帰宅シタルハ何月ノ事ナルカ
答　十月下旬ノ覚へニ候

問　川澄ハ如何
答　自分ヨリ凡一ケ月モ前ニ立戻リ候
問　八木重治ノ帰宅スルハ何月頃ナルヤ
答　自分ヨリ先キニ帰宅致シ居候ヘ共何日頃帰宅シタルヤ存セス候
問　其方本年十一月初旬竹内スヘニハ岡崎ニ行クト称シ其実原籍田原ヘ凡一週間程旅行シタルコトアルカ
答　有之候尤モ自分ハ田原ニ行クト申シ出立致シタル処帰宅ノ上「スヘ」ヨリ岡崎ニ行クト申立出タル様聞及ヒ夫レハ岡崎ニ宿スト云フコトヲ聞誤マリタルナラント申シタルコト有之候
問　何用アリテ行キタルヤ
答　父モ老年ニ有之且目下生計上モ如何致シ居ルヤ心ニ掛リ候ニ付見舞ノ為メ帰省シタル次第ニ候
問　其方所持ノ短銃一挺ハ何年頃ヨリ其方宅ニ差置アルヤ
答　自分護身ノ為メ凡一ケ年前原籍ヨリ携帰リ常ニ所持致シ居今回上京ノ際道中右様ノ品ヲ携ヘ万一嫌疑ヲ受ケ候テハ不相成ト存シ原籍ニ差置候ニ付前述帰省ノ節又候自宅ニ携ヘ帰リタル次第ニ候
問　本年十一月十日頃其方宅ヘ八木川澄ヲ始メ伊藤平四郎江川甚太郎ノ四名集合セシコトアルカ
答　自分宅ニ人出入ノ多キ家ニテ伊藤江川モ平常遊ヒニ来リ候モノニ付同日特ニ集合シタル等ノ記臆（ママ）無之候
問　右ハ川澄徳次信州ニ出発スル前日ナルガ猶記臆（ママ）無之乎
答　只今記臆（ママ）無之ニ付篤ト熟考ノ上陳述可致候
問　其方十一月中旬福住大宣ニ挙兵ノ情ヲ明カシ檄文ヲ示シタルコトアルカ
答　決シテ左様ノ事無之候
問　本年十一月十九日白井菊也ナル者其方宅ヲ訪ヒタルカ

答　訪ヒ呉レ候

問　何用アリテ訪ヒタルカ

答　同人ハ訴訟事件トカノ事ニテ当地ニ来リ同人ト自分トハ朋友ノ間柄ニ付訪ヒ呉レタルモノニ有之候

問　其翌日同人ニ宛何カ謝罪ノ書ヲ送リタルカ

答　其義ハ同人カ訪ヒ呉レタル節自分竹内スヘト口論ヲ生シタルヨリ同人ニ於テ最早交際ヲ絶ツト申シ立去リ候
ヨリ其不徳ヲ謝シタル書ニ有之候

問　本年十一月廿八日堀詰町ノ家ニ集会シタルコトアルカ

答　無之候

問　然レトモ八木重次広瀬重雄其他信州ノ者モ集リタルニアラスヤ

答　広瀬ハ居ラス信州小室ノ石塚ナル者遊歴ノ為メ当地ニ来リ候ニ付自分伊藤平四郎村上左(佐)一郎及ヒ石塚ト都合
四名打寄リ其末近傍ノ料理屋ニテ酒ヲ飲ミ候

問　其節八木広瀬及ヒ湊省太郎モ居合セタルニアラスヤ

答　否居合セ不申候

問　十二月一日長島町村上左(佐)一郎宅ニ集合シタルコトナキカ

答　無之候

問　其方遊佐発方ヘ短銃ヲ取リニ行キタルハ何日ノ事ナルカ

答　本月三日カ四日ニ候

問　其節遊佐ニ面会シタルカ

答　同人ハ留守中ニテ面会不致候

問　何カ同人ニ言置キヲ為シ帰リタルカ
答　何モ申置キ不致覚ヘニ候尤モ其節酒ヲ飲シ酩酊致シ居タレハ何ヲ申シタルヤ記臆(ママ)無之候
問　堀詰町ノ家ヲ借受ケ八木始メ引移リタルハ何日ノコトナルカ
答　石塚ノ来リタル少シ前ニ付廿五六日ノ事ト存シ候
問　堀詰町ニ引移ル前新地御園辺ニ借宅スル筈ニハアラサリシカ
答　夫レハ御園阪下ヲ西ニ行キタル小塩忠治ノ扣家ヲ借入ル丶筈ノ処其所ハ人ノ往来モ殊ニ繁ク新地ニ近キ義ニ付中止致シタル次第ニ候
問　小塩ノ家ハ何人ガ周旋ニテ借入レントシタルヤ
答　八木カ応対シタル様考ヘ候

右

被告人　村松愛蔵

右読聞セタル処相違ナキ旨申立署名拇印シタリ

明治十七年十二月十三日

於名古屋軽罪裁判所

検事補　布留川尚

右正本ニ依リ謄本ヲ作ルモノ也

明治十七年十二月廿一日

名古屋軽罪裁判所

書記　西村幸頼　㊞

〔第四回調書〕

明治十七年十二月十七日被告人村松愛蔵ニ対スル訊問陳述ヲ録スル左ノ如シ

問　其方檄文ヲ以テ天下ニ布クヘシト決意シタル月日ハ如何

答　自分カ決意シタルハ本年七月中旬ニ候

問　本年十一月九日其方宅ニ集会シタルハ誰々ナルヤ

答　八木重次(治)江川甚太郎伊藤平四郎川澄徳次ノ四名ニ有之候

問　右ハ何時頃ヨリ会シタルヤ

答　伊藤平四郎カ最後ニ来リタル覚ヘニテ何レ午後ニ有之候

問　同日五名ニ於テ如何ナル協議ヲ為シタルカ

答　何レ政府ヲ改良スルノ目的ニテ時宜ニ依ラハ兵力ニ訴フヘシトノ協議ニ有之候

問　右席ニ於テ兵ヲ挙クト決シ其場所ハ三河国新城又ハ足□ノ山辺ニ於テスヘシト謀議シタルニアラスヤ

答　成程四名ノ内誰レナリシカ右ノ地方ニテ兵ヲ挙クヘシト申シ出一同三河国ナレハ同地方可然ト申シタルコトアレ共右ハ夫レニ一決シタル訳ニハ無之且自分ノ考ヘニハ三河国ハ事ヲ起スヘキ地ニアラスト存候

問　然レトモ其方等五名ニ於テ既ニ前述ノ事ニ決シ□同志ヲ募ルカ為メ川澄ハ信州ニ江川ハ碧海郡ニ其方ハ岡崎ヨリ田原地方ニ赴キタルニアラスヤ

答　成程其目的ニテ各地方ニ赴キタレトモ自分ノ意中ハ此事ハ到底行ハレ間敷ト慮カリ候然レトモ一同ノ勢既ニ此点ニ逼リ来リタルモノナレハ之ヲ挫折セス一時之ニ従ヒ而シテ彼等各地方ニ赴キ人心ヲ伺察セハ多少利益アルヘシト思ヒ強ヒテ相止メ不申候

問　同夜其方荒川定英ノ方ニ赴キタルカ

答　御尋ネノ如ク九時頃一寸相越シ候

問　何ノ為メ相越シタルヤ
答　矢張人心伺察ノ為メニテ其頃荒川ノ心意ヲ試ムル為メ相越シ候
問　挙兵ノ事ヲ話シタルカ
答　否其頃ハ埼玉暴動ノ最中ニ付其景況ヲ話シ掛ケ候処彼レ之ニ応セサレハ迚モ謀議不行届ト思ヒ立帰候
問　音信符号及ヒ旗章ニ記スヘキ文字等ハ其夜作リタルニアラス（ママ）
答　其夜出来シタルモノニテ自分荒川ヨリ立戻ルヤ既ニ認メアリ候
問　軍令状ハ何レ其方カ八木ニ於テ起草スヘキ旨同夜話シ合タルカ
答　其記臆（ママ）無之多分自分留守中ニ申合ヒタルヘシト考候
問　同日熱田ノ医師鈴木滋ナル者其集会ノ席ニ来ラザリシカ
答　同人ハ参ラサル覚ヘニ候
問　翌十日其方ハ岡崎ヨリ田原ニ趣（ママ）キタルヤ
答　然リ岡崎ヨリ豊橋田原ニ趣（ママ）キ帰途高棚村ニ立寄リ帰宅致シ候
問　右旅行中ハ何レニ止宿シタルヤ
答　岡崎ニ一泊翌々日ハ豊橋ニ一泊其翌日ハ田原ニ着シ自宅ニ一両日滞在シ帰途高棚村江川ノ宅ニ一泊シテ帰宅致シ候
問　岡崎ニテハ何レニ止宿シタルヤ
答　同所伝馬町宿業柳屋ニ一泊致シ候
問　豊橋ニテハ如何
答　札木町名前屋号不知席貸□屋ニ一泊致シ候

問　高棚村江川ノ宅ニ八木モ居合セタル乎
答　居合セ候
問　其方甚太郎及ヒ八木重次(治)ト如何ナル話ヲ為シタルカ
答　別ニ重立タル話無之候
問　其夜公道館ヲ広キ家ニ移シ同志ヲ集ムル相談ヲ為シタルニアラスヤ
答　成程同夜其相談ヲ致シ候
問　其方名古屋ニ立帰リタルハ何日ナルヤ
答　其翌日ニ候
問　名古屋連中ノ町小塩忠治ノ家ヲ借入ル、ニ付其方モ一度掛合ニ行キタルヤ
答　一度参リタレ共忠治ニ面会ハ不致候
問　伊藤平四郎カ堀詰町ニ家ヲ借入レ方ヘ周旋シ始メタルハ十一月廿日頃ナルヤ
答　十一月廿日頃ニ候
問　堀詰町ニ引移リタル節米又ハ薪ヲ買求メタルハ伊藤ナルカ江川ナルヤ
答　其辺ノ処ハ存セス候
問　其方共ノ草シタル檄文中ニ内務卿代理ヨリ司法卿ニ宛タル照会文記載アリ右ハ何人ノ手ヨリ受取タルモノカ
答　右ハ本年一二月中小市場町自宅表ノ樟(障)子窓ノ間ニ差入レアリ候其頃林包明ノ裁判最後ナルニ付何人カ自分カ檄文ヲ公告スル手段ノ如ク有志家ニ投シタルモノナラント存シ取リ置候

右

被告人　村　松　愛　蔵　印

右読聞セタル処相違ナキ旨申立署名押印シタリ

明治十七年十二月十七日

於名古屋軽罪裁判所

検事補　布　留　川　尚　印

〔第五回調書〕

明治十七年十二月廿七日被告人村松愛蔵ニ対スル訊問陳述ヲ録スル左ノ如シ

問　其方東京ヨリ帰リタルハ本年十月下旬覚ヘナル旨申立処右ハ十月廿三日ニハアラサルカ

答　今少シ後ニテ廿五六日頃ニ覚ヘ候

問　然レトモ江川甚太郎ニ於テハ廿三日ナル旨申立ツルガ如何

答　江川ニ於テ確ニ覚ヘ居候義ナレハ相違有之間敷候得共自分ハ東京ヲ廿一日ニ出立シタル覚ヘニ付右様申立タル次第乍併右廿一日モ確ニ相違ナシト記臆(ママ)無之候

問　其方帰着シタル夜八木江川ノ両名訪ヒ来リタルカ

答　記臆(ママ)無之候

問　其翌朝即チ廿四日ニ川澄ハ信州ヘ八木ハ田原ニ赴キタルニアラスヤ

答　成程両名トモ出立致シ候

問　如何ナル協議上ヨリ両名ハ両地ニ趣(ママ)キタルカ

答　今回ノ計画上ニ付金員入用ニ付右募金ノ為メ相越シタルモノニ有之候

問　右金員ハ計画上如何ナルコトニ入用ナルヤ

答　確定ハ不致候ヘ共檄文印刷又ハ各地奔走其他ノ諸入費ニ充ツル見込ミニ候

問　田原村ノ者ハ何人ニ説キ出金セシムヘキ筈ナルカ

答　広ク田原ニ於テ募金スル積リニ候

問　右ハ漠然ノ答ヘナラズヤ猶確ナル目的アルヘシ

答　田原村ニ於テ神谷磯吉高和義吉白井伊蔵等ノ有志者ヨリ東京ニ送ルヘキ金三四百円有之右ヲ自分共ノ内ニ融通シ貫フ相談致スヘキ事モ一ノ目的ニ有之候

問　其後八木立戻リ如何ナル話ヲ為シタルカ

答　金ハ慾フヘキ様子無之ト申聞ケ候

問　夫レハ如何ナル訳ナルカ

答　委シキコトハ承ハラス候且其節神谷モ高和モ不在ナリシ旨相話シ候

問　右募金ニ関シ其方ヨリ白井伊蔵ニ書状ヲ贈リタルコトアルカ

答　左様金カ出来テモ八木ニ渡シ呉レ間敷ト申遣ハシ候

問　何故八木ニ渡ス可ラサル訳カ

答　八木ニセヨ自分ニセヨ手元ニ金員ヲ置クトキハ自然費消シ易キモノニ付先ツ先方ニ預リ置呉レヨト申遣ハシタル心得ニ候

問　其方宅ヘ本年十一月中江川甚太郎八木重次(治)伊藤平四郎川澄徳次ノ集リタルハ九日ニアラス八日ニアラズヤ

答　八日ナリシカ九日ナリシカ覚ヘ無之且先般其日ニ鈴木滋ナル者来リタルヤ否ヤ御尋問ニ付其後篤ト勘考致ス処成程夕景同人入来リ県庁ニ雇ハレタリトカ何トカ申シタルナレトモ自分取込ミ居タレハ匆々ニ立帰リ候

一　元来彼レハ同意見ノ者ト心得候処右様ノ次第ニ付彼是記臆(ママ)ニ存セス罷在候

問　本年十一月中其方田原ニ趣(ママ)キタル節神谷磯吉ヲ訪ヒタルカ

答　相尋候
問　如何ナル談話ヲ為シタルカ
答　彼レハ自分等ト同思想ノ者ト存シ候ニ付同人ニ面会シ彼ノ埼玉暴挙ノ如キヲ話シ之ヲ試シ候処到底自分等トハ意見ヲ同フセサルモノト見認メ候ニ付其儘酒ヲ飲ミ立別レ候
問　其節其方ハ意見ノ合ハサルヲ憤リ火入ヲ投ケ出シタルコトアルカ
答　自分当時激シテ同地ニ赴キタル処彼レ等同シ自由ノ主義ヲ執ルモ腕力ヲ以テ言論ノ楯ト為シ進行スヘキ手段ヲ用ヒサルモノニ付自分激シテ右様ノ所為ヲ為シ彼ヲ鼓舞セント致シタルモノニ有之候
問　其場ニ高和義吉居リタルカ
答　居合セ候尤モ火入ヲ投ケタル際ハ居合セサルヤノ覚ヘニ候
問　横田準蔵生田喜和次等ハ如何
答　居合不申候
問　豊橋ニテハ村雨案山子ヲ訪ハサリシヤ
答　不相尋候
問　何人ヲ訪ヒタカ
答　白井菊也ヲ尋ネ候
問　其節計画上ノ談話ヲ為シタルカ
答　更ニ不致候
問　十一月下旬村雨案山子カ其方宅ヲ訪ヒタルカ
答　下旬ナリシカ中旬ナリシカ忘レタレトモ尋ネ呉レ候

問　何用アリテ来リタルカ

答　別ニ用事ハ無之同人大坂ヨリノ帰途立寄リタルモノニテ其際自由党解散ノ模様及国会期限短縮請願ノ手続キ等相談シタル迄ニ有之候

問　八木重次(治)カ脱営ノ際兵服ハ其方宅ニ差置行キタルニアラスヤ

答　否兵服ハ自宅ニ差置不申候

問　其方宅ニアリタル刀ハ八木重次(治)カ持来リタル品ニアラサルカ

答　自分ノ所持品ニ候

右

被告人　村　松　愛　蔵　拇印

右読聞セタル処相違ナキ旨申立署名拇印シタリ

於名古屋軽罪裁判所

明治十七年十二月廿七日

検事補　布　留　川　尚　印

第三章　広瀬重雄――静岡事件を中心に

一　はしがき

広瀬（藪）重雄は、自由党飯田事件、同静岡事件に関与した人物であり、自由党急進派に属する自由民権運動家である。かれの名前は、関戸覚蔵『東陲民権史』（明治三十六年）、田岡嶺雲『明治叛臣伝』（明治四十二年）、板垣退助監修『自由党史』（明治四十三年）等々の民権関係の諸文献にしばしば登場することもあって比較的著名である。しかし、これまでその事跡については、かならずしも充分に明らかでなく、わずかに原口清氏(1)や村上貢氏(2)などの研究が知られているにすぎない。

本章は、このような広瀬重雄研究の現状に鑑み、右記の先行研究に導かれつつも、これまであまり活用されなかった資料を利用して、従来の研究に若干の成果を追加することを目的とする。もとより本章もまた、かれの全生涯を明らかにするものではないが、将来本格的な伝記研究がなされる際、何ほどかの参考にはなるであろう。

（1）原口清『明治前期地方政治史研究』下巻、昭和四十九年、同『自由民権・静岡事件』昭和五十九年。
（2）村上貢『自由党激化事件と小池勇』昭和五十一年。

二　民権派ジャーナリスト

広瀬（藪）重雄は、安政六年（一八五九年）九月二十三日、幕臣の藪七郎左衛門の次男として江戸麴町三番町に生まれた。[1]藪家は、維新後、静岡藩田中（現在の藤枝市）に移ったらしく、現在藤枝市役所には、家督を相続した長男藪勝の戸籍簿が残っている。

これによると、重雄の兄の勝は、天保十四年（一八四三年）六月二十六日生まれで、重雄よりも、十六歳年上であったこと、勝が藪家の家督を相続したのは、慶応二年（一八六六年）四月二十日のことであったことなどがわかるが、[2]一家がいつ静岡に移転したのか、また重雄がいつ、いかなる事情で広瀬家の養子となったのか等々は、よくわからない。ただし、彼が広瀬家の養子となった時期については『函右日報』などの新聞紙上に「広瀬」姓が登場する時期に着目し、これを「明治十一年」と判断する原口清氏の有力な推定がある。[3]

ところで、民権運動家となるまでの重雄は、いかなる青年時代を過ごしたのであろうか。また、かれはいかなる経緯で政治に対し、興味を抱くことになったのであろうか。この点について、『東陲民権史』は、次のように記している。[4]

藪重雄は父祖累世徳川旗下の士たり。江戸麴町三番町の邸に生る。幼年世変に逢て静岡に移住す。業を藩立日知館に受く。明治六年学制を頒布せられ総角を以て小学教師に抜擢さる。其嶄然頭角を露したるや見るべし。十年東京に遊び、共慣義塾及び広瀬範治の家塾に就て学ぶ。特に力を文章に用ゐ唐宋大家の法に倣ふ。又詩に長ぜり。十二年静岡に帰り、函右日報社に入て論説を担任し、傍ら前島豊太郎大江孝之等と共に、静陵社と号する演説会場を設け、時々政談演説を開催して、大いに自由主義を唱ふ。

また、重雄自身、のちに静岡事件で警視庁に逮捕された際に提出した書面のなかで、みずからの経歴に言及し、次のように述べている。(5)

余嘗テ東京ニ遊学シテ専ラ漢籍ヲ修メ余暇アレハ新聞紙ヲ読テ政治思想ヲ起シ明治十二年静岡ニ赴キ函右日報ノ編輯記者トナリ論説起草ヲ担当シ又明治十四年静岡ヲ辞シテ名古屋ニ遊ヒ愛岐日報ノ編輯人トナリ或ハ同志相謀リテ経世新誌ナル政談雑誌ヲ発行シタルコトアリ

これらの資料をみると、彼が自由民権思想に触れたのは、明治十年から十二年までの間の東京遊学中のことであったこと、十二年に静岡に戻ってからは、『函右日報』の記者となり論説を担当したこと、さらに十四年に函右日報社を退社し、名古屋に移ってからは、『愛岐日報』の編集や『経世新誌』の発行にあたり、自由民権派のジャーナリストとして活躍していたことがわかる。

ジャーナリストとしての重雄が自由民権期に発表した論説については、原口清氏や村上貢氏の研究(6)が参考となるほか、原口氏を中心とする静岡県民権百年実行委員会が蒐集した資料(7)等があるが、ここではそれらを手掛かりとして、筆者があらためておこなった調査結果(8)にもとづき、その題目のみを記すならば、次の通りである（＊印が今回追加することができたものである）。

① 無題〔士族独立自活論〕（『静岡新聞』明治十一年三月二十八日付）。
② 「自由論」第一（『静岡新聞』明治十一年四月六日付）。
③ 「国会設立着手方法ヲ論者ニ質ス」（『静岡新聞』明治十一年四月十四日付）。
④ 「議決権」（『静岡新聞』明治十一年四月二十五日付）。

⑤「観日本国之景況有感」(『静岡新聞』明治十一年五月二十九日付)。
⑥「圧制ヲ施スハ真正ノ自由ヲ得ルノ径捷ナル論」(『静岡新聞』明治十一年六月二日付)。
⑦「答林淳君」(『静岡新聞』明治十一年六月六日付)。
⑧「地方分権論」(第一稿)(『静岡新聞』明治十一年三月十日付)。
⑨「人心重ンズ可キ論」(『静岡新聞』明治十一年九月四日付)。
⑩「世ノ守旧家ニ謀ル」(『静岡新聞』明治十一年九月十四日付)。
⑪「外国交際ノ利害」(『静岡新聞』明治十一年十月五日付)。
⑫「労動(ママ)ノ益ヲ論ス」(『静岡新聞』明治十一年十月九日付)。
⑬「憲法ヲ制定スルハ必ス全国人民ト相談ス可シ」(『静岡新聞』明治十二年三月十五日付)。
⑭「地方自治論」(『函右日報』明治十二年六月十八日付)。
⑮「学者罪あり」(『函右日報』明治十二年六月二十一日、二十二日付)。
⑯無題(国会論)(『函右日報』明治十二年七月十三日付)。
⑰無題(現今我国碩学鴻儒の乏しきを談ず)(『函右日報』明治十二年七月十九日付)。
⑱「日本の幸福」(『函右日報』明治十二年八月十六日付)。＊
⑲無題(卑屈ノ心情)(『函右日報』明治十二年十月一日付)。
⑳「権力分割論」(『函右日報』明治十二年十月五日、八日付)。
㉑「倒産律論」(『函右日報』明治十二年十月二十八日付)。＊
㉒無題(無法ノ議論)(『函右日報』明治十二年十一月六日付)。＊
㉓「火災保険ハ政府ノ職掌ナル乎」(『函右日報』明治十二年十一月七日付)。＊

㉔「民情論」（『函右日報』明治十二年十一月二十五日、二十六日付）。
㉕無題〔圧制抵抗論〕（『函右日報』明治十二年十一月二十八日付）。
㉖「事物改革ノ弊」（『函右日報』明治十二年十二月三日付）。＊
㉗無題〔演説条例制定論〕（『函右日報』明治十二年十二月七日、十二日付）。＊
㉘「日本ノ実力」（『函右日報』明治十二年十二月十四日付）。＊
㉙「国会ノ開設将サニ近キニアラントス」（『函右日報』明治十二年十二月二十日、二十一日、二十三日付）。
㉚「全国ノ人民ニ告グ」（『函右日報』明治十三年一月二十五日、二十九日付）。
㉛「県下ノ有力者ニ謀ル」（『函右日報』明治十三年二月十五日、十七日付）。
㉜「弁舌論」（『函右日報』明治十三年三月二十四日、二十六日付）。＊
㉝「妄信論」（『函右日報』明治十三年三月二十七日付）。＊
㉞「卑屈説」（『函右日報』明治十三年三月二十八日、三十日付）。＊
㉟「教育演説会ヲ設クルハ今日ノ一大急務」（『驚蛩新報』第二四号・明治十三年三月三十日）。
㊱「国会希望者ニ問フ」[9]（『函右日報』明治十三年四月四日付）。
㊲「静岡県会ノ開場」（『函右日報』明治十三年四月二十七日付）。＊
㊳「静岡県会論第三稿」（『函右日報』明治十三年六月七日付）。＊
㊴「国会希望者ニ告クルノ文」（『函右日報』明治十三年七月一日付）。
㊵「全国人民宜ク団結連合シテ国会ノ開設ヲ請願スベシ」（『函右日報』明治十三年七月十八日付）。
㊶「妄信ノ弊」（『函右日報』明治十三年九月二十二日、二十四日付）。＊
㊷「青年書生ノ急務ハ信用ヲ得ルノ一事ニアリ」（『函右日報』明治十三年十月二十七日、二十八日付）。＊

㊸「臨時県会論」(『函右日報』明治十三年十一月二十四日、二十八日付)。

㊹「静岡県改進論」(『函右日報』明治十四年一月十五日付)。

㊺「森町紀行」(『函右日報』明治十四年三月十九日付)。

㊻「偽民権家ヲ駆除スルハ目今ノ急務」(『函右日報』明治十四年三月三十日、三十一日付)。

㊼「府県会規則第三章ノ改正ヲ望ム」〔太田資行と共作〕(『函右日報』明治十四年五月十四日、十五日、十七日、十八日付)。

㊽「告別県下三州諸君」(『函右日報』明治十四年六月七日付)。

㊾「自由党諸君ト交親社諸君トニ望ム」(『愛岐日報』明治十四年八月十日付)。＊

㊿「大審院ノ裁決ヲ受ケテ始メテ我ガ所為ノ犯法ナルヲ知ル」〔小池勇と共作〕(『経世新誌』第一号、第二号・明治十五年五月二十一日、六月一日)。

51「公会演説論」(『経世新誌』第二号、第三号・明治十五年六月一日、六月十一日)。


その他、重雄は、明治十四年夏以降、愛知・岐阜県下を中心に、盛んに政談演説をおこなっている。村上貢氏の調査によれば、重雄は、明治十四年七月十四日岡崎での演説会、同年八月五日から九日まで名古屋末広町で開催された演説会、八月十一日から十五日まで名古屋門前町で開催された演説会、十一月七日知立で開かれた政談演説会、さらには明治十五年三月多治見における演説会などで、自由民権主義の論陣を張り、現在判明しているだけでも七回の演説会に出演したことが明らかとなっている。(10) 重雄の自由民権運動家としての活動の舞台は、この頃から新聞紙上における文筆活動よりも、むしろ演説活動へ重点が移りつつあったといえるかもしれない。なかでも明治十四年十一月七日愛知県知立で開かれた政談演説会では、集会条例違反の廉で中止解散を命じられるなど、厳しい取締りに直面し、彼自身の思想と行動にも微妙な変化があらわれることになるが、この点については、後で触れることにしたい。

(1)(2) 藤枝市除籍謄本。ちなみにその住所は、「益津郡田中町百四十九番地」となっている。
(3) 原口・前掲『明治前期地方政治史研究』下巻、四五六頁。
(4) 関戸・前掲『東陲民権史』五八五頁。
(5) 「広瀬重雄国事管見」手塚・前掲『自由民権裁判の研究』中巻、二三八頁―二四五頁。
(6) 原口・前掲『明治前期地方政治史研究』下巻、四五七頁―四五八頁。村上・前掲『自由党激化事件と小池勇』一七一頁以下。
(7) これらの資料は、昭和五十九年、三一書房より静岡県民権百年実行委員会編『静岡県自由民権史料集』として刊行された。
(8) 原口・前掲『明治前期地方政治史研究』は、「第四十八号及ビ四十九号ノ布告ヲ読ム」(『函右日報』明治十三年十一月十日、十一日、十二日付)、「静岡県民ノ昏睡将ニ覚メントス」(『函右日報』明治十三年十一月三十日付)、「奴隷論」(『函右日報』明治十四年五月二十一日、二十二日、二十四日、二十五日、二十八日付)の三篇についても重雄の執筆論文とみなし(下巻、四五七頁―四五八頁)、また、前掲『静岡県自由民権史料集』も、「静陵社政談演説会ノ再興」(二二三頁―二二四頁)、前掲「第四十八号及ビ四十九号ノ布告ヲ読ム」(二六〇頁)、前掲「奴隷論」(二七九頁―二八四頁)を重雄の執筆論文として収録している。しかし、これらの論説は、いずれも無署名であり、私としては重雄が執筆したものと断定するまでには至らなかったので、本リストからは、はずしてある。
(9) ㊱「国会希望者ニ問フ」は無署名であるが、㊲「静岡県会ノ開場」のなかに、「我輩ハ向キニ国会希望者ニ問フト題セル一篇ノ論文ヲ草シテ之レヲ本社第二百五十三号ノ紙上ニ掲ケ……」との記述があり、重雄が執筆したものであることが確実である。
(10) 村上・前掲『自由党激化事件と小池勇』一四五頁。

三　思想と行動の急進化

重雄がいかなる政治思想をもち、いかなる政治体制の実現をめざしていたのか。ここでは、前節で紹介した重雄の多数の論説のほか、のちの静岡事件の際、重雄が警視庁第二局に提出した「国事管見」などを利用し、かれの体制構想を検討することにしたい。

まず、最初に、重雄がめざした国家体制であるが、かれの主張は君民同治の立憲君主制国家の実現にあり、かならずしも急進的な主張ではなかったことが指摘できる。かれが共和主義の主張に与せず、むしろそれを排撃していたことは、重雄自身、次のように述べていることからも明らかであろう。(1)

我ガ建国ノ主義ト人民ノ気象ハ大ニ仏国ト其景状ヲ異ニシ、人民ノ天子ヲ尊敬シ政府ヲ翼戴スルコト恰モ赤子ノ慈母ヲ慕フガ如シ、故ニ帝位ヲ簒奪シ政府ヲ顚覆セントスルガ如キ暴悪凶険ノ徒ハ古来罕レニ見ル所ニシテ、将来モ亦タ此ノ如キ徒ヲ現出セザルベキハ我輩ノ信ジテ疑ハザル所ナリ。

幕臣の家に育った重雄が熱心な尊王論者であったことは意外であるが、もとより重雄の「尊王論」は、天皇を極端に神聖視する「尊王論」の立場とは明らかに異質であった。重雄は、君主の存在を容認し、これを重視したが、他方、君主の権限行使については、きわめて厳しい制限論者であったからである。かれは、「人民」と「官吏」と「皇帝」のあるべき相互関係について、次のように考えていた。(2)

人民ハ一国ノ主ニシテ官吏ハ公僕ノ地位ニ立ツ者ナリ。唯君主国ニ於テハ皇帝ヲ尊敬シ、神聖ニシテ犯ス可ラザルモノトシ、国法ヲ以テ之レヲ制スルコトナリ。特ニ之ヲ人民ノ上位ニ置クニ過キザルノミ。

「人民」は「一国ノ主」で、「官吏」は「公僕」であり、「皇帝」は「神聖ニシテ犯ス可ラザルモノ」であるが、「国法」で「制スル」ものとする重雄の立場は、まさに英国流の立憲主義の立場そのものであった。かれにとって最も重要なことは、皇帝の存否の問題よりも、すべての人びとを制する「国法＝憲法」のあり方そのものにあったのである。

それゆえ重雄の立場からすれば、新たに制定される日本の憲法は、欽定憲法ではなく、国約憲法でなければならず、新たに開設される議会は、一院制の民撰議院でなければならなかった。重雄は、「国事管見」のなかで、次のように述べている。(3)

……余ハ素ヨリ国会ノ名称ヲ喜ブ者ニアラズシテ国会ノ実益ヲ望ム者ナリ。故ニ国会ヲ開設スルニ至ルモ其実権人民ニ移ラズシテ政府ノ為メニ左右セラル、ガ如キ不幸アラバ国民ノ権利ヲ保全シ利益ヲ生出スルノ国会ハ翻ツテ政府ガ人民ヲ圧抑スルノ好器械トナルニ至ル可シ。……余ノ公儀與論ト同ジク希望スル所ハ、民撰議院一局ヲ設立シ、立法経済ノ事ヲ議院ニ委任シテ其実権ヲ堅フシ、政府官吏ノ為メニ毛頭モ左右セラル、コトナキヲ要シ、凡ソ国家万般ノ事皆国会議院ニ依テ決定スルニアリ。

新たに開設される議会は、なぜ二院制ではなく、一院制でなくてはならなかったのか。重雄は、その理由について、次のように述べている。(4)

……徒ニ欧米諸国ノ議院制度ヲ学ビ、上下二局ノ議院ヲ設ケテ上院議員ニハ現在ノ元老院議官及ヒ華族若シクハ官権党ノ素封家等ヲ選任シ、特別非常ノ権力ヲ与ヘテ政府ノ藩屏幇助トナシ、下院議員ニハ今日ノ府県会議院ノ少シク財産多キ者ヲ選任シテ、充分ノ権限ヲ与ヘサルカ如キ不当アラバ下院ハ纔カニ一国ノ経済上ニ参預スルニ止マリテ之レヲ確定スルノ権ナク、況ヤ立法ノ大権ノ如キハ、到底之レヲ得ルノ道ナカラントス。而シテ下院ノ討論決定シタル事項ハ概ネ皆上院議会ニ至テ破棄セラレ、下院ノ決議ハ実際ニ行ハレザル如クコトアラバ、下院ハ全ク有名無実ニシテ空シク経費ヲ要シ、上院ハ唯政府ノ便宜ヲ計、一ノ器械トナリテ、議院ノ議院タル実益ヲ見ルコトナカル可シ。

これにより重雄の二院制に対する最大の懸念は、「現在ノ元老院議官及ヒ華族若シクハ官権党ノ素封家等」によって構成される上院の存在によって、下院の決議が無力化し、「議院ノ議院タル実益」が失われてしまう恐れにあったことがわかる。すなわち重雄の立場からすれば、民撰議院のみの一院制を採用する以外に、議会権限を確実に担保する方策はなく、彼の懸念を払拭する道は、他になかったのである。

このように、一院制論は、新たに開設される議会について、名実ともに、完璧な民撰議院の設立を求める明快な主張であったが、議員の選挙については、必ずしも普通選挙制の採用を求めるものではなかった。重雄は、選挙権の拡張を求めたものの、「多少」の「制限」は「必要」との立場をとったのである。(5)

而シテ議員選挙ハ普通選挙ニアラズシテ多少制限ヲ立ツルヲ必要トスレトモ、其選挙ノ権限ハ可及的広闊ニシ多ク民間人材ヲ議院ニ網羅セザルベカラズ。既ニ人材ヲ議院ニ網羅セバ其議院ノ権利自ラ堅固ニシテ、政府官吏ノ為メニ左右セラル、患ヘナク、能ク権利ヲ保全シ利益ヲ生出スルヲ得可シト信スルナリ。

ところで、重雄は、みずから「国会ヲ熱望スルノ余、腕力ニ訴ヘテ其所望ヲ遂ケントスルガ如キハ我輩ノ最モ嫌忌スル所ナリ」[6]と述べているように、目的実現の手段として「実力」を行使することには否定的であった。かれは少なくともこの段階では、国会開設の見通しについて楽観的であり、「実力」を行使する必要性を認めていなかったのである。[7]

抑々国会ヲ開クコトタル容易ノ事業ニハアラズト雖トモ、亦タ決シテ甚シキ艱難ノ事業ニモアラサルナリ、如何トナレハ今日施政ノ進路ハ衆説輿論ノ向フ所ニ従テ其方向ヲ転スルガ如キ景況ナルニ因リ、全国人民ガ悉ク一致同心シテ政府ニ向テ国会ノ開設ヲ強迫スルアラハ政府ト雖トモ敢テ之レヲ拒絶セサルヘシ、良シヤ之レヲ拒絶スルアルモ一般ノ輿論此ノ点ニ及デハ復タ之レヲ如何トモスヘカラサレバナリ、況ンヤ我政府ハ人民ノ自由ヲ束縛シ人民ノ進路ヲ遮断スルカ如キ圧制政府ニアラサルヲヤ、人民諸君ガ進取ノ気力ト敢為ノ精神トヲ以テ政府ニ迫ルアラバ其国会ヲ実際ニ見ルニ至ルハ我輩ノ保証スル所ナリ。

「我政府」は、「人民ノ自由ヲ束縛シ人民ノ進路ヲ遮断スル」ような、「圧制政府」ではないという主張は、後年の重雄の主張とは大きな距たりがあるが、このようなかれの楽観主義は、やがて自らが厳しい言論弾圧に遭遇することによって簡単にうち砕かれることになる。愛岐日報社で重雄と同僚であった小池勇は、その自叙伝のなかで、この間の事情について、次のように述べている。[8]

……愛岐日報社ニ入リテ編輯ヲ担当ス。此時、此社ハ……田中文次郎一人アリ。予ノ入社スルヤ越ヘテ三日、静岡県人ニシテ曾テ函右日報ノ記者タリシ広瀬重雄来リ加ツテ三名トナリ、互ニ相扶ケテ民権ノ説ヲ唱道ス。……十四年春……此夏、三名合議シテ日報社ニ大改革ヲ強行セントセシモ、社主中川氏ト意見相合ハスシテ遂ニ退社ス。此頃ヨリ広瀬共ニ頻リニ公会演説ヲ開キ、到ル処自由改進ノ理ヲ論ス。又各地ヨリ名古屋ニ来テ共ニ演説ヲ催フシタル弁士モ多カリキ。冬十一月、三州ノ各地ヲ遊説シ、帰途知立駅ニ於テ予カ為シタル演説ハ、甚タ過激ニ渉リシノミナラス、其集会ハ条例ニ反スルモノトテ、予及広瀬・村上、会主内藤・近藤等皆夜半ニ警察ニ拘引セラル。居ルコト数日ノ後チ、岡崎ニ押送シテ獄ニ投ズ。

文中、「冬十一月」、「条例ニ反スルモノ」として「警察ニ拘引」された事件についての記述があるが、これは、明治十四年十一月七日、知立で開催された政談演説会で、治安に妨害ありとの理由で、監臨警察官に中止解散を命じられ、内藤六四郎（会主）、重雄、小池勇らが知立警察署に拘引された事件を指している。

この事件で、重雄と小池は、演説禁止等の行政処分で済まされず、結局、名古屋裁判所岡崎支庁の裁判に付されることになったが、同年十二月十九日、同支庁で言い渡された判決は、次のようなものであった。[9]

……名ヲ知立一村知己ノ親睦会ニ借リ管轄警察署ノ認可ヲ受ケスシテ公衆ヲ集メ政治ニ関スル事項ヲ講談セシ儀ハ顕然ナリトス右科集会条例第一条及ヒ第十条ニ依リ各罰金弐円五拾銭申付ル

右の判決は、重雄らの行為を「管轄警察署ノ認可ヲ受ケスシテ公衆ヲ集メ政治ニ関スル事項ヲ講談論議」したものと認定し、集会条例第一条及び第一〇条を適用、「各罰金弐円五拾銭」の有罪判決を言い渡すものであったが、これを不服とする両名は、「演説公会ヲ開キタルニアラス、知立一村中ノ親睦会ナレハ集会条例抵触スヘキコトニアラス」との理由で、ただちに大審院へ上告をしたのであった。しかし、大審院は、翌十五年四月十日、次のような上告棄却判決を言い渡した。[10]

……抑モ政談演説ハ其名親睦会ト唱フルモ多人数ヲ集メ一場ヲ開キ講談論弁スル如キニ至テハ何ソ公衆ヲ集ムルモノト其実異ナルノ理アランヤ、加之其親友知己ノミニ非サルハ原裁判所ノ宣告状ニ掲載スル如ク数箇証憑ニ依リ認メタルモノナレハ上告ノ趣旨相立タサルモノトス、右ノ如クナルヲ以テ明治十四年十二月十九日名古屋裁判所岡崎支庁ニ於テ小池勇広瀬重雄ニ言渡タル裁判ハ破毀スヘキ理由ナキニ因リ上告状却下スル者也この判決は、重雄と勇にとって全く予想外の判決だったらしく、二人は、このことを「大審院ノ裁決ヲ受ケテ始メテ我ガ所為ノ犯法ナルヲ知ル」と題する論文にまとめ、まもなくこれを『経世新誌』誌上（第一号および第二号に分載）に発表している。[11] 二人は、その結論の部分で次のように述べている。[12]

此ニ至テ愈ニ狂愚ノ罪ヲ悔ヒ始メテ自ラ犯法有罪者ナルヲ悟リ謹テ其裁決ニ甘服シ知立警官ノ処置岡崎判官ノ判決モ亦全ク不正不当ニアラザルヲ知ルニ至レリ。生等故ニ曰ク大審院ノ裁決ヲ受ケテ始メテ我所為ノ犯法ナルヲ知ルト。

こうして、明治十五年初頭まではどちらかといえば楽観的な立場からの発言の多かった重雄も、罰金刑とはいえ有罪となったみずからの体験をつうじて、明治政府の言論統制の厳しさをあらためて認識するに至り、以後、明治政権に対する不信感を急速に強めていくことになるのである。

(1)『函右日報』明治十二年十二月二十一日付、前掲『静岡県自由民権史料集』二九六頁。
(2)―(5) 前掲「広瀬重雄国事管見」。
(6)『函右日報』明治十三年四月四日付、前掲『静岡県自由民権史料集』三〇七頁。
(7)『函右日報』明治十三年一月二九日付、前掲『静岡県自由民権史料集』三〇一頁。
(8) 村上・前掲『自由党激化事件と小池勇』三二頁―三三頁。
(9)(10)『大審院刑事判決録』明治十五年四月、一四七頁―一五二頁。
(11) 村上・前掲『自由党激化事件と小池勇』一八七頁。
(12)『経世新誌』第二号、明治十五年六月、八枚裏。

四　静岡事件

重雄が、言論活動による政治改革を断念し、「腕力」による政府転覆をめざすことになったのは、明治十六年中のことであった。重雄の急進主義への傾斜について、のちに重雄の教誨師となる留岡幸助は、そのメモに、次のように記している。[1]

続イテ板垣氏ノ自由党員トナリ、而国事ニ心ヲ傾クルコトトナリ、而明治十六年頃政府ノ施政ノ方向民間ノ有志ノ為ス所ニ感ズル所アリテ、言論トカ文筆トカニテハ到底政府ニ迫リテモ目的ヲ達スルコト出来マイト思ヒ種々苦心ノ末、平和主義デハ覚束ナキヲ知リ、腕力ニ訴テ事ヲ挙ケントセリ。而目的ハ現政府ヲ転覆スルニアリト云フニアリ。

静岡事件は、明治十六年末から十七年はじめにかけて、岳南自由党の鈴木音高、湊省太郎が、遠陽自由党の中野二郎三郎、山田八十太郎等と結び、明治政府転覆の挙兵を企て、明治十九年に発覚した内乱陰謀事件であるが、重雄がこの計画に当初から参画していたかどうかは、必ずしも明確ではない。[2] しかし、重雄が十七年五月以降、軍資金獲得と同志の脱落防止のための強盗事件に関与していることからみて、[3] 遅くとも十七年五月の段階で、仲間に加わっていたことは確実である。

静岡事件関係者による強盗計画の実行は、明治十七年末まで続けられた。十七年末をもって強盗計画を中止した理由は、強盗による資金獲得が思うように進まなかったことにもよるが、明治十七年九月の加波山事件、同年十月の秩父事件のあいつぐ勃発、さらに同年十二月七日の飯田事件そして同年十二月十五日の名古屋事件の発覚がこれに大きく作用したことはまちがいない。とくに十七年十一月、湊省太郎、宮本鏡太郎、広瀬重雄、村上佐一郎の静岡事件関係者は、村松愛蔵、八木重治、江川甚太郎等の飯田事件関係者、さらに祖父江道雄等の名古屋事件関係者に接触し、挙兵問題で謀議をおこなっていたが、十二月七日これが発覚し、重雄、湊省太郎、小池勇の静岡事件関係者も逮捕されるにいたった。もっとも重雄らの容疑は、飯田事件関係者としての容疑であり、静岡事件の全容がこの時明るみに出たわけではなかったが、このことが静岡事件関係者に与えた衝撃は、はかり知れないものがあった。重雄の逮捕を

報告する名古屋警察署詰巡査丸井国三の「引致手続書」は、次の通りである。(4)

神奈川県下横浜区野毛町

広瀬繁(ママ)雄

引致手続書

右ハ国事犯事件ニ付明治十七年十二月七日当署エ引致スヘキ貴命ニ依リ所在探偵スルニ当区南桑名町四丁目奥村フサ方ニ居合ス旨探知スルヲ以テ直ニ該家ニ出張候処最早戸締ヲ為寝臥致居体ニ付之ヲ呼起シ該家エ進入スルニ果シテ右繁(ママ)雄ナル者中ノ間火鉢ノ際ニ座シ居ルヲ以テ当署エ引致スヘキ旨ヲ示シタル処速ニ応スルヲ以テ当署エ引致仕候付此段手続書ヲ以テ上申仕候也

明治十七年十二月七日

名古屋警察署詰巡査　丸井国三

雇　竹内戴之助

愛知県警察本署

警部　安田退三殿

飯田事件の余波で逮捕された同志のうち、小池は十八年一月に、湊は同年二月にそれぞれ釈放されたものの、重雄と伊藤平四郎の両名は、同年十月二十七日、長野重罪裁判所で無罪判決が言い渡されるまで獄中にあった。従来、飯田事件の判決書といえば、村松愛蔵ら六名に有罪を宣告した判決書のみしか知られていないので、ここでは広瀬、伊藤の両名に対する判決書の全文を掲げておく。(5)

裁判言渡

愛知県名古屋区江戸町住居当時同区江川町
第百五十四番邸清水元太郎方寄留平民雑業

伊藤平四郎
明治十八年十月
三十二年一月

神奈川県横浜区万代町弐丁目三十五番地平民当時愛知県
名古屋区富沢町三丁目西沢ツル方止宿愛岐日報記者
広瀬重雄
明治十八年十月
二十六年二月

右被告人等ハ内乱陰謀事件ノ公訴ニ因リ検察官ノ意見被告人等ノ答弁弁護人等ノ弁論ヲ聴キ被告人等ノ白状陳述及ヒ証憑書類ニ基キ長野重罪裁判所裁判長陪席裁判官評議ノ上判決スルコト左ノ如シ

判　決

検察官ハ右被告人等カ内乱陰謀事件タル犯罪ノ証憑充分ナラストシ之レカ公訴ヲ抛棄セリ依テ一切ノ訴訟書類及ヒ証拠物件ニ付審案スルニ被告伊藤平四郎広瀬重雄ハ曽テ名古屋警察署及ヒ名古屋軽罪裁判所検事廷ニ於テ現政府ノ施政ヲ不是トシ被告村松愛蔵等ト兵力ヲ以テ之ヲ改革セントノ謀議ヲ為タリト陳述スルモ亦果シテ愛蔵等ニ同意相共謀シタリトノ証憑見ル可キナク加之愛蔵等ノ陳述ニ依ルモ亦同人等ト敢テ関係ヲ有スルモノニアラサルヤ明ナレハ検察官ノ公訴ヲ抛棄シタル相当ナリトス

右ノ理由ナルニ依リ治罪法第四百一条犯罪ノ証憑充分ナラサル時ハ無罪ノ言渡ヲ為シ且被告人ヲ放免ス可シトアルニ照シ被告人伊藤平四郎広瀬重雄ニ対シ無罪ヲ言渡シ且放免スル者也

明治十八年十月二十七日長野重罪裁判所ニ於テ検事石川重玄立会宣言ス

裁判長判事　戸原禎国
陪席判事　世良重徳
陪席判事補　高橋克親
書記　丸山弥一郎
書記　木村正雄

重雄ら静岡事件関係者の多くが、それまでの大規模な挙兵計画をひるがえし、少人数でも実行可能な要人暗殺計画に傾斜することになったのは、右の判決により重雄が無罪放免となった直後の明治十八年十月末頃のことであった。重雄は、この点について、のちに警視庁に逮捕された際、次のような供述をしている。(6)

問　要殺事件ノ起原ハ何時カ。

答　明治十八年十一月下旬ニ私カ信州ニ於テ国事犯事件ノ放免ヲ受ケ帰途名古屋ニ至リ湊宮本私ノ三人カ相談ナシタルカ始マリニ有之。始メ同志ヲ結合シテ兵ヲ挙クル一件ハ中止シテ小運動ヲナス事ニ決シタルモノナリ。

問　其事ヲ議定シタルハ誰々ナルヤ。

答　宮本鏡太郎湊省太郎松村弁次(治)荒川太郎私ノ五人ニ有之候。

（中略）

問　如何ナル場合ニ決行スル筈ナルヤ

答　内閣へ出頭ノ途次公然ト要殺スル積リナリ。其ノ目的ヲ達スレハ直ニ自首シテ其処分ヲ受クルノ意ナリ。

これをみると、十八年十月二十七日、長野重罪裁判所において無罪判決をうけ放免となった広瀬が、その帰途、名古屋で湊、宮本と謀議をしたことが、要人暗殺計画のそもそもの発端であったこと、この計画に同意した人々は、重雄をはじめ、宮本鏡太郎、湊省太郎、松村弁治郎、荒川太郎の五名であったこと、計画実行後は「直ニ自首シテ其処分」を受ける覚悟であったことなどがわかる。

しかし、右の計画は、翌十九年六月十二日、警視庁による事件関係者の一斉検挙の開始によって、ついに実行されないままに終わった。この日の一斉検挙の模様について、『朝野新聞』は、次のように報じている。(7)

> 目下北豊島郡金杉村に借家する自由党員にて静岡の代言人鈴木音高、湊省太郎、広瀬重雄、宮本鏡太郎、浅井万(満)治、荒川高俊の六氏は、去る十二三の両日中に於て警視第二局の手にて捕縛されたるが、聞く所に拠れば其は国事に関することにあらずして他の事件なりと、……

さて、東京警視庁に逮捕された重雄は、同庁第二局の取り調べをうけ、事件の全容を供述した。しかし、重雄ら事件関係者は、内乱罪の適用をあくまで回避しようとする政府の方針により、常事犯（強盗罪）で処断されることになり、重雄は、十九年九月にはじまる東京軽罪裁判所の予審、二十年七月二日にはじまる東京重罪裁判所の公判廷のいずれにおいても、国事犯としての主張をおこなうことが許されなかった。公判は七月八日まで六回開かれたが、重雄に対する審問がおこなわれたのは、七月四日の第二回公判においてであった。その様子をつたえる『静岡大務新聞』の記事は次の通りである。(8)

> 之れより弁護人武藤氏と被告との間に数回の問答ありて終り、藪重雄の審問を始む。
>
> (裁)藪第四の所為の事実を中立てよ
> (藪)相違なし
> (裁)湊の申し立てに相違なきや
> (藪)私も凶器を携へたり
> (裁)第五の所為は如何
> (藪)相違なし（以下略）

七月十三日、判決の言い渡しがおこなわれた。それは、検察官側の主張をほぼ全面的にみとめたものであり、被告人二十六名のうち、前島格太郎をのぞく二十五名に対し、有罪を宣告するものであった。判決書より、量刑を宣告する部分を摘記するならば、次の通りである。(9)

……右ノ理由ナルニ付被告湊省太郎清水綱義宮本鏡太郎鈴木辰三ヲ各有期徒刑十五年ニ中野二郎三郎鈴木音高ヲ各有期徒刑十四年ニ清水高忠ヲ有期徒刑十三年ニ藪重雄木原成烈小山徳五郎足立邦太郎名倉良八小池勇川村弥市ヲ各有期徒刑十二年ニ村上佐一郎高橋六十郎浅井満治潮湖伊助ヲ各重懲役九年ニ山田八十郎ヲ軽懲役八年ニ平沢幸次郎ヲ軽懲役六年ニ処シ上原春夢ヲ重禁錮四年ニ処シ監視一年ヲ付加シ大畑常兵衛真野真恷ヲ各重禁錮二年六ケ月ニ処シ各監視一年ヲ付加シ小林喜作室田半二ヲ各重禁錮二年六ケ月ニ処シ各罰金拾円監視十ケ月ヲ附加シ前島格太郎ハ無罪放免スルモノ也

すなわち判決は、被告らに内乱罪を適用せず、中心人物については強盗罪（刑法第三七八条、三七九条）を適用、重雄に対しては「有期徒刑十二年」の量刑を言い渡すものであった。

こうして重雄は、この日の判決により、強盗罪の汚名をうけることになったが、重雄をはじめ事件関係者の多くは、この判決に不服をとなえて大審院へ上告することもなく、ただちに服罪した。事件が発覚してから一年一カ月目のことであった。

（1）『留岡幸助日記』第一巻、三二四頁。
（2）重雄、小池勇、村上佐一郎の三名が明治十七年一月、愛知県半田で藩閥政府打倒の謀議をおこなっていたことはすでにわかっているが（村上・前掲『自由党激化事件と小池勇』一五九頁）、彼らが静岡事件の計画に参画した時期については、必ずしも明確ではない。
（3）手塚・前掲『自由民権裁判の研究』中巻、一五九頁。
（4）（5）「長野県国事犯村松愛蔵等ニ関スル一件書類」（法務図書館蔵）。
（6）「広瀬重雄参考調書」（手塚・前掲『自由民権裁判の研究』中巻、二五三頁以下所載）。

（7）『朝野新聞』明治二十年六月十六日付。
（8）『静岡大務新聞』明治二十年七月九日付。
（9）手塚・前掲『自由民権裁判の研究』中巻、二七六頁—二七七頁。

五　公権回復

明治十五年刑法によれば、「徒刑」は「島地」に「発遣」されることになっており、「有期徒刑十二年」の重雄は、石川島監獄署、東京仮留監を経由して、明治二十一年十月十三日、北海道空知監獄署に押送された。重雄の獄中生活は、本来ならば、東京重罪裁判所で有罪判決を言い渡された二十年七月から十二年間続くはずであったが、明治三十年一月三十一日、英照皇太后の死去にともなう減刑令[1]（勅令第七号）で「刑期」「四分ノ一」が短縮され、ただちに出獄できることになった。この減刑令により出獄することになった静岡事件関係者は、重雄をはじめ、清水高忠、小山徳五郎、足立邦太郎、名倉良八、木原成烈、小池勇、川村弥市の八名にのぼるが、そのうちの一人小池勇は、その時の模様を次のように書き残している[2]。

卅年二月一日朝、藪・小山・河村[川]・足立・木原・名倉ト共ニ幌内太ヨリ汽車ニ駕シテ空知ヲ発ス……午后四時、小樽港ヨリ乗船、海路平穏ニテ五日午前神奈川ニ着シ、巣鴨監獄ニ一泊、六日出獄……

これをみると、重雄らは、二月一日に空知を出発し、小樽港より海路横浜港に向かい、二月五日に到着、実際に自由の身となったのは、巣鴨監獄署に一泊した後の二月六日であったことがわかる。東京警視庁に逮捕されてから数えて、実に十年八カ月目のことであった。

しかし、重雄ら八名の事件関係者及びこれより先に出獄していた村上佐一郎、潮湖伊助、山田八十太郎、平沢幸次郎、高橋六十郎の五名の事件関係者は、釈放されたとはいえ、かれらの「公権」までもが回復されたわけではなかった。明治十五年刑法によれば、「重罪ノ刑ニ処セラレタル者」は、「終身」「公権ヲ剝奪」されることになっており（第三二条）、原則的には、かれらの公権は、生涯、回復されないことになっていたからである。

「重罪ノ刑」に処せられた重雄らの公権の回復措置が特別に検討されることになったのは、明治三十年五月に入ってからのことであった。すなわち同年五月二十八日、司法大臣清浦圭吾は、内閣総理大臣臨時代理黒田清隆に対し、上記十三名の「公権」を「特典」をもって「回復」すべく、次のごとき上申書を提出したのである。(3)

別紙静岡県平民清水高忠外十二名復権ノ件上奏書及進達候也

明治三十年五月廿八日

司法大臣　清　浦　奎　吾

内閣総理大臣臨時代理

枢密院議長伯爵　黒　田　清　隆　殿

しかして、その別紙とは、次のごときものであった。(4)

静岡県平民清水高忠、同藪重雄、同小山徳五郎、同足立邦太郎、同名倉良八、同木原成烈、岐阜県平民小池勇、神奈川県平民川村弥市、石川県平民高橋六十郎、愛知県平民村上佐一郎、静岡県平民潮湖伊助、同山田八十太郎、北海道庁平民平沢幸次郎、復権ノ儀ニ付上奏

静岡県平民清水高忠ハ強盗傷人罪ニ依リ明治二十年七月十三日東京重罪裁判所ニ於テ有期徒刑十三年ニ処セラレ静岡県平民藪重雄同小山徳五郎同足立邦太郎同名倉良八同木原成烈岐阜県平民小池勇神奈川県平民川村弥市ハ共謀持凶器強盗ノ罪ニ依リ同月同日同裁判所ニ於テ各有期徒刑十二年ニ処セラレ石川県平民高橋六十郎愛知県平民村上佐一郎静岡県平民潮湖伊助ハ同一ノ罪ニ依リ同月同日同裁判所ニ於テ各重懲役九年ニ処セラレ静岡県平民山田八十太郎ハ同一ノ罪ニ依リ同月同日同裁判所ニ於テ軽懲役八年ニ処セラレ北海道庁平民平沢幸次郎ハ共謀強盗

ノ罪ニ依リ同月同日同裁判所ニ於テ軽懲役六年ニ処セラレ其後高橋六十郎ハ主刑満期ニ因リ出獄清水高忠藪重雄小山徳五郎足立邦太郎名倉良八木原成烈小池勇川村弥市ハ本年勅令第七号ニ依リ減刑出獄又村上佐一郎潮湖伊助同山田八十太郎平沢幸次郎ハ仮出獄ヲ許サレタル者共ニ有之候処孰レモ其犯罪ノ重大ナルニ拘ラス当時ノ時勢ニ憤慨スル所アリテ遂ニ犯行ヲ為スニ至リタルモノニシテ其犯情頗ル斟酌スヘキ所アルニ付キ特典ヲ以テ将来ノ公権ヲ復セラレ候様致度此段上奏候也

明治三十年五月

司法大臣　清　浦　奎　吾

右の五月二十八日付清浦司法相の上申書を受理した黒田清隆は、ただちに内閣法制局に対し、この問題の審査を命じた。内閣法制局がこの問題の審査を終了し、その結果を回答したのは、それから一カ月あまりを経過した六月二十九日のことであった。六月二十九日付内閣法制局長官神鞭知常より内閣総理大臣松方正義宛回答書ならびに指令案は、次の通りである。(5)

明治三十年六月二十九日

内　閣　総　理　大　臣

法　制　局　長　官

別紙司法大臣上奏静岡県平民清水高忠外十二名復権ノ件ヲ審査スルニ上奏ノ通特典ヲ以テ公権ヲ復セラレ可然ト信認ス仍テ指令按左ノ通ニテ可然哉

指　令　案

特典ヲ以テ静岡県平民清水高忠同藪重雄同小山徳五郎同足立邦太郎同名倉良八同木原成烈岐阜県平民小池勇神奈川県平民川村弥市石川県平民高橋六十郎愛知県平民村上佐一郎静岡県平民潮湖伊助同山田八十太郎北海道庁平民平沢幸次郎ノ公権ヲ復ス

明治三十年七月十二日

奉　勅　　　　　　　　　　　　　　　内　閣　総　理　大　臣

かくして明治三十年七月十二日、右の指令案通り、重雄ら十三名の静岡事件関係者の公権は、「特典ヲ以テ」回復されることになった。

（1）村上・前掲『自由党激化事件と小池勇』七三頁。
（2）『官報』明治三十年一月三十一日付。
（3）―（5）「明治三十年公文雑纂」巻二十二・司法省二、国立公文書館蔵。

六　むすび

本章では、これまで忘れ去られた存在であった静岡県の自由民権運動家広瀬重雄をとりあげ、かれの活動の足跡を辿ってきた。とくにかれが地方新聞紙上に残した質量ともに豊富な論説や警視庁における取調書類などを手がかりに、かれの自由民権思想の特質を追求するとともに、どちらかといえば、穏健な立場を保持していた重雄が、なぜ急進的な立場に傾斜し、飯田事件や静岡事件などに参画することになったのか、その間の事情についても、考察をしたつもりである。(1)

自由民権運動における急進派の形成については、松方デフレや農民の窮乏化など、経済史の側面から一義的に説明されることが多いけれども、少なくとも重雄の場合、そのような図式によって彼の急進化を説明することはできないであろう。否、重雄のみならず、同じ静岡事件関係者の鈴木音高や湊省太郎、また飯田事件の村松愛蔵、さらには加波山事件の富松正安の場合も、明治政府の過酷な言論統制や入獄の体験こそ、かれらが急進派へ加わった最大の動機であったことを考えると、旧来の図式で急進派の形成を理解すること自体、疑問とせざるをえないのである。

ところで、重雄は明治三十年二月、減刑出獄したあと、どのような生活を送ったのか。また、重雄はいつ、どこで死亡したのか。その消息は、全く不明である。出獄後も北海道にとどまり、新聞記者として活躍したともいわれているが、[2]詳細はよくわからない。今後、北海道ならびに静岡県の地方史家の手によって、重雄の晩年が明らかにされることを願いつつ擱筆する。

（1）石井孝氏は、「自由民権運動と共和制思想」と題する論文のなかで、共和制をもって理想的政治形態と考えたイデオローグの一人に広瀬重雄を数えている（『歴史学研究』第二三九号、昭和三十五年三月、二四頁以下）。しかし、本文中でも述べたように、かれの思想の根底には、尊王論の思想が色濃く流れており、氏の指摘はあたらない。
（2）永井秀夫編『北海道民権史料集』北海道大学図書刊行会、昭和六十一年、八五九頁。

第四章　富松正安――加波山事件を中心に

一　はしがき

富松正安は、加波山事件（明治十七年九月）の中心人物であり、自由党急進派に属する自由民権運動家である。かれの名前は、野島幾太郎『加波山事件』（明治三十三年）、関戸覚蔵『東陲民権史』（明治三十六年）、田岡嶺雲『明治叛臣伝』（明治四十二年）等々の民権関係の基本文献にしばしば登場することもあって、比較的著名である。しかし、これまでのところ、この富松正安についての研究は、かならずしも充分ではなく、オリジナルな資料から、かれの事跡を追求した文献は、ほとんどみあたらない(1)。

もとより富松正安の生涯は、波乱万丈であり、その全貌を明らかにすることはきわめて困難なこととといわざるをえないが、しかし、かれに関する研究が、いまだ不充分なままに放置されていることは、何としても残念なことである。ことに同じ加波山事件関係者の琴田岩松、横山信六、河野広躰、小針重雄、等々の事跡が、高橋哲夫氏の近業(2)によって、ほぼ明らかになったことを思うとき、一層、その感をふかくする。

本章は、このような富松正安研究の現状にかんがみ、これまで私が蒐集しえた諸資料を利用し、できるかぎりくわしくかれの生涯をたどるとともに、かれの自由民権運動史上における位置を考察しようとするものである。いまだ不充分な一試論にすぎないが、大方のご叱正がえられれば幸いである。

（1）富松正安を直接の研究対象としたものとしては、わずかに桐原光明『加波山事件と富松正安』（昭和五十九年）があるにすぎない。
（2）高橋哲夫『加波山事件と青年群像』（昭和五十九年）参照。

二　民権家となるまで

富松正安は、嘉永二年（一八四九年）九月十三日、茨城県真壁郡下館町四番屋敷（現在は茨城県下館市）に生まれた。[1] かれの父は、富松魯哉であり、母は、中村嘉兵衛の長女で、その名をつね（文政十二年十月三十日生まれ）といった。[2] また、正安には一歳年下の弟緑（嘉永三年十二月二十八日生まれ）がいたが、[3] 長男である正安は、やがては富松家の家督を相続する立場にあった。

富松家家系図

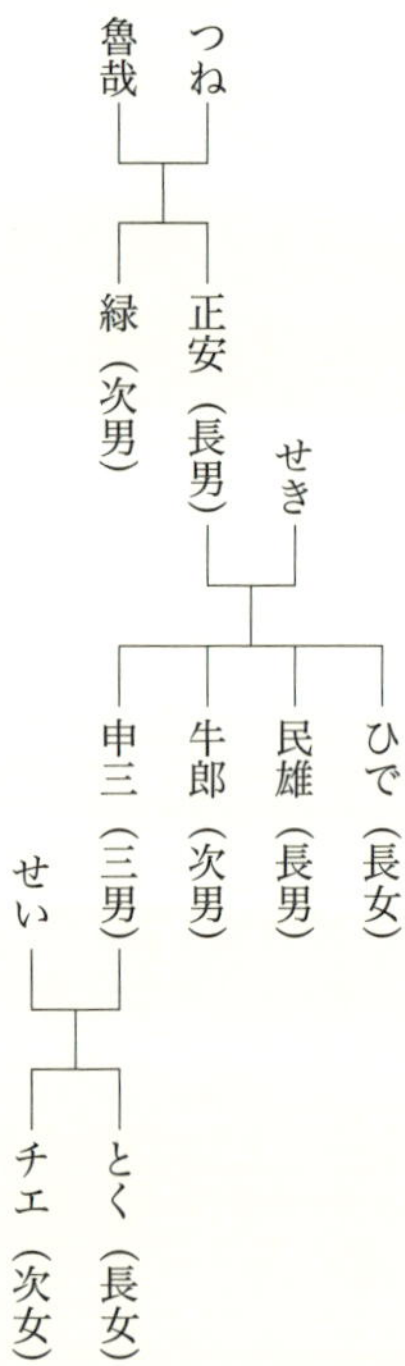

正安が千葉県葛飾郡関宿町山本権六長女せき（嘉永三年十月三十日生まれ）と結婚したのは、慶応四年（一八六八年）二月二十二日のことであった。[4] 正安かぞえ年十九歳、せき十八歳のときである。

明治六年十月十四日、父魯哉が死亡したことにより、長男である正安は、富松家の家督を相続することになった。[5] 正安、二十五歳のときである。

これよりさき、正安は茨城県下の小学校の教員となり、教鞭をとることになった。このことについて、関戸覚蔵は、次のように述べている。[6]

明治五年茨城県小学校の建立に当り教員に任ぜらる。幾何もなく之れを辞す。拡充師範学校の水戸に設けらるゝや選を以て入校し生徒取締となる。七年六月出でゝ川澄村春風小学校の生徒に授く。八年春上等教課肆業の命あり。再び拡充学校に入て学寮監事を命ぜらる。同年七月去て小栗小学校の教員と為り、又市野辺小学校に転ず。……法律命令の出る毎に民権の防遏を意味し、集会、出版、言論、都て天職の権利を剝奪し、小学校教員の如きは、政治団体に加はることを許さず。生徒は政談演説会の傍聴を禁止されたり。正安憤然、又以為く、是れ藩閥の奸臣、柄を弄び、聖上の聴明（聡力）を擁蔽するの致す所たるべしと。於是て一切念を文教に絶ち、専ら心力を政治運動の一方に注ぎ、京に出ては当世著名の士と国事を談論し、家に在りては地方の団結を鞏固にせんことを務む。

右の記述を裏付ける資料が他にないので、その真偽を確認することはできないが、正安が教員となったことは、かれ自身みとめているところであり、その記述に、大きな誤りはなかろう。右の記述にしたがえば、正安は、「小学校教員」の「政治団体」への加入が禁止となるまで、換言すれば、集会条例（太政官第一二号布告・明治十三年四月五日）が制定されるまで、教員をつとめ、以後は「専ら心力を政治活動」に注ぐようになったことになる。

明治十四年十月二十九日、わが国最初の全国的政党である自由党が結成された。正安は、茨城県から森隆介、磯山清兵衛、栗田興功、関信之介、青柳球平とともに、この自由党結成大会に出席している。かれは、この大会ばかりでなく、十五年六月の臨時大会、十六年四月の定期大会、同年十一月の臨時大会、十七年三月の臨時大会に出席しているほか[7]、十六年十一月十四日には自由党員百名以上を集めて飛鳥山運動会を主催しているから[8]、かれは、大石嘉一郎氏が指摘するごとく、「〔茨城〕地方の自由民権の指導者であるだけでなく、全国的な自由党の活動のなかでもかなり重要な地位を占め[9]」ていたというべきだろう。

正安の演説活動が新聞紙上にあらわれるのは、十四年六月以降のことである。『茨城日日新聞』の記事に「真壁郡下館町にては毎月一回宛富松正安氏会主となり金井町演劇場に於て政談討論演説会を開き来り[10]」とあるので、かれが主催する演説会は、「毎月一回」開催されたようであるが、そのすべてを確認することは、できない。かれが主催あるいは出演した政談演説会のうち、今日、確認できるものを掲げれば、次の通りである。

年月日	場所	演題	出典
14・6・3	真壁郡下館金井町演劇場小島座	回運の説	(茨)14・6・10
14・7・3	真壁郡下館金井町演劇場小島座	駁新聞社説論、取ラレヌ用意	(茨)14・7・12
14・8・9	真壁郡関本村		(茨)14・8・19
14・9・3	真壁郡下館金井町演劇場小島座	日本人民憤起ノ時ナル乎、自棄ノ弊害	(茨)14・9・8
15・3・12	真壁郡下館金井町演劇場小島座	不培ノ花ヲ俟ツ勿レ	(茨)15・3・18
15・4・5	真壁郡下館金井町演劇場小島座		(朝)15・4・11
15・12・5	真壁郡下館金井町演劇場小島座		(自)15・12・17
16・12・6	古河町太田楼		(自)16・12・9
17・2・17	真壁郡下館金井町演劇場小島座		(自)17・2・22

前註　本表は『茨城県史料』近代政治社会編II（昭和五十一年）、『茨城日日新聞』、『自由新聞』、『朝野新聞』の記事を参考に作成した。なお、出典欄に、(茨)とあるのは『茨城日日新聞』、(自)とあるのは『自由新聞』、(朝)とあるのは『朝野新聞』のそれぞれ略である。

右表中の十六年十二月六日の政談演説会は、古河町の自由党員小久保喜七、館野芳之助らが、関東派領袖の大井憲太郎、森隆助、仙波兵庫、そして正安を迎えて、同町の太田楼で開催されたものである。『自由新聞』は、この日の様子を「自由主義賛成者の来り会する殆ど三十名、席上藤田、館野、小久保、森等の諸氏の演説あり。大井氏も亦一題を演説されにしぞ、会員大に感奮の色を現はし、猶ほ時事を談論せられ入党する者も十数人ありたり」(11)とつたえるのみで、正安の演説にはふれていない。けれども関戸・前掲『東陲民権史』には、正安が、席上「今日は道理の戦場にあらず。言論を以て格闘するも寸効を奏せず。寧ろ血雨を注ぎて専制政府を倒すの捷徑たるを知れ」(12)との演説をおこなったことが記されており、また、石川諒一『加波激挙録』にも、(13)

正安壇に登り、卓を叩いて論じて曰、大勢今や蹙らんとす、此時に際して言論を事とす、豈終に迂愚の譏を免がるゝを得んや、若かず奮躍剣に依つて専制政府を倒さんにはと。怒髪天に朝して目眦裂けなんとす。聴者感激、且泣き且奮ふ。

とあることから、正安がこの日、演説をおこなったことは、確実と思われる。しかも、正安の演説内容が関戸や石川が述べる通りだったとすると、正安は、すでにこの段階（十六年末）において、言論による政治改革をあきらめ、実力による政府転覆を考えていたことになろう。(14)

さらに右表末尾の、十七年二月十七日、真壁郡下館金井町演劇場小島座の政談演説会は、正安らが、東京から植木枝盛、奥宮健之の二人を招いて開催されたものであり、注目に値する。『自由新聞』は、この日の演説会が、いかに盛況であったかを次のごとくつたえている。(15)

茨城県下下館に於ては同地の富松正安、倉持茂三郎、岡村梅太郎等の諸氏が周旋せられ、去ぬる十七日植木枝盛、奥宮健之の両氏を東京より聘し、金井町小島座に於て政談演説会を開かれたりしが、其の入口には大なる席(蓆カ)旗を建てゝ、之れに政談演説会の五文字を墨黒々と揮毫し、又場中に入れば演壇の後、幷に左右も亦席(蓆カ)を以て幕に代へ、頗る勇ましき有様にぞ見えたりける。此日聴衆は遠近より馳せ来り、一千人にも満ちたりけんと覚えたり。演説中、偽党攻撃などの段に至れば拍手喝采、雷の如く一般にして実に近来稀れなる景況なりし。又夜に及んでは、大町大巴楼に懇親会を開き、会する者無慮五十名、席上演説あり、或は自由の歌を謡ひ、更深くるに及んで散じたり。

右の記事からは、多数の「聴衆」が「遠近」より押しよせ、「一千人」にもおよんだこと、また、演説会は「拍手喝采、雷の如く」で「近来稀れなる景況」であったことなど、演説会が成功裡に終わったこと以外のことは、わからないが、植木枝盛は、その日記に、この日の演説会の模様を次のように記している。[16]

金井町小島座に于て政談演説会を開く。聴衆林会山の如く、予再度演説す。終に至て警官に中止せらる。

これをみると植木は、この日、二度の演説をおこない、二回目の演説中、監臨警察官より演説中止を命じられていたことが判明する。わずかな記事であるので、詳細はわからないが、おそらくは植木の演説が「公衆ノ安寧ニ妨害アリ」と認定され、集会条例第六条違反に問われたものではなかろうか。

しかし、いずれにしても、このころ一段ときびしくなりつつあった明治政府の言論・集会に対する弾圧の実態を眼前にして、正安らがうけた衝撃は、きわめて大きいものがあったに相違ない。すでに急進的立場に立っていた正安が、あらためて言論による政治改革の無力さを知り、実力による政府転覆をめざす立場に、一段と傾斜することになった背景には、このような出来事の積み重ねがあったものと思われる。

ところで、静岡事件の中心人物鈴木音高は、「国事犯罪申立書」のなかで、[17]

自由党ノ会議其期ニ迫ル以テ、中野二郎三郎及音高ノ両名其撰ニ当リ、二月中旬、彼ノ重任ヲ負ヒテ出京シ鋭意奔走、……幸ニ社会気運ノ形向ヲ視察スルニ、当時人心概ネ政府ヲ怨望シ、事アラハ奮テ起タントスルノ気象ヲ含有スルコトヲ亮知シ得タリ。加之ノミナラス茨城県人富松正安、仙波兵庫ノ両人ヲ得、又仙波兵庫ノ斡旋ヲ以テ群馬県高崎ノ人深井卓爾、伊賀我何人ノ同盟連絡ヲ得、猶其四人ノ同盟者数十名モ、与ニ事ニ当リテ勃興スルノ盟約ヲ整ヘ……後来ヲ約シ気息ヲ通スルコトヲ誓ヒ、三月下旬ヲ以テ東京ヲ発シ帰県ノ途ニ就キタリ。

と述べ、明治十七年春、自由党臨時大会出席のために上京した際、富松正安らと内乱陰謀の謀議をおこなった事実を供述している。正安は、この時点にいたると、もっぱら挙兵による政治改革に意欲を燃やし、自由党急進派の人々との連携をはかるなど、具体的な準備行動をとりつつあったのである。

（1）―（5）「下館市除籍謄本」。
（6）関戸・前掲『東陲民権史』三五二頁。
（7）拙著『明治自由党の研究』上巻、昭和六十二年、二四二頁―二四三頁。
（8）飛鳥山運動会について『自由新聞』は「各地方より目下出京中なる自由党員諸氏には、一昨十四日午後一時より上野に於て勢揃をなし、夫より紅白二旒の旗を翻へして飛鳥山に押出し、此にて菰被の酒樽を開き、其れに小杷杓数十本をつけて各鯨飲なし、百有余名の者東西に分れて旗奪の戯れを試み、金鳥西山に舂き玉兎東嶺に跳るの頃、一同歓を尽して退散されしが、右の発起人は茨城の仙波兵庫、富松正安、愛知の遊佐発氏等にて周旋もよく行届きしと見え、酒樽に建たる旗には自由の鮮血酒又は自由の花等と署しありし趣なり」（明治十六年十一月十六日付）と報じている。
（9）大石嘉一郎「自由民権運動と現代」加波山事件百周年記念集会実行委員会編『加波山事件百年』昭和五十九年、九頁。
（10）『茨城日日新聞』明治十四年九月八日付。
（11）『自由新聞』明治十六年十二月九日付。
（12）関戸・前掲『東陲民権史』三五四頁。
（13）稲葉誠太郎「加波激挙録」『加波山事件関係資料集』昭和四十五年、七〇四頁。
（14）『朝野新聞』は、明治十六年十一月中旬の時点で「此比〔頃〕或る政党の中に決死党といふもの三十名計り団結し、自他の別無く政党の首領を刧かさんと企つる由なるが、何の役に立つことか其の心術いと訝かし」（明治十六年十一月十六日付）と報じている。「三十名計り」のなかに正安が入っているのかどうかは、よくわからない。
（15）『自由新聞』明治十七年二月二十二日付。
（16）『植木枝盛日記』昭和三十年、二四七頁。
（17）手塚豊・寺崎修「自由党静岡事件に関する新資料――鈴木音高外八名国事ニ関スル供述書――」『法学研究』第五五巻第二号、昭和五十七年二月、七二頁以下。

三　加波山事件

加波山事件は、明治十七年七月十三日、自由党急進派の河野広躰、杉浦吉副、横山信六、鯉沼九八郎、佐伯正門の五名が、東京八丁堀三代町飯塚伝次郎宅（梁山泊）に相会し、「大臣参議ヲ暗殺」し、政体変革をめざすことを盟約したことにはじまる。[1] その後、河野らは、琴田岩松、小林篤太郎、五十川元吉、草野左久馬らを仲間に加え、九月五日ごろには、宇都宮の県庁開庁式を襲撃する計画をまとめ、ただちにその準備にとりかかったのであるが、資金かせぎのための神田小川町質店強盗（九月十日・小川町事件）、鯉沼宅における爆弾製造（九月十二日・暴発事件）のいずれもが、失敗に終わり、計画は、思うようには進展しなかった。その後まもなく河野、琴田らの事件関係者たちが、茨城県下館出身の保多駒吉の紹介で、下館の有為館[2]に潜伏し、ひそかに準備をすすめることになったのは、このためである。

当時有為館館主であった正安が、かれらを匿い、さらに宇都宮県庁開庁式襲撃計画に参加することになった事情について、正安自身、のちの公判廷で次のように述べている。[3]

明治十七年九月十四日ニ至リ栃木人平尾八十吉、福島人琴田岩松ノ両氏ハ当時下館人ニテ有一館ニ入リ居リタル保田[多]駒吉氏ノ添書ヲ得テ館ニ訪ヒ来リ、尚ホ其夕方ニ至リ四五名来合セタルニ付、平尾琴田ノ両氏ニ其事情ヲ問ヒニシ、両氏ハ慨然トシテ栃木県ノ開庁式ニ大臣参議ヲ爆殺シ、以テ革命ノ魁ヲ為サント欲シテ来訪シタリトテ、余ニ同意ヲ促セリ。……暫ク他行シテ后帰館シタルニ、右ノ外ニモ尚数名来合セ居レリ。彼レ等孰レモ皆活潑ナル壮士ニシテ凜々タル気勢ハ実ニ愛スヘク、且河野広体[躰]、横山信六等ノ諸氏ハ尚ホ懇切ニ余ノ義挙ニ与ミセンコトヲ勧メタリ。……仮令ヒ、事軽挙ニ属スルノ嫌アルモ、因循姑息此好時機ニ乗セスンハ蒼生ヲ奈何セント。愛国ノ切情友子ノ信義ヨリ遂ニ身ヲ顧ルニ遑アラス。同意ヲ約シタル所以ナリ。

これにより、「明治十七年九月十四日」に平尾八十吉と琴田岩松の両名が、有一館生保多駒吉の「添書」を携え、有為館に正安を尋ねてきたこと、かれらは正安に、「栃木県ノ開庁式ニ大臣参議ヲ爆殺シ、以テ革命ノ魁ヲ為サン」とする計画をうちあけ「同意」をうながしたこと、そして正安は、あとから来館した「河野広体(躰)、横山信六ノ諸氏」による熱心な「勧メ」もあって、ついに、「同意」をして計画に加わることになったこと、等々がわかる。

しかし、正安らの前途は、けっして甘いものではなかった。かれらの襲撃目標であった宇都宮の県庁開庁式の日取りが、当初の九月十五日から二十三日、さらには二十七日に予定延期となる間に、さきの小川町事件（九月十日）の全容が発覚し、河野、横山らの逮捕は、もはや確実な情勢となったからである。[4]

正安ら十六名の同志が、警察当局の捜査の手がのびる前に、急拠、有為館を離れる決意をかため、加波山に向かうことになったのは、その直後の九月二十二日夕刻のことであった。メンバーのひとり天野市太郎は、この点につき、次のように供述している。[5]

本月十五日ノ開庁式ハ九月廿三日ニ延ヒタルノ風説ヲ聞キ、同日ヲ待チ受ケタルニ、猶廿七日ニ延行相成タルコトヲ聞キ、同日コソ我々義挙ノ秋ナリト心窃ニ期シ居タルニ、図ラサルモ河野、横山等ハ東京ニ於テ何カ犯罪発覚、為メニ下館分署ヨリ逮捕官吏出張スルト云フコトヲ聞キ、果シテ有為館ニ右等官吏ニ進入セラルレハ、弾丸モアリ陰謀露顕スルコトハ必然ノコトト察シ、同廿二日夕刻有為館出立……。

元来、大規模な挙兵論者であった正安が、なぜこのような小規模な武装蜂起にくみしたのか。事態が切迫していたとはいえ、かれの行動には理解に苦しむところがある。野島幾太郎『加波山事件』をみると、その一節に「或る人評して曰、富松氏の此の革命に加盟せしは、恰も彼の南州翁が私学校に要せられたる形跡に似て、酷だ相似たりと。夫れ或は然らん歟[6]」とあるが、正安の置かれた立場は、まさに、西郷南州が私学校生徒と行動をともにせざるをえなかった立場と「酷だ相似た」状況下にあったのかもしれない。

九月二十三日朝、加波山々上に蜂起した正安ら十六名は、同山々上に「圧制政府転覆」「自由ノ魁」などと書いた旗を掲げたり、加波山神社の参拝客に檄文を配布するなど気勢をあげ、さらに同日夜には、「金穀等ヲ掠奪センカ為メ町屋分署ヲ襲フコト」を「評決」し、河野広躰、三浦文治など十名が、いったん山を下り（富松正安、琴田岩松ら六名は、山頂にかがり火を焚いて待機）、爆弾を爆発させて町屋分署内に侵入、「洋剣及ヒ刀剣、外套、帽子、提灯及ヒ蝙蝠傘三本、金員若干、横山信六・河野広躰逮捕状」などを「掠奪」(7)する行動をおこした。

九月二十四日になると、同志のなかから「此儘此処ニ囲マレテ空シク死スルハ実ニ遺憾」、「栃木ノ監獄署ヲ破リ、囚徒ヲ率ヒ東京ニ出テ政府ヲ襲」うべきであるとの声が起こり、一同「評議」の結果、富松ら同志十六名は、同日夜加波山を下り、栃木をめざすことになった(8)。

しかし、加波山周辺は、すでに警察の大包囲網が敷かれており、かれらは、下山するとまもなく、長岡畷付近において警察隊と大規模な戦闘をまじえることになった。いわゆる「長岡畷の戦」とよばれるものが、これである。この日の模様について、杉浦吉副は、次のようにのべている(9)。

> 翌廿四日ハ警吏ノ来ラサルヲ以テ、同夜一同評議ノ上、栃木県へ赴カント人足三人ヲ雇ヒ爆裂丸ヲ背負ハセ、自分等拾六人ハ各自刀剣類及ヒ爆裂丸ヲ携へ、該山ヲ下リタル処、警吏多人数出張スルニ邂逅シ、直チニ爆裂丸ヲ投シタル処、巡査ノ内即死壱名、尚警吏ノ内負傷者数多アリタル様子、此時党類平尾八十吉ハ殺サレタリ。警吏ハ恐レタルヤ一同逃去リタルヲ以テ、自分等拾五人ハ元村戸長方へ行キ、脅迫シテ飯ヲ炊カセ喫喰致シタル上、裏道ヨリ天(雨)引山ノ下ヲ通リ、アル山中ニ入リ夜ヲ明シタリ。……其山ニテ休憩中、離散セシトノ議発リシカ、鬼怒川ヲ越ヘテ離散スルコトニ決シタリ。

これをみると、警察官隊側に「即死壱名」「負傷者数多」の被害があり、他方、加波山決起者側も「平尾八十吉」

を失うという大きな打撃をうけたこと、そして正安ら十五名は、「天(雨)引山ノ下」を通って、「アル山中」（塙村と小林村の間の山中）に逃れ、「夜ヲ明シ」たこと、また、「其山ニテ休憩中」（九月二十五日早朝）、同志のなかから「離散セシトノ議」が起こり、相談の結果「鬼怒川ヲ越ヘテ離散スルコト」に決定したこと、等々がわかる。

河野広躰の供述書をみると、[10]「離散」の決定については、当初、異論もあったらしい。しかし、かれらの意見は、最終的には、「再挙」を前提とした「離散」をすることで、ようやく一致をみることとなったのである。かれらが再挙を約束して解散したことにつき、正安は、のちの公判廷において次のように供述している。[11]

小栗村ヲ経テ鬼怒川ヲ渡リ、此所ニテ、是レヨリ以前ニ約シタルカ如ク、仮令一時ハ解散スルモ、鉄石ノ心肝ハ磨クトモ磷ス可ラス、松柏ノ節操ハ窮スルトモ移ル可ラストテ、各十月廿五日ヲ期シ東京ノ飛鳥山ニ密会シ以テ再挙ヲ謀ラン、先ツ其レ迄ハ各地ニ潜ミ各其準備ヲ為スヘシト、互ニ既往ヲ笑ヒ将来ヲ楽ミテ離散セリ。

かくして、明治十七年九月二十五日、かれらは、「鬼怒川ヲ渡」ったところで「十月廿五日」に「東京ノ飛鳥山ニ密会」し、「再挙」することを約束して「離散」した。「飛鳥山」での「再挙」は、事件関係者のあいつぐ逮捕により、結局、実現をみないままにおわったが、加波山決起者たちは、なおこの時点においても期するところがあったのである。

正安が逮捕されたのは、明治十七年十一月三日未明のことであった。正安は他の共犯者と別れたあと、玉水嘉一とともに東京に逃れ、それより一人で房州行の汽船に乗って千葉県安房国安房郡那古に渡り、十月二日から約一カ月間、自由党員佐久間吉太郎等にかくまわれた。[12]しかし、かれは、再び東京に出るため、市川の渡船場にいたり、付近の木賃宿に宿泊中、市原郡姉カ崎交番の巡査の取り調べをうけ、ただちに八幡分署に護送されることになったのである。正安の逮捕をつたえる警視総監大迫貞清より司法卿山田顕義宛上申書は、次の通りである。[13]

茨城県暴徒巨魁富松正安本日午前一時千葉県千葉警察署八幡分署ノ手ニテ就縛相成リシ電報有之候条此段不取敢

上申候也。

明治十七年十一月三日

警視総監　大迫貞清

司法卿　山田顕義殿

加波山上に蜂起した者のうち、正安と原利八以外は、この時点ですべて逮捕されていたから、正安の逮捕によって残る未逮捕者は、原ただ一人となった。ちなみに、原は、明治十八年二月四日、福井県足羽郡で捕縛されている。(14)

（1）稲葉・前掲『加波山事件関係資料集』一九一頁。
（2）富松正安が中心となって下館に建設された有為館の開館式がおこなわれたのは、わずか九日前の明治十七年九月五日のことである。同館は、仮普請ながらも、東京有一館の分館として設立され、下館地方唯一の道場として、大きな期待がもたれていた。ちなみに、開館式に各地より参集した党員数は、三百人を越えたといわれる（玉水常治『自由か死か』昭和十一年、三頁）。
（3）「富松正安氏公判傍聴筆記」『千葉新報』明治十九年六月二十六日付。
（4）（5）稲葉・前掲『加波山事件関係資料集』二一七頁。
（6）野島・前掲『加波山事件』二〇七頁。
（7）稲葉・前掲『加波山事件関係資料集』二〇〇頁。
（8）「茨城県暴動事件書類」五、『茨城県史料』近代政治社会編Ⅲ、昭和六十二年、三六七頁。
（9）稲葉・前掲『加波山事件関係資料集』二〇一頁。
（10）前掲書・二四〇頁。
（11）「富松正安氏公判傍聴筆記」『千葉新報』明治十九年六月三十日付。
（12）佐久間らの富松正安隠匿事件については、拙稿「明治十七年・加波山事件の附帯犯について」手塚豊編『近代日本史の新研究』第Ⅷ巻、平成二年、三六頁以下を参照されたい。
（13）「茨城県暴動事件書類」三、前掲『茨城県史料』近代政治社会編Ⅲ、二三七頁。
（14）拙稿「加波山事件の裁判について」手塚豊編『近代日本史の新研究』第Ⅵ巻、昭和六十二年、九二頁。

四　その裁判

明治十七年十月四日、司法卿山田顕義は、㈠加波山事件の裁判は、逮捕地の裁判所でおこなう。㈡予審終結前に事前協議をおこなう、との二方針を指令した。[1] 加波山事件の予審は、このような指令にもとづき、千葉、東京、栃木、甲府の各軽罪裁判所で分割しておこなわれることになり、千葉県下で逮捕された富松正安の場合、千葉軽罪裁判所の予審に付されることになったのである。

しかし、各軽罪裁判所における実際上の取り調べは、まちまちであり、大きな食い違いが生じることになった。すなわち、この事件を千葉軽罪裁判所は兇徒聚衆事件、甲府軽罪裁判所は国事犯事件、東京、栃木両軽罪裁判所は強盗殺人事件とみなすなど、その取り調べ方針は、各裁判所ごとに大きく異なることとなったのである。十二月十一日、司法省が「同一事件」で「区々ノ取調」がおこなわれては「不都合」との立場から、各軽罪裁判所に対し、被告を強盗殺人罪で処断すべきことを指令、[2] 露骨な介入をおこなったのは、このためである。

富松正安に対する千葉軽罪裁判所の予審審理（判事補岩倉重武）は、明治十七年十一月十九日から、同十八年一月十九日までの間、合計七回にわたっておこなわれ、[3] 同年三月十六日、ようやく終結した。予審終結言渡書をみると、決定は、まさに司法省の指令通りに、正安の行為を「犯した罪を免かれるための故殺」と認定するものであり、事件を「千葉重罪裁判所へ移す」[4] ことを言い渡すものであった。

千葉軽罪裁判所の予審決定を不服とする正安は、ただちに千葉軽罪裁判所会議局に故障の申立てをおこない、それが却下されるとさらに大審院へ上告するなど、徹底的にこれに抵抗した。正安が、その「上告趣意追申書」のなかで「未タ嘗テ強盗ヲ為サント共謀シタルコト無ク、又巡査ヲ殺サント共謀シタルコト無シ」「共謀セシハ只タ政治ヲ改革セント共謀シタル事アルノミ」[5]と述べているごとく、みずからの犯罪は常時犯ではなく国事犯であり、高等法院の管轄に属するというのが、かれの主張の主眼であったのである。

しかし、八月十八日、大審院は、正安の申立てを却下した。正安の主張は「被告カ自ラ内乱ノ目的ニ出シ所為ナリト主張スル」ものにすぎず、予審掛が「逮捕ノ地」すなわち「千葉重罪裁判所ニ移スノ言渡シ」をおこなったことは、「固ヨリ当然ノ処分」[6]というのが上告審の判断であった。

かくして、予審手続きの一切が終了したので千葉重罪裁判所検事塩野宜健は、九月二十一日、千葉重罪裁判所長岡村為蔵宛に富松正安の公訴状を提出した。[7]これをうけて千葉重罪裁判所の公判がはじまったのは十月十五日のことである。この日の公判開始をつたえる『朝野新聞』の記事は、次の通りである。[8]

曾て報道せし通り加波山暴徒の巨魁なる富松正安の公判は去る十五日前十時より千葉重罪裁判所に於て開かれたり。裁判長は岡村判事、陪席は河村判事、木村判事補、検察官は塩野検事、次席は山本検事補、書記は今尾氏にて富松の代言人は板倉中なりき。当日は管轄違の弁論にて十一時過となり遂に此裁判は明日にすべしとて退庁を命ぜられしが傍聴人は無慮六七十人の多きに及び公庭(廷カ)は傍聴人充満せり。富松の身装は羽織を着し白足袋を穿き中々元気の有様なりしと云ふ。其管轄違の申立等は東京重罪裁判所の被告人等と大同小異に付之を略し、稍や情を異にする個条を摘むで追々之を記載すべし。

これをみると、正安は、公判がはじまるとすぐに、管轄違いの申立てをおこなったこと、そのためこの日は、実質上、審理をおこなうことができなかったことなどがわかる。正安の管轄違いの申立ては、翌十六日、却下されたのであるが、[9]これを不服とする正安は、さらに上告をしたため、千葉重罪裁判所の公判は、開廷後二日にしてはやくも中断することになったのである。

大審院が、正安の管轄違いの申立てを理由なきものとしてしりぞけたのは、十一月三十日のことであり、[10]実際に千

葉重罪裁判所の公判が再開されたのは、十二月二十一日のことである。(11)

しかし、正安は、右の上告棄却判決にも満足せず、かれは、千葉重罪裁判所の公判が再開されると、さらに第二回目の管轄違いの申立てをおこなった。正安の管轄違いの申立ては、新証拠を提示するものではなく、従来の主張の繰り返しにすぎなかったから、かれの申立てがみとめられる可能性は、ほとんどなかったといわねばならない。にもかかわらず、かれがあえてそのような行動をとったのは、法廷闘争を通じて国事犯としての心意気を少しでも内外に示そうとしたからではなかろうか。かれの第二回目の管轄違いの申立ては、予想通り、まず十七年十二月二十三日、千葉重罪裁判所で棄却となり、(12)ついで明治十九年四月十九日、大審院における上告審でも「国事犯ナルヲ以テ管轄違ナリト主張スルハ即チ同一ノ事柄ニ対シ再ヒ上告ヲ為シタル者ニ過キサレハ本按上告ハ無論成立セサルモノ」との判断が示され、棄却となった。(13)

かくして被告側の第二回目の管轄違いの申立てがしりぞけられたことにより、中断されていた公判は、あらためて再開されることになった。千葉重罪裁判所の公判が再開されたのは、明治十九年六月二十一日のことであった。再度の公判再開をつたえる『千葉新報』の記事は、次の通りである。(14)

前号に記したる通り昨廿一日より千葉重罪裁判所に於て加波山事件の巨魁なる富松正安の公判を開かれたり。裁判長は河村判事、陪席は安藤鈴木の両判事補、検察官は塩野検事、書記は塩野谷(谷)芝沼の両書記にして弁護人は代言人板倉中氏なり。当日午前第十時三十分開廷、公訴状朗読の后ち事実の訊問に掛り正午になり一時休憩、午後より又訊問に取り掛られたり。委細は次号。

これをみると、裁判長が判事岡村為蔵から判事河村幸雄にかわり、陪席も判事河村幸雄、判事補木村信俊の両名から判事補安藤守忠、判事補鈴木一の両名にかわったこと、また、この日の公判では、公訴状の朗読、事実の訊問などがおこなわれたことなどが判明する。

なお、この日の公判の冒頭、正安は、とくに発言をもとめ、加波山事件の意義とみずからの行動の真意について、次のような熱弁をふるっている[15]。

他ノ被告等ト共ニ加波山ノ挙ニ及ヒタルハ、愛国憂民ノ情ニ出テタルコトニテ、被告ハ常ニ自由ノ滅亡ヲ歎シ、人民ノ疾苦ヲ悲ミ、国権ノ枉屈ヲ憤リ、之レカ救済ニ尽力スルモ、当路政務官ノ無稽ナル徒ニ圧虐ヲ行ヒ、最早平穏ナル手段ニ依テ政治ヲ改良スルノ望絶ヘ果テタルヲ以テ、則チ事曲ヲ腕力ニ訴ヘテ決セント檄ヲ飛ハシテ四方義士ノ応援ヲ促シタル次第ニテ、其趣意ハ檄文ニ明カナリ。而シテ政府ヲ転覆シタル上ハ明治十四年ノ詔ノ趣意ヲ遵奉シ、善美ナル立憲代議ノ政体ヲ設立シ、国会ヲ開キ朝野ノ全力ヲ集メテ、以テ外条約ヲ改正シ、内自由ヲ伸張シ、国民ノ疾苦ヲ救ヒ西洋各国ト対峙シテ独立国ノ体面ヲ全フセント期セリ。

これをみると、正安は、「愛国憂民ノ情」から「腕力」による政府転覆を決意したこと、「政府ヲ転覆」した後は、「明治十四年ノ詔ノ趣意」を「遵奉」し、「善美ナル立憲代議ノ政体」を確立し、「国会」を開設しようとしていたこと、そして「朝野ノ全力」をあつめ、対外的には「条約ヲ改正」し、対内的には「自由ヲ伸張シ、国民ノ疾苦」を救うことをめざしていたこと等々を述べ、みずからが政治犯であることをあらためて強調したことがわかる。すなわち、正安の立場からすれば、いまや罪をまぬがれることよりも、まさに右記のごとき主張を法廷で展開することの方がはるかに価値のあることであったのである。

明治十九年七月三日、千葉重罪裁判所において正安に対する判決が言い渡された。それは検察側の主張をほぼ全面的にみとめたものであり、きわめてきびしいものであった。判決書より量刑を宣告する部分を摘記するならば、次のごとくである[16]。

之ヲ法律ニ照スニ第一第六ノ所為ハ刑法第三百七十八条人ヲ脅迫シ又ハ暴行ヲ加ヘテ財物ヲ強取シタルモノハ強盗ノ罪トナシ軽懲役ニ処ス同第三百七十九条強盗左ニ記載シタル情状アルモノハ一個毎ニ一等ヲ加フ一二人以上

共ニ犯シタルトキ凶器ヲ携帯シテ犯シタルトキ同第六十七条重罪ノ刑ハ左ノ等級ニ照シテ加減ス一死刑二無期徒刑三有期徒刑四重懲役五軽懲役トアルニ照シ被告ハ二人以上凶器ヲ携帯シタルヲ以テ本刑軽懲役ニ二等ヲ加ヘ有期徒刑ニ該ル第二第三ノ所為ハ刑法第百五条人ヲ教唆シテ重罪軽罪ヲ犯サシメタル者ハ亦正犯ト為ス及同第三百七十八条同第三百七十九条同第六十七条ニ依リ有期徒刑ニ該ル第四ノ所為ハ刑法第百五条同第三百七十八条同第三百七十九条及同第百十二条罪ヲ犯サントシテ已ニ其事ヲ行フト雖トモ犯人意外ノ障礙若クハ舛錯ニ因リ未タ遂ケサルトキハ已ニ遂ケタル者ノ刑ニ一等又ハ二等ヲ減ス同第百十三条重罪ヲ犯サントシテ未タ遂ケサル者ハ前条ノ例ニ照シテ処断ストアルニ該ル第五ノ所為ハ刑法第百四条二人以上現ニ罪ヲ犯シタルモノハ皆正犯ト為シ各自ニ其刑ヲ科ス而シテ其警吏ヲ故殺シタルハ同第二百九十六条重罪軽罪ヲ犯スニ便利ナル為メ又ハ已ニ犯シテ其罪ヲ免カル、為メ人ヲ故殺シタル者ハ死刑ニ処スルトアルニ該リ其警吏ヲ傷創セシメタルハ同第二百九十六条同第百十二条同第百十三条ニ該ル第七ノ所為ハ刑法第百四条及同第百三十九条官吏其職務ヲ以テ法律規則ヲ執行シ又ハ行政司法官署ノ命令ヲ執行スルニ当リ暴行脅迫ヲ以テ其官吏ニ抗拒シタル者ハ四月以上四年以下ノ重禁錮ニ処シ五円以上五十円以下ノ罰金ヲ附加スルトアルニ該ル斯ク数罪併発ニ係ルヲ以テ刑法第百条重罪軽罪ヲ犯シ未タ判決ヲ経ス二罪以上倶ニ発シタルトキハ一ノ重キニ従テ処断ストアル法章ヲ適用シ一ノ重キ第二百九十六条ヲ当行シ処断スヘキモノトス

右ノ事実及法律ノ理由ニ依リ被告富松正安ヲ死刑ニ処断ス

要するに、判決は、被告の七項目の所為のうち、第五の「其警吏ヲ故殺シタル」所為が、「罪ヲ免カル、為メ人ヲ故殺シタル者」に該当すると認定し、被告に刑法第二九六条を適用、「死刑」を言い渡すものであった。

判決を不服とする正安は、ただちに大審院へ上告した。八月四日に大審院で開かれた公判の模様について、『朝野新聞』は、次のように報じている(17)。

加波山事件暴徒富松正安氏の上告事件は、昨日前九時十分より大審院に於て開かれたり。裁判長は池田弥一氏、専任判事は河口評定官、陪席は土師、谷津、山本の三評定官にて、検察官は川目亨一氏、又上告代言人は仁杉英氏にて其上告せし趣意は、一昨日開かれたる同暴徒の上告事件と同じく、刑法第二百九十六条を適用し共謀故殺を以て論じたるは不当の裁判なりと云ふにありて、上告代言人と検察官との間に数回の弁論あり。裁判長は追て宣告すべき旨を告げ同十時比（頃）閉廷せられたりと。

明治十九年八月十二日、大審院の判決が言い渡された。判決は、「上告趣旨及ヒ拡張論旨トモ総テ相立サルモノ」との判断を示し、上告を棄却するものであった。すなわち、「十数人ヲ故殺ノ共犯トナシ、刑法第百四条ヲ誤用シ共ニ同一ノ刑ニ処シタルハ不法」「国事犯ヲ常時犯トシ、被告カ関セサルコトヲ教唆トシ、朋友間ノ相議ヲ強盗トナシタルハ不法」との正安側の主張は、いずれも、理由なきものとしてしりぞけられ(18)、その量刑は「死刑」に確定することとなったのである。

(1) 前掲・拙稿「加波山事件の裁判について」手塚豊編『近代日本史の新研究』第VI巻、九八頁。
(2) 前掲論文、九九頁。
(3) 千葉軽罪裁判所における予審審理は、明治十七年十一月十九日、十一月二十四日、十二月三日、十二月八日、十二月二十四日、十八年一月九日、一月十九日の合計七回おこなわれている。十七年十二月二十四日の取り調べは、夷隅事件に関連するものにすぎず、強盗殺人事件としての取り調べがおこなわれたのは、十八年一月九日と一月十九日の二回である（稲葉・前掲『加波山事件関係資料集』四四二頁―四四八頁）。
(4) 「予審終結言渡書」稲葉・前掲『加波山事件関係資料集』四七七頁。
(5) 「上告趣意追申書」稲葉・前掲『加波山事件関係資料集』四八二頁。
(6) 拙稿「加波山事件大審院判決書」『法学論集』第三七号、昭和六十三年三月、八〇頁―八四頁。
(7) 「公訴状」稲葉・前掲『加波山事件関係資料集』四八四頁―四八六頁。
(8) 『朝野新聞』明治十八年十月十八日付。
(9)(10) 前掲・拙稿「加波山事件大審院判決書」『法学論集』第三七号、八四頁―八六頁、稲葉・前掲『加波山事件関係資料集』四九〇頁―四九一頁。
(11) 前掲『茨城県史料』近代政治社会編III、二二九頁。

(12)「公判始末書抜萃」稲葉・前掲『加波山事件関係資料集』四九一頁。
(13)前掲・拙稿「加波山事件大審院判決書」『法学論集』第三七号、一〇二頁—一〇四頁。
(14)『千葉新報』明治十九年六月二十二日付。
(15)「富松正安氏公判傍聴筆記」『千葉新報』明治十九年六月二十六日付。
(16)「裁判言渡書」『千葉新報』明治十九年七月七日付、稲葉・前掲『加波山事件関係資料集』四九四頁—四九六頁。
(17)『朝野新聞』明治十九年八月六日付。
(18)前掲・拙稿「加波山事件大審院判決書」『法学論集』第三七号、一〇二頁—一〇四頁。

五　むすび

明治十九年十月五日、千葉県寒川監獄署内で、富松正安の死刑が執行された。[1]『千葉新報』は、正安の死刑執行について、次のような記事を掲載している。[2]

加波山事件の巨魁なる富松正安氏が、県下市原郡姉ケ崎に於て捕へられ、寒川の獄に繋がれしは明治十七年十一月の三日にて本年本月迄実に廿四ケ月を経過せり。其間獄窓に呻吟し屢々法衙に引出されつゝ取調を受けし末死刑と決し愈々昨五日を以て聞くも寒烈けき寒川なる監獄署内絞台の下に三十九年を一期とし朝露と消えしは是非もなき。此日執行の模様を聞くに午前九時、氏は黒羽二重の着物に同じ紋付羽織を着、角帯を締め、白足袋を穿き、看守一人押丁二人とに護せられて刑場に引入られ、絞台に登りたるは同十五分なり。バタンの音と倶に本人の体の下りしより十二分間にして息全く絶えたり。本人は覚悟のことゝ見へ平常に変らざりしと云へり。又当日参観として臨まれしは小林警部長始め警官等数十名なり。本人の遺体は実弟なる茨城県下真壁郡下館町四番地富松緑氏が許可を得て引取り棺に納れて即日故郷に持ち帰へられたり。又本人時世の詩歌もありと云へば得るに随ひ登録すべし。

これをみると、正安は「黒羽二重の着物に同じ紋付羽織を着、角帯を締め、白足袋を穿」いて、「看守一人押丁二人」に付き添われて刑場にのぞんだこと、また、処刑後、遺骸をひきとったのは、富松緑（正安の実弟）であり、「即日故郷」の茨城県真壁郡下館町に運ばれたこと等々が判明する。もっとも正安が刑場にのぞんだ服装については、板倉中（正安の弁護人、自由党員）より贈られた「白無垢の重ね着」とする説もあり[3]、真相はよくわからない。現在、下館市の曹洞宗妙西寺には、正安の墓碑と富松家累代の墓がある[4]。

正安の民権家としての業績は、自由党結成時からのもっとも熱心な活動家として、その生涯を自由民権運動のために捧げたことにもとめられるであろう。かれが下館地方ではたした啓蒙活動、自由党の党員としての活動、そしてなによりも急進的自由民権運動家として加波山事件をひきおこした行動の詳細については、すでにくわしく述べた通りである。

ところで、正安をはじめ加波山事件関係者が、国事犯としてではなく、常時犯として処断されたことについては、その後、多くの人々の同情をあつめることになった。たとえば『下野日日新聞』の「社説」（明治三十一年七月二十一日付）は、次のように述べている[5]。

……此の一挙たる元より過激に失したるには相違なしと雖も、詮じ来れば義侠の始末たるに外ならず。強ち一概に非難し去るべきものにも非らざる也。……此同盟中の生者は誠意後ちに天に通じて難有くも特赦の恩命を拝したり。然るに同盟の一半たる枯骨の部分は今や果して奈何。……鯉沼九八郎氏は此の枯骨をして等しく聖恩に霑はしめんと欲し、特赦復権の請願に就て奔走中なりと。吾が県下の士、希くは其の全部を挙げて鯉沼氏の此の美挙を賛けよ。彼の夏草の茫々たる墓田の下に未だ瞑目し得られざる所の枯骨は、即ち公の為めにも立憲的の大恩人に非らずや。

右の「社説」中にみえる鯉沼九八郎の「枯骨」（死者）に対する「特赦復権の請願」は、結局、成就しないままにおわったが、正安らの名誉を回復しようとする動きは、その後もけっして衰えることはなかった。

明治四十三年二月、茨城県真壁郡下館町長大内逵三郎ほか三十名は、加波山事件殉難志士表彰の請願書を衆議院に提出した。請願書の提出をつたえる『東京日日新聞』の記事は、次の通りである。[6]

去る明治十七年、茨城県下加波山に起れる所謂加波山事件殉難の志士に対し、下館町長大内逵三郎外三十名は、代議士内藤魯一、武藤金吉、村野常右衛門、小久保喜七、佐々木安五郎、平島松尾、大津淳一郎外数代議士の紹介を以て、右国事犯者表彰の請願書を衆議院に提出したり。

これをうけて、小久保喜七、森久保作蔵、平島松尾の三名の衆議院議員は、加波山事件関係者の名誉回復を直接的な目的とする「加波山事件殉難志士表彰ニ関スル建議案」を衆議院に提出した。同建議案は、「加波山事件殉難志士表彰ニ関スル建議案委員会」（委員長小久保喜七）に付託され、同委員会の審議をへて、衆議院本会議にかけられることになったのである。

三月五日、衆議院本会議は、ついに右建議案を満場一致をもって可決した。[7] 常時犯で処断された正安らの名誉は、ここに、ようやく回復されることになったのである。正安らが刑死してから、二十三年五カ月後のことであった。

（1）この事件で死刑を言い渡されたのは、富松正安、横山信六、三浦文治、小針重雄、琴田岩松、杉浦吉副、保多駒吉の七名であるが、このうち横山は病没したため、実際に死刑が執行されたのは、横山をのぞく六名である。
（2）『千葉新報』明治十九年十月六日付。
（3）井桁三郎『巨星春峰板倉中小伝』昭和五十八年、九頁。
（4）『妙西寺四百年史』昭和五十六年、一七頁。
（5）野島・前掲『加波山事件』二三頁―二七頁。
（6）『東京日日新聞』明治四十三年二月十四日付。
（7）『官報』号外、明治四十三年三月六日付。

第五章　有罪確定後の加波山事件関係者

一　はしがき

明治十七年九月、自由党急進派の富松正安、河野広躰ら十六名が、内乱陰謀の目的をもって茨城県真壁郡加波山に蜂起した、いわゆる加波山事件については、古くから多数の文献が公刊されている。なかでも、野島幾太郎『加波山事件』（明治三十三年）、関戸覚蔵『東陲民権史』（明治三十六年）、田岡嶺雲『明治叛臣伝』（明治四十二年）、小久保喜七「加波山事件」(1)（大正九年）、額田要三郎『五十川元吉と加波山事件』（昭和四年）、林基「加波山事件七〇周年」(2)（昭和二十九年）、大島太郎「加波山事件」(3)（昭和四十四年）、稲葉誠太郎『加波山事件関係資料集』（昭和四十五年）、遠藤鎮雄『加波山事件』（昭和四十六年）、供野外吉『獄窓の自由民権者たち』（昭和四十七年）、森長英三郎「加波山事件」(4)（昭和五十一年）、栃木県『栃木県史』史料編・近現代一（昭和五十一年）、田村幸一郎『加波山事件始末記』（昭和五十三年）、加波山事件研究会『加波山事件』（昭和五十四年）、三浦進・塚田昌宏『加波山事件研究』（昭和五十九年）、桐原光明『加波山事件と富松正安』（昭和五十九年）、高橋哲夫『加波山事件と青年群像』（昭和五十九年）、茨城県『茨城県史料』近代政治社会編Ⅲ・加波山事件（昭和六十二年）、等々の文献は、この事件を研究する場合の必読の文献になっているといえるであろう。

本章は、右記の諸文献にみちびかれつつも、近年、筆者自身が見いだした新たなる資料を追加し、これまでほとんど論じられたことがなかった事件関係者の有罪確定後の状況、とくに生存者の特赦出獄ならびに公権回復は、どのようになされたのか、また、獄死者と刑死者の名誉回復は、どのように行われたのか、といった問題につき、[5] 若干の卑見を述べようとするものである。いまだ不充分な一試論にすぎないが、大方のご叱正がえられるならば幸いである。

(1) 小久保喜七「加波山事件」㈠㈡㈢、『日本弁護士協会録事』第二四八号、第二五〇号、第二五三号、大正九年一月、三月、六月。
(2) 林基「加波山事件七〇周年」『歴史評論』第五九号、昭和二十九年九月、五四頁—六九頁。
(3) 大島太郎「加波山事件」日本政治裁判史録・明治・後、四三頁—六七頁。
(4) 森長英三郎「加波山事件」『法学セミナー』第二五二号、昭和五十一年四月、六〇頁以下。
(5) 供野外吉『獄窓の自由民権者たち』（昭和四十七年）、野島幾太郎『加波山事件』（平凡社覆刻版、昭和四十一年）に付された遠藤鎮雄氏の「解説」などは、この点に言及した数少ない文献である。しかし、事件関係者全体に言及した文献は、いまだみあたらない。

二　刑死者

明治十九年七月三日、千葉重罪裁判所（裁判長河村幸雄、陪席安藤守忠、同鈴木一）、東京重罪裁判所（裁判長小松弘隆、陪席永井岩之丞、同伊藤悌治）、栃木重罪裁判所（裁判長天野正世、陪席弓削元健、同久徳知礼）、甲府重罪裁判所（裁判長鶴峯申敬、陪席田原正斎、同早川定一）の四裁判所は、加波山事件関係者二十三名全員に対し、一斉に、有罪判決を言い渡した。一部被告は、大審院へ上告をおこなったものの、全員が上告棄却となり、その量刑は、第一審判決通りに確定した。いま、事件関係者の量刑を掲げるならば、次の通りである。[1]

富松正安（死刑）、横山信六（同前）、三浦文次（同前）、小針重雄（同前）、琴田岩松（同前）杉浦吉副（同前）、保多駒吉（同前）、草野佐久馬（無期徒刑）、五十川元吉（同前）、玉水嘉一（同前）、原利八（同前）、河野広躰（同前）、天野市太郎（同前）、小林篤太郎（同前）、鯉沼九八郎（有期徒刑十五年）、門奈茂次郎（有期徒刑十三年）、佐伯正門（重懲役十年）、大橋源三郎（重懲役九年）、栗原足五郎（軽禁錮三月、罰金十円）、神山八弥（同前）、内藤魯一（軽禁錮二月、罰金十円）、谷津鉄之助（同前）、山田勇治（軽禁錮二月、罰金五円）。

死刑判決を言い渡された七名の被告のうち、横山は、明治十九年九月三日、東京鍛冶橋監獄署で病死したため[2]、実際に処刑されることになったのは、富松、三浦、小針、琴田、杉浦、保多の六名である。

明治十九年九月三十日、司法大臣山田顕義は、刑法第一三条[3]の規定にもとづき、上記六名の死刑執行を命令した。死刑執行命令が出たことをつたえる『官報』の記事は、次の通りである[4]。

> 茨城県常陸国真壁郡下館町甲八十六番屋敷士族無職業保多駒吉（二十四年九月）ハ甲府重罪裁判所ニ於テ福島県磐城国行方郡岡和田村士族農杉浦吉副（三十九年五月）ハ栃木重罪裁判所ニ於テ茨城県常陸国真壁郡下館町四番地士族無職業富松正安（三十八年十月）ハ千葉重罪裁判所ニ於テ福島県岩代国耶麻郡米岡村二百八十九番地平民農六郎長男三浦文治（三十年十一月）福島県磐城国西白川郡中畑新田村字西浦九十四番地平民農鎮平長男小針重雄（二十二年一月）福島県磐城国田村郡三春町百二十四番地士族琴田岩松（二十四年五月）ハ東京重罪裁判所ニ於テ各々強盗数回其ノ罪ヲ免カル、為ニ人ヲ故殺シタル等ノ罪ニ依リ本年七月死刑ノ宣告アリ去月三十日孰モ執行ノ命令アリタリ

これをうけて、十月二日、まず、三浦、小針、琴田の三名の死刑が市ケ谷監獄署で執行された。この日の死刑執行の状況については『朝野新聞』の次の記事にくわしい。すでに大江志乃夫氏によって紹介された資料であるが、ここに再録しておく[5]。

> 前号に記るせし如く加波山暴徒なる三浦文治、小針重雄、琴田岩松の三名は、愈よ昨日を以て死刑を執行せらるゝ

こと〻なりたれば、早朝箱馬車にて看守押丁等に守護せられ市ケ谷監獄署に到着せり。同署には臨監としては警視庁より綿貫警視副総監及び警視官数名、東京鎮台軍法会議より判士三名出張し、臨検には東京重罪裁判所より検事山田喜之助氏書記長谷川巳喜馬氏、監獄署よりは典獄吉田六蔵氏等総て七十余名が出張し居れり。斯くて午前七時四十五分に至り三浦文治は白紙を以て目隠をされたるま〻押丁三名に扶けられ仮監を出で地上を歩する十五歩にして絞台の階梯段を上り絞台に登りしが暫くしてガタンの一ト音と共に垂下し十八分間にして全く息絶えたり。依て懸縄より下ろしたる後ち小針重雄の絞罪を執行せり。同人の仮監を出で絞台に登るまでは総て三浦文治に異ならず。同人は垂下せしより十五分間にて息絶えたり。次に琴田岩松も同様にて絞台に登り十四分間にて息絶え八時五十二分全く執行を終りたり。右三名の内にて何にやらん半紙に認め臨検の人に差出したるものありしと。扨て三名の死に就きし模様に付参観人の話を聞くに其の尤も勇ましく且挙動の活発なりしは小針重雄にして三浦文治は差して変りしことなく琴田岩松は家族のありし為め少しく落胆し居たる様見受けたりと云へり。右執行の終るや臨検の検事山田喜之助氏は直ちに司法大臣に其の趣を上申せられ死骸は引取人として出頭し居たる旧自由党員加藤平四郎、小勝俊吉の両氏外数名が市ケ谷薬王寺前町長慶寺に引取られ本日後三時より同寺出棺谷中天王寺墓地へ埋葬せらる〻と云ふ。嗚呼諸氏の如きは春秋猶少うして普通の教育を受け多少の資産を有し後来なすあるべき地位に立つものなるに一朝其方向を誤りたる為め遂に空しく強盗の名を帯びて刑場の露と消え果てしは惜しむべきことなり。

これにより、処刑は、「午前七時四十五分」にはじまり、三浦、小針、琴田の順序で執行され、その際、三浦は「差して変」わらず、小針は「活発」、琴田は「落胆」した様子であったこと、また、処刑後、三名の遺体は、旧自由党員加藤平四郎、小勝俊吉らの手により、いったん市ケ谷長慶寺に安置されたあと、その日のうちに東京「谷中天王寺墓地」(現在の東京都谷中霊園墓地)(6)に埋葬されたこと、等々がわかる。現在、谷中霊園墓地のほぼ中央部(甲八号

12側）には、獄死した横山とともに、三浦、小針、琴田の四名連名の墓碑が建っている。(7)

杉浦吉副の死刑が栃木監獄署内で執行されたのは、三浦らの処刑から三日後の十月五日のことであった。その状況をつたえる機密探偵報告書「栃木県ニテ杉浦吉副死刑執行ノ景況」は、次の通りである。(8)

去ル五日栃木旧自由党員榊原経武ヲ尋訪セシニ折節加波山事件被告人杉浦吉副死刑執行ノ際ニテ監獄ヘ遺骸引取トシテ出頭致シ居ルニ付同行ノ渡辺龍蔵ト同行、榊原及ヒ石沼佐一、田村金之助ニ面シ、右執行ニ付来参ノ主意ヲ述ヘシニ、何分至急ノ事ニテ一々報道ニ遑アラス、来ル十七日ヲ以テ追善会ヲ開キ有志一同集会ノ約ニテ、遂ニ同十二時遺骸ヲ受取、直ニ旭町万福寺ニ移シ、耶蘇信者（元監獄看守ニテ耶蘇ヲ信スル篤ク遂ニ其事務ヲ委任シ看守同額ノ給ヲ耶蘇カラ給スト云）一名玄関ニテ弔詞ヲ唱ヘ、一同焼香毛髪ヲ剪取（コレハ三春ヘノ持行ナリ）沐浴ヲモサセス葬送。会スルモノトテハ別段無之。僧侶読経ノ模様アリシモ探偵ラシキ一名参リ居リ且警部巡査ノ平服ニテ遠望スルモノアルカ為メニ読経ヲ止メ匆々埋瘞セリ。時ニ午後四時過キナリ。

これにより、十月五日に処刑された杉浦吉副の「遺骸引取」のため、栃木監獄署に出頭したのは、旧自由党員榊原経武、石沼佐一、田村金之助らであったこと、また、杉浦の「遺骸」は、万福寺に安置され、読経ののち、その日のうちに埋葬されたこと、等々がわかる。現在、栃木市旭町の真言宗万福寺には、「下毛有志」の手によって建立された墓碑がある。(9)

富松正安の死刑が執行されたのは、杉浦と同じ日の十月五日のことであった。千葉県寒川監獄署内でのかれの死刑執行の模様については、すでに本書第四章で言及したので、ここではくり返さない。

保多駒吉の死刑が、甲府監獄署で執行されたのは、杉浦、富松と同様、十月五日のことであった。かれの死刑執行の様子をつたえる資料は、残念ながらみあたらないが、他の監獄署における処刑とまったく同様であったことは、確実であろう。なお、保多の遺骸は、いったん甲府の有志者の手により市原直次方に引き取られたあと、小川定芳、小沢鋤輔、志村弥重郎、小田切謙明、新津健吉、長田伊佐、関野伝四郎、神山亮、板橋善四郎ら三十余名の有志の尽力により「善光寺」に葬られたといわれている。(10) 現在、保多の墓碑は、山梨県甲府市の浄土宗善光寺にあるが、(11) 郷里茨城県下館市の妙西寺にも、同様の碑が建立されている。

(1) 拙稿「加波山事件の裁判について——その経緯を中心に——」『近代日本史の新研究』第Ⅵ巻、昭和六十二年、一一六頁—一一七頁。
(2)『時事新報』明治十九年九月六日付は、「去る三日鍛冶橋監獄署に於て病死したる横山信六氏の屍体は門奈龍太郎氏等が引取一昨四日午後三時在京旧自由党員等の人々が谷中天王寺に送り、曩に福島事件にて苦役中病死したる田母野氏の墓側に埋葬したるよし」とつたえている。
(3) 明治十五年刑法第一三条　死刑ハ司法卿ノ命令アルニ非サレハ之ヲ行フコトヲ得ス。なお、十八年十月二十二日、「司法卿」は、「司法大臣」となった。
(4)『官報』第九八〇号、明治十九年十月五日付。
(5)『朝野新聞』明治十九年十月三日付、大江志乃夫「自由民権家の死刑場——赤井景韶・三浦文治・小針重雄・琴田岩松——」『歴史学研究』第五三二号、昭和五十九年九月、四〇頁。
(6) 谷中霊園墓地は、もともと天王寺の寺領で、明治七年、東京都の共同墓地となった(東京市編『東京案内』下巻、明治四十年、四八五頁—四八六頁)。東京都共同墓地となってからもしばらくの間は「谷中天王寺墓地」と呼称されたようである。
(7) これとは別に、三浦の故郷の福島県耶麻郡熱塩加納村の示現寺にも、「五郡有志」によって建てられた墓碑が、横山の墓碑とならんである。
(8) 稲葉誠太郎編『加波山事件関係資料集』昭和四十五年、五七六頁。
(9) 万福寺住職長沢弘隆氏のご教示によると、杉浦の死亡年月日は「明治十九年十月五日」であり、本文中に述べた死刑執行日と一致する。
(10) 前掲『東陲民権史』三六七頁。
(11) 善光寺住職吉原浩人氏のご教示によると、保多の死亡年月日は「明治十九年十月五日」であり、本文中に述べた死刑執行日と一致する。

三　獄死者

有罪が確定した事件関係者二十三名のうち、実際に獄中生活を送ることになったのは、病死した一名(横山)、刑死した六名(富松、三浦、小針、琴田、杉浦、保多)をのぞく十六名である。そして、明治十五年刑法によれば、「徒刑」は、「島地」に「発遣」されることになっていたから(第一七条)、上記十六名中、「徒刑」以上の九名(草野、五十川、玉水、原、河野、天野、小林、鯉沼、門奈）は、北海道送りとなったものと考えられる。ちなみに、北海道送りとなった関係者の「獄署ノ経由」は、次の通りである。(1)

▽草野佐久馬　石川島監獄↓東京仮留監↓明治二十年三月宮城仮留監↓同二十二年九月樺戸集治監
▽五十川元吉　石川島監獄↓東京仮留監↓明治二十年七月宮城仮留監↓同二十二年九月樺戸集治監
▽玉水　嘉一　石川島監獄↓明治十九年十一月十九日空知集治監
▽原　利八　同前
▽門奈茂次郎　同前
▽小林篤太郎　同前
▽河野　広躰　明治十九年七月七日栃木監獄↓同十九年七月十二日東京仮留監↓同十九年十一月十九日空知集治監
▽天野市太郎　同前
▽鯉沼九八郎　同前

ところで、加波山事件関係者の獄中生活において、注目すべきは、事件関係者多数が獄中死しているという事実である。獄中死した人々の氏名については、文献により異同があるが、(2)栃木重罪裁判所公判開始前に死亡した山口守太郎(3)をふくめると、その数は、次の四名にのぼる。いま、ここで獄中死した人々の氏名、死亡年月日、死亡場所等々を表示するならば、次のごとくである。

氏名（確定判決）	死亡年月日	死亡場所	墓所（戒名・法名）
山口守太郎(4)（未決）	明治十八年八月二十六日	栃木県監獄署栃木支所	福島県田村郡三春町紫雲寺（顕正院義政隆閣居士）
横山信六(5)（死刑）	明治十九年九月三日	東京府鍛冶橋監獄署	東京都谷中霊園、福島県耶麻郡熱塩加納村示現寺（深真院仁誉重義居士）
原利八(6)（無期徒刑）	明治二十二年三月二十七日	北海道空知集治監	福島県耶麻郡下柴村小松地区共同墓地（不　明）
大橋源三郎(7)（重懲役九年）	明治二十五年八月五日	栃木県宇都宮監獄署	栃木県下都賀郡都賀町長福寺（大源院自岳義由居士）

（1）供野外吉『獄窓の自由民権者たち』昭和四十七年、二三頁―二四頁、『栃木県史』史料編、近現代一、昭和五十一年、七七五頁―七七八頁。
（2）たとえば、前掲『自由党史』は、山口守太郎、横山信六の両名を掲げ（岩波文庫版・下巻、三八八頁）、前掲『東陲民権史』は、大橋源三郎、原利八、横山信六、山口守太郎の四名を掲げている（三四九頁、三五〇頁、三七七頁、三九二頁）。
（3）前掲・拙稿「加波山事件の裁判について――その経緯を中心に――」『近代日本史の新研究』第Ⅵ巻、一一〇頁。
（4）山口守太郎の死亡年月日等は、福島県田村郡三春町の浄土宗紫雲寺住職佐藤正昭氏のご教示による。
（5）横山信六の死亡年月日等は、福島県熱塩加納村の曹洞宗示現寺住職斎藤智兼氏のご教示による。
（6）原利八の死亡年月日、墓所等は、原禎嗣氏のご教示による。
（7）大橋源三郎の死亡年月日等は、栃木県都賀郡都賀町の曹洞宗長福寺住職皆川隆司氏のご教示による。前掲『東陲民権史』によれば、大橋源三郎の死亡年月日は「明治二十五年十月」（三五〇頁）であるが、ここでは皆川隆司氏のご教示にしたがった。

四　満期出獄者

加波山事件関係者のなかで、満期出獄者は、犯人隠匿の罪で軽禁錮三月、罰金十円を言い渡された栗原足五郎、神山八弥、軽禁錮二月、罰金十円を言い渡された内藤魯一、谷津鉄之助、軽禁錮二月、罰金五円を言い渡された山田勇治の五名である。

かれらはいずれも明治十九年七月三日、東京重罪裁判所で有罪判決を言い渡されたあと、大審院へ上告することなく、ただちに服罪しているから、かれらの刑期の起算日は、七月三日と考えてまちがいないであろう。

明治十九年九月一日、まず、上記五名のうち、「軽禁錮二月」の内藤、谷津、山田の三名が満期出獄した。明治十五年刑法によれば、「受刑ノ初日」は、「一日ニ算入」し、「放免ノ日」は、「刑期ニ算入セス」、また、「一月ト称スル」は、「三十日」とかぞえることになっており（第四九条）、刑期から計算すると、まさに、この「九月一日」こそ、かれらの出獄予定日であったのである。この日、内藤、谷津、山田の三名が出獄したことについて、『朝野新聞』は、次のようにつたえている。(1)

> 加波山暴徒附帯犯にて久しく幽窓の下に繋がれ居たる内藤魯一、谷津鉄之助、山田勇次郎(治)の三氏は昨日満期にて無事出獄せられたるに付旧自由党員三十余名は同日呉服橋外の柳屋に集会し出獄の三氏を迎へて無事を祝されし由。

ついで、同十月十一日、のこる栗原、神山の両名が満期出獄した。二人の満期出獄について、『時事新報』は、次のように報じている。(2)

> 加波山事件の附帯犯にて軽禁錮に処せられ服役中なりし神田(山)八弥、栗原足五郎の両氏は満期にて昨日出獄したり。

これをみると、神山、栗原の両名は、刑期の起算日である七月三日からかぞえて一〇〇日間服役し、「十月十一日」に、「満期出獄」したことが判明する。かれらが「軽禁錮三月」が満期の十月一日の時点で、「満期出獄」することができなかったのは、附加刑の「罰金十円」をおさめていなかったからであろう。明治十五年刑法によれば、罰金をおさめていない場合、「一円ヲ一日ニ折算シ」、「之ヲ軽禁錮ニ換」えることになっており（第二七条）、かれらは、罰金十円分としてさらに十日間の刑期をつとめることが必要であったのである。

これまで、満期出獄者の動向については、かれらの確定判決の量刑そのものを誤解していたこともあって[3]、まったく不明となっていたが[4]、その概略は、以上の記述によって明らかになったと思う[5]。

(1)『朝野新聞』明治十九年九月二日付。
(2)『時事新報』明治十九年十月十二日付。
(3) たとえば関戸・前掲『東陲民権史』は、内藤、神山、谷津の量刑を「軽禁錮六ケ月」、栗山、山田の量刑を「軽禁錮三ケ月」としている(三四八頁―三四九頁)。田村・前掲『加波山事件始末記』の記述(二〇六頁―二〇八頁)、さらには、高橋・前掲『加波山事件と青年群像』の記述(三三四頁―三四六頁)も同様である。しかし、すでに本文中に述べたごとく、栗山、神山の両名は「軽禁錮三月、罰金十円」、内藤、谷津の両名は「軽禁錮二月、罰金十円」、山田は「軽禁錮二月、罰金五円」が正しい(本章一三五頁参照)。
(4) たとえば、利岡中和『真人横川省三伝』(昭和十年)は、山田勇治(横川省三)に関し、「加波山事件の連座として、捕縛せられ、入牢二ケ年。この間やっと二度の取調べを受けて、裁判の結果、罪人隠匿罪として、禁錮六ケ月を言い渡されたが、未決加算のため、直ちに放免された」(二二頁)と述べている。しかし、山田が言い渡されたのは「軽禁錮二月、罰金五円」であり、「未決加算」で「直ちに放免」されたというような事実は、みとめられない。
(5) なお、加波山事件附帯犯であるにもかかわらず、同事件裁判から切り離され、富松正安隠匿の罪で有罪判決をうけ、満期出獄した佐久間吉太郎(軽禁錮五月、罰金十円)、斎藤孝三郎(軽禁錮四月、罰金八円)、加藤淳蔵(同前)、川名七郎(同前)、戸倉千代吉(軽禁錮二月、罰金五円)、金木周作(同前)の動向については、別稿「明治十七年・加波山事件の附帯犯について」手塚豊編『近代日本史の新研究』第Ⅷ巻、平成二年を参照されたい。

五　特赦による出獄者

明治二十二年二月十一日、大日本帝国憲法発布にともなう大赦令(勅令第一二号)が公布された。この大赦令により、「皇室ニ対スル罪」(第一一六条、第一一八条該当者をのぞく)、「内乱ニ関スル罪」、「外患ニ関スル罪」、「兇徒聚衆ノ罪」、「官吏ノ職務ヲ行フヲ妨害スル罪」(第一三九条、第一四〇条該当者をのぞく)、「保安条例ノ罪」、「集会条例ノ罪」、「爆発物取締罰則ヲ犯ス罪」、「新聞紙条例ノ罪」（風俗紊乱の罪をのぞく）、「出版条例ノ罪」（風俗紊乱の罪をのぞく）、などを犯した者が「赦免」となり、多くの国事犯関係者が出獄することになったのであるが、常事犯で処罰された加波山事件関係者については、これが適用されず、その恩恵をうけることは、まったくなかった。

しかし、同年六月三日にいたり、東京控訴院、甲府始審裁判所、栃木始審裁判所、宇都宮始審裁判所の各検事は、右の大赦令が適用されなかった加波山事件関係者十一名（門奈、草野、五十川、玉水、原――以上東京、小林――甲府、鯉沼、大橋――以上栃木、河野、天野、佐伯――以上宇都宮）について、これを放免すべく、それぞれ特赦意見書を司法大臣山田顕義宛に提出した。たとえば河野広躰放免についての特赦意見書は、次のごときものであった。(1)

特赦意見書

東京府武蔵国芝区田町

五番地平民雪巌次男

明治十九年七月三日宣告無期徒刑　河野広躰

右之者明治十九年七月三日元栃木重罪裁判所ニ於テ頭書ノ処分ヲ受ケ目下北海道庁空知監獄署ニ於テ服役中ノ処、今般同署典獄渡辺惟精ヨリ特赦ノ義上請候ニ付尚篤ト事実取調候処、右ハ典獄申立ニ依ルモ能ク獄則ヲ謹守シ改過遷善ノ状柄著ナルノミナラズ事実頗ル愍諒ス可キモノト思料候条、特赦御裁可相成候様致度乃チ別紙典獄ノ上請書行状録及之レニ関スル書類相添ヘ此段及具申候也

明治二十二年六月三日

宇都宮始審裁判所検事植村長代理

検事　今泉利春 印

司法大臣伯爵　山田顕義殿

ところが、山田司法相は、右の特赦意見書に同意せず、これを拒絶した。すなわち、山田司法相は、「其犯状頗ル重キノミナラス受刑以来日尚ホ浅」いとの理由で、特赦具申を「棄却」すべきであると判断し、事件関係者の特赦は、見送るべきことを上奏したのである。山田司法相の上奏書は、次の通りである。(2)

無期徒刑囚河野広躰特赦ノ儀ニ付上奏

無期徒刑囚河野広躰特赦ノ儀ニ付、宇都宮始審裁判所検事今泉利春並北海道庁空知監獄署典獄渡辺惟精代理書記八田哉明ヨリ別紙之通申出候ニ付審査候処、右広躰ハ明治十七年中強盗及故殺等数罪ヲ犯シ明治十九年七月三日栃木重罪裁判所ニ於テ数罪中一ノ重キ故殺罪ニ依リ無期徒刑ニ処セラレ、爾来行為謹慎改悛ノ状ナキニアラスト雖モ其犯状頗ル重キノミナラス受刑以来日尚ホ浅ヲ以テ未タ特典ヲ与ヘラルヘキ時機ニ達セサルモノト考量候条、右特赦具申ハ棄却セラレ候様致度治罪法第四百七十七条ニ依リ別紙書類相添此段上奏候也

明治二十二年七月十日

司法大臣伯爵　山　田　顕　義　印

かくして、明治二十二年の特赦申請は、山田司法相の反対で、まったく実現をみないままにおわった。加波山事件関係者の放免は、さらに後年に先送りされることになったのである。

加波山事件関係者放免のための再度の特赦申請がおこなわれたのは、それから三年あまりを経過した明治二十六年はじめのことである。もっとも、第二回目の特赦申請は、鯉沼、門奈、佐伯の三名のみを対象とするものであり、残る六名（明治二十三年三月二十七日に原利八が、同二十五年八月五日に大橋源三郎がそれぞれ獄死したため、八名より二名減）は、はじめからその対象から除外されていた。すなわち、第二回目の特赦申請は、その対象を有期徒刑以下の事件関係者に限定するものであり、無期徒刑の玉水、河野、天野、草野、五十川、小林の六名は、いずれもその対象からはぶかれたのである。

明治二十六年一月十日、司法大臣山県有朋は、上記三名の放免のための上申書を内閣総理大臣代理井上馨（内閣総理大臣は伊藤博文）宛に提出した。ちなみに鯉沼放免のための上申書は、次の通りである。(3)

別紙有期徒刑囚鯉沼九八郎特赦ノ件上奏書及進達候也

明治二十六年一月十日

司法大臣伯爵　山　県　有　朋　印

内閣総理大臣臨時代理

内務大臣伯爵　井　上　馨　殿

しかして、「別紙」とは、次のごときものであった。(4)

有期徒刑囚鯉沼九八郎特赦ノ儀ニ付キ上奏

有期徒刑囚鯉沼九八郎ハ持凶器強盗教唆ノ罪ヲ犯シ、明治十九年七月三日栃木重罪裁判所ニ於テ有期徒刑十五年ニ処セラレタルモノニシテ其罪固ヨリ重大ナリト雖モ入監以来已ニ六年余ヲ経過シ、其間獄則ヲ謹守シテ二個ノ賞表ヲ受ケ悛改ノ状顕著ナルノミナラス訴訟書類ニ就キ其犯情ヲ審査スレハ、九八郎ハ当時ノ施政ニ不満ヲ懐キ之ヲ改良セントノ希望ヨリ遂ニ犯行ヲ為スニ至リタルモノニシテ其罪名ノ強盗ナルニ拘ハラス其犯情ニ於テハ頗ル憫諒ス可キ所アルニ付キ特典ヲ以テ放免セラル候様致シ度、刑事訴訟法第三百三十一条ニ依リ別紙書類相添此段上奏候也

明治二十六年一月十日

司法大臣伯爵　山　県　有　朋　印

右の一月十日付山県有朋司法相の特赦上申書を受理した首相臨時代理井上馨は、ただちに、内閣法制局に対し、この問題の審査を命じた。

内閣法制局が、この問題の審査を終了し、その結果を回答したのは、それから一カ月あまりを経過した二月十六日のことである。二月十六日付内閣法制局長官末松謙澄より内閣総理大臣伊藤博文宛回答書ならびに指令案は、次の通りである。[5]

明治二十六年二月十六日

法制局長官 印

内閣総理大臣

別紙司法大臣上奏有期徒刑囚鯉沼九八郎特赦ノ件ヲ審査スルニ上奏ノ通特典ヲ以テ放免セラレ可然ト信認ス、仍テ指令案左ノ通ニテ可然哉

指令案

特典ヲ以テ有期徒刑囚鯉沼九八郎ヲ放免ス

奉勅

内閣総理大臣

かくして、明治二十六年二月二十一日、伊藤首相は、右の指令案通りに、鯉沼九八郎の特赦放免を指令した。門奈、佐伯の特赦指令日については、両名の特赦関係書類を欠くため不明といわざるをえないが、鯉沼とほぼ同時期であったことは、確実であろう。鯉沼、門奈、佐伯の特赦放免について、自由党の『党報』は、次のごとくつたえている。[6]

久しく鉄窓の裡に呻吟せし、加波山事件の鯉沼九八郎、門奈茂次郎、佐伯正門の三氏、大坂事件の山本與七氏等は前後特赦の天恩を拝し、出獄せり。吾人は謹で此の他の諸氏も亦速に特赦の天恩に浴し、青天白日の身とならんことを祈るものなり。

なお、右の記事からは、かれらが実際に放免となった月日は、わからないが、『官報』によれば、門奈が放免となったのは、二月二十五日のことであり、[7]佐伯が三月一日に、[8]鯉沼が三月四日に、[9]それぞれ放免となったことが判明す

る。

ついで、明治二十七年になると、司法省は、残る六名の事件関係者についても、これを放免する方針をかため、司法大臣山県有朋は、内閣総理大臣伊藤博文に対し、河野、玉水、天野、草野、五十川、小林の六名の特赦放免を上申した。山県司法相の上申書は、未発見のため、その内容を知ることはできないが、これを受理した伊藤首相が、ただちに内閣法制局長官末松謙澄に対し、この問題の審査を命じたことは、疑いないものと思われる。

明治二十七年十月二十六日、法務局の回答をまって、伊藤首相は、上記六名の特赦放免を指令した。たとえば、小林篤太郎に関する特赦指令は、次の通りである。(10)

特典ヲ以テ無期徒刑囚小林篤太郎ヲ放免ス

明治二十七年十月二十六日

奉　勅　　　　内閣総理大臣伯爵　伊　藤　博　文

かくして、加波山事件関係者中、最後まで獄中にあった小林ら六名は、ついに釈放されることになった。かれらの出獄について、自由党の『党報』は、次のように報じている。(11)

加波山事件の為め、十有一年間、北海の獄舎に縲絏の苦を受けたる河野広躰、玉水嘉一、五十川元吉、天野市太郎、草野佐久馬、小林篤太郎の六氏は、前号記載の如く去る五日を以て特赦の恩典を蒙り無事出獄したり。諸氏出獄の報一度び札幌に達するや、札幌の同志者助川貞次郎、外川喜三郎、小川佐喜治、花村三千之助、小林与作等の諸氏、非常に奔走の労を取り、先づ取り敢へず外川氏を出獄諸氏出迎として空知に向け出発せしめたり。

右の記事によれば、小林ら六名は、「十一月五日」に一斉に出獄したことになるが、『官報』には、(12)

東京市芝区田町四町目(ママ)平民河野広躰ハ故殺及強盗ノ科ニ因リ明治十九年七月栃木重罪裁判所ニ於テ、福島県田村郡三春町平民天野市太郎ハ故殺ノ科ニ因リ同年同月同裁判所ニ於テ各々無期徒刑ノ宣告ヲ受ケ服役中ノ処本月五日特典ヲ以テ孰モ放免セラレタリ（第三四一六号）。
福島県磐城郡神谷村平民草野佐久馬ハ故殺等ノ科ニ因リ同十九年七月東京重罪裁判所ニ於テ、同県田村郡三春町五十川元吉ハ同科ニ因リ同年同月同所ニ於テ、茨城県真壁郡下館町平民玉水嘉一ハ同科ニ因リ同年同月同所ニ於テ各々無期徒刑ノ宣告ヲ受ケ服役中ノ処……佐久馬、元吉、嘉一ハ孰モ本月五日特典ヲ以テ放免セラレタリ（同三四一八号）。
愛知県碧海郡野田村平民小林篤太郎ハ故殺等ノ科ニ因リ明治十九年七月甲府重罪裁判所ニ於テ無期徒刑ノ宣告ヲ受ケ服役中ノ処本月七日特典ヲ以テ放免セラレタリ（第三四二三号）。

とあり、正確にいえば、かれらは一斉に「十一月五日」に同時出獄したわけではなく、河野、天野、草野、五十川、玉水の場合は、十一月五日に、小林の場合は、十一月七日に、それぞれ出獄したことが判明する。

十一月九日、札幌に到着した事件関係者は、同地豊平館で開催された札幌地方同志による慰労会にのぞみ、十一日には、はるばる自由党本部より派遣された代議士平島松尾が到着したため、あらためて豊平館で開催された出獄者慰労会に、再度、出席した。札幌における慰労会の模様について、『党報』は、次のようにつたえている[13]。

越へて九日に到り右一行の諸氏同地に到着するや、直ちに同地の豊平館に招待して慰労の盛宴を張りたり。十日吾党本部よりの出迎員として出発したる平島松尾も亦た此の地に到着したるを以て、同地の有志は更らに翌十一日午後五時より出獄諸氏併に平島代議士を豊平館に招聘して宴会を開らく。席上外川氏の開会の主旨、河野、平島両氏の挨拶、後藤顕美氏の演説ありたり。来会者は弁護士、新聞記者等数十名にして、頗る盛況を極む。十二日同地を発す。同志者数十名一行を送って停車場に到り、特に外川氏をして同志を代表して岩見沢まで送らしめたり。十六日午前九時一行函館に着す。

十一月十六日、函館に到着した出獄者一行は、同地小林亭で開かれた慰労会にのぞんだあと、十八日には福島県に入り、福島浅草屋における慰労会（十八日）、三春龍穏院における慰労会（十九日）、石川町長泉寺における慰労会（二十一日）、白川町内池屋における慰労会（二十二日）などにのぞみ[14]、かれらが東京にもどったのは、十一月二十三日のことであった。この日、東京上野駅に到着した一行の様子をつたえる『党報』の記事は、次の通りである[15]。

廿三日宇都宮を発して十二時五十分一行上野に着す。此日諸氏着京の電報は午前十時頃本部に到達したるを以て、普く之を在京党員に通牒する能はざりしにも拘はらず出迎の人々は板垣総理（代理）松田正久、山田東次、山田泰造、谷河尚忠、山下千代雄、田村順之助、西原清東、山本幸彦、奥野市次郎、北川貞彦、鈴木惣四郎、瀬戸荒熊、中野寅次郎、井上敬次郎、井上隆次、河野広一、鈴木万次郎、同俊庵、小林省一郎、須田治右衛門、永田一二、愛沢寧堅、安瀬敬蔵、関口源太郎、阿部鶴之助、遠藤安五郎、白石義郎外数十名にして、諸氏の着するや休憩所に入りて出迎の政友と挨拶し互に恙なきを賀し、更に一行は平島、谷河、田村、山田（東）、井上（敬）、井上（隆）、奥野、永田、西原、小林、関口、阿部の諸氏と車を連ねて谷中天王寺なる同志亡友の墳に展せり。同志とは誰ぞ、加波山事件の同志には琴田岩松、小針重雄、三浦文治（十九年十月二日歿）、横山信六（同年九月三日歿）の四氏、福島事件の同志には田母野秀顕（十六年十一月廿九日歿）、花香恭次郎（二十三年八月七日歿）の二氏とす。諸氏は粛然として墓前に拝跪し、水を手向け、香を焼き、無言の間感慨胸を衝くの思をなしたりし。徘徊顧眄する事良久ふして諸氏は相携へて旅館浅清館に投宿せり。

ついで、十一月二十五日には、芝公園内紅葉館において、在京の自由党員による盛大な出獄者慰労会が開催された。『党報』は、この日の慰労会の模様を次のごとくつたえている[16]。

廿五日在京党員等相協りて一行を紅葉館に招聘す。此日冷雨粛々として至り満眼の風光人をして転た悽愴の感を惹き起さしむ。然れども独り紅葉館下幾株の紅葉は朝来の細雨に却て一段の紅装を極め、窃かに出獄諸氏烈々の丹心に競ふもの丶如し。席定まりて山田東次氏は発起人の資格を以て一言を叙し、諸氏が国家の為め一身を犠牲に供して尽瘁せし労を慰せんと欲し本日を卜し此会を開きたる所以を述ぶ。次に河野広躰氏は出獄者諸氏を代表し、喝采声裡に起ちて答謝の意を致せり。謹厳なる語調と真摯なる言語は凛乎犯すべからざる風霜の威を挟み、其の政府にして専制の余習を脱却する能はずんば政府に対する吾人の決心は毫も十年以前と変ずるなしと云ひ、其の立憲治下に於て行くべき正当の道途を訓へて醇良の民となりて邦家に尽さしめよと云ふに至りては、真個に志士の熱血を瀝竭し来りたる者、満場粛然として語なく唯だ涙々相対するを看る。次に平島松尾氏は北海道に赴きて諸氏を迎へ且つ未だ特典に与らざる政友諸氏の近況を報じ、一日も早く青天白日の身たらしむる事を勗（ママ）めざるべからず、同志の士幸に其意を領せよと述べ、夫より盃酒数行襟懐を披きて当年の事を説き将来の策を談ず。由来志士の熱血区々紙筆の快を尽くすべきに非ず。如是の高会は又た得難き也。主賓歓を罄くして散じたるは午後七時となす。唯だ遺憾なりしは一行の中小林篤太郎氏は郷里の母堂危篤なりとの飛電に接し、十八日福島より直ちに郷里三河に帰省されしを以て、此日も終に其席に請ずる事を得ざりしの一事なりき。

かつての同志たちによる慰労会の開催は、事件関係者たちにとっては何よりものなぐさめであったろう。明治十七年九月二十三日に事件が勃発して以来、十年二カ月目のことであった。

（1）前掲『栃木県史』史料編・近現代一、七七四頁—七七五頁。なお、『栃木県史』の編者は、同書に収録した特赦関係記録の表題に、「河野広躰特赦ヲメグル裁判」とか、「鯉沼九八労特赦ヲメグル上奏裁判」の呼称を用いているが（七六九頁、七七六頁）、もとより特赦をめぐる裁判などは、ありうるはずがない。おそらく特赦上申書に添付されている確定判決書を誤解し、とりちがえたものと思われるが、編者のミスは重大である。

（2）前掲書、七七四頁。

（3）前掲書、七七八頁。

（4）前掲書、七七八頁—七七九頁。

（5）前掲書、七七九頁。

（6）『党報』第三三号、明治二十六年三月、二七頁。

(7)『官報』第二八九八号、明治二十六年三月一日付。
(8)『官報』第二九〇五号、明治二十六年三月九日付。
(9)『官報』第二九一〇号、明治二十六年三月十五日付。
(10)供野・前掲『獄窓の自由民権者たち』三七頁。
(11)『党報』第七三号、明治二十七年十一月、二一頁。
(12)『官報』第三四一六号、第三四一八号、第三四二三号、明治二十七年十一月十五日付、十七日付、二十四日付。
(13)註11に同じ。
(14)『党報』第七三号、明治二十七年、二一頁—二二頁。
(15)前掲書、二二頁—二三頁。
(16)前掲書、二三頁。

六　生存者の公権回復

加波山事件関係者の生存者十四名のうち、出獄と同時に公権が回復[1]されたと思われるのは、栗原足五郎、神山八弥、内藤魯一、谷津鉄之助、山田勇治の合計五名である。

明治十五年刑法によれば、「禁錮」以下の被告の公権は、刑期満限と同時に自動的に回復されることになっていたから（第三三条[2]）、内藤、谷津、山田の三名の公権が明治十九年九月一日に、栗原、神山の両名の公権が同年十月十一日に、それぞれ回復されたことは確実であろう。

しかし、一方、のこる事件関係者九名の公権回復は、容易にみとめられず、それは、特赦出獄後もつづいた。明治十五年刑法によれば、「重罪ノ刑ニ処セラレタル者」は、「終身」「公権ヲ剝奪」されることになっており（第三二条）、基本的には、かれらの公権は、生涯、回復されないことになっていたからである。

「重罪ノ刑」に処せられた河野広躰、天野市太郎、草野佐久馬、五十川元吉、玉水嘉一、小林篤太郎、門奈茂次郎、鯉沼九八郎、佐伯正門の九名の公権回復について、これを特別に検討することになったのは、明治三十年に入ってからのことである。明治三十年五月二十八日、司法大臣清浦奎吾は、内閣総理大臣臨時代理黒田清隆に対し、上記九名の「公権」を「特典」をもって「回復」すべく、次のごとき上申書を提出したのである。(3)

司法省民刑乙第四二〇号

別紙東京府平民河野広躰外八名復権ノ件上奏書及進達候也

明治三十年五月廿八日

司法大臣　清　浦　奎　吾

内閣総理大臣臨時代理

枢密院議長伯爵　黒　田　清　隆　殿

しかして、その「別紙」とは、次のごときものであった。(4)

東京府平民河野広躰福島県平民天野市太郎同草野佐久馬同五十川元吉同門奈茂次郎茨城県平民玉水嘉一愛知県平民小林篤太郎栃木県平民鯉沼九八郎石川県平民佐伯正門復権ノ儀ニ付上奏

東京府平民河野広躰福島県平民天野市太郎ハ罪ヲ免ルル為メ人ヲ故殺シタルノ罪ニ依リ明治十九年七月三日栃木重罪裁判所ニ於テ各無期徒刑ニ処セラレ福島県平民草野佐久馬同五十川元吉茨城県平民玉水嘉一ハ同一ノ罪ニ依リ同年同日東京重罪裁判所ニ於テ各無期徒刑ニ処セラレ愛知県平民小林篤太郎ハ同一ノ罪ニ依リ明治十九年七月五日甲府重罪裁判所ニ於テ無期徒刑ニ処セラレ福島県平民門奈茂次郎ハ強盗傷人ノ罪ニ依リ明治十九年七月三日東京裁判所ニ於テ有期徒刑十三年ニ処セラレ栃木県平民鯉沼九八郎ハ共謀持兇器強盗ノ罪ニ依リ同月同日栃木重罪裁判所ニ於テ有期徒刑十五年ニ処セラレ石川県平民佐伯正門ハ同一ノ罪ニ依リ同月同日同裁判所ニ於テ重懲役十年ニ処セラレ其後特赦ノ恩典ヲ受ケ出獄シタル者共ニ有之候処孰レモ其犯罪ノ重大ナルニ拘ラス当時ノ時勢ニ憤慨スル所アリテ遂ニ犯行ヲ為スニ至リタルモノニシテ其犯情頗ル斟酌スヘキ所アルニ付キ特典ヲ以テ将来ノ公

権ヲ復セラレ候様致度此段上奏候也

明治三十年五月

司法大臣　清　浦　奎　吾

右の五月二十八日付清浦司法相の上申書を受理した内閣総理大臣臨時代理黒田清隆は、ただちに内閣法制局に対し、この問題の審査を命じた。内閣法制局がこの問題の審査を終了し、その結果を回答したのは、それから一カ月あまりを経過した六月二十九日のことであった。六月二十九日付内閣法制局長官神鞭知常より内閣総理大臣松方正義宛回答書ならびに指令案は、次の通りである。(5)

明治三十年六月二十九日

内　閣　総　理　大　臣

法　制　局　長　官　印

別紙司法大臣上奏東京府平民河野広躰外八名復権ノ件ヲ審査スルニ上奏ノ通特典ヲ以テ公権ヲ復セラレ可然ト信認ス仍テ指令案左ノ通ニテ可然哉

指　令　案

特典ヲ以テ東京府平民河野広躰福島県平民天野市太郎同草野佐久馬同五十川元吉同門名茂次郎茨城県平民玉水嘉一愛知県平民小林篤太郎栃木県平民鯉沼九八郎石川県平民佐伯正門ノ公権ヲ復ス

明治三十年七月十二日

奉　勅

内　閣　総　理　大　臣

かくして、明治三十年七月十二日、右の指令案通り、河野広躰以下九名の事件関係者の公権は、「特典ヲ以テ」回復されることになった。(6) 前述のごとく、栗原足五郎以下五名の公権は、すでに出獄と同時に回復されていたから、右九名の公権が回復されたことによって加波山事件関係者の公権は、ここにそのすべてが回復されることとなったのである。

（1）回復された「公権」とは、明治十五年刑法第三一条に定められている㈠国民ノ特権、㈡官吏ト為ルノ権、㈢勲章年金位記貴号恩給ヲ有スルノ権、㈣外国ノ勲章ヲ佩用スルノ権、㈤兵籍ニ入ルノ権、㈥裁判所ニ於テ証人ト為ルノ権、㈦後見人ト為ルノ権、㈧分散者ノ管財人ト為リ又ハ会社及ヒ共有財産ヲ管理スルノ権、㈨学校長及ヒ教師学監ト為ルノ権、の九項目である。

（2）明治十五年刑法第三三条　禁錮ニ処セラレタル者ハ別ニ宣告ヲ用ヒス現任ノ官職ヲ失ヒ及ヒ其刑期間公権ヲ行フコトヲ停止ス

（3）—（5）「公文雑纂」明治三十年・巻二二、司法省二。

（6）『官報』によれば、実際の公権回復日は、五十川、門奈、玉水が七月二十日、天野、小林が七月二十一日、鯉沼、佐伯が七月二十三日、草野が七月二十八日のことであった。ちなみに、河野に関する記事は、みあたらない（第四二四三号、明治三十年八月二十三日付）。

七　殉難志士の名誉回復

明治三十九年六月二十三日、史談会（会長由利公正）は、殉国志士英霊弔慰会を開催し、その際、同会の事業として「志士人名録」を「編纂刊行」することを決議した。以後、同会は、「嘉永元年以降明治二十三年ノ期間ニ於テ国事上ノ問題ニ基因シタル戦闘騒擾若クハ事故」のために「戦亡、自裁、斬殺、又ハ幽死、病斃シタル」人々の事跡を調査し、四十年十一月十五日にいたり、その調査結果を公刊した。有名な『戦亡殉難志士人名録』がこれである。[1]右人名録の第二編「殉難者人名」中には、加波山事件の「殉難志士」の氏名も収録されており、次のごとく記されている。[2]

与　党　加波山事件

富松正安（茨城県下館人年三十八）　保多駒吉（同上）　横山信六（福島県）　三浦文治（同上）　小針重雄（同上）　琴田岩松（同三春人年二十五）　杉浦吉副（同上）　原利八（同上）　山口守太郎（同三春人年十九）　大橋源三郎（栃木県年四十）　平尾八十吉　石橋鼎吉

正安等自由民権ヲ主張シ当路大臣ヲ要撃シ政府ヲ更革セントノ企謀ニ仍リ同志ヲ糾合シテ図ル所アリ。明治十七年九月茨城県筑波郡加波山ニ拠リ檄ヲ伝テ附近ヲ徇フ。尋テ捕吏ト争闘ス。八十吉闘死ス。余ハ捕ハレテ強盗殺人ノ罪ニ問ハレ正安ハ明治十九年十月五日千葉県ニ於テ文治、重雄、岩松ハ東京ニ於テ、吉副ハ栃木ニ於テ、駒吉ハ山梨ニ於テ刑死ス。信六、利八、守太郎、鼎吉ハ囚中ニ病死ス。

右のリストによれば、刑死者六名（富松、三浦、小針、琴田、杉浦、保多）、獄死者三名（横山、原、大橋）のほか、事件勃発時の闘死者一名（平尾八十吉）、有罪判決確定以前の獄死者二名（山口守太郎、石橋鼎吉）をもふくむ合計十二名が「殉難志士」に該当することになるが、このうち「石橋鼎吉」なる人物は、加波山事件とは無関係の人物であり、かれの名前がここに登場することは、はなはだ不可解である。『戦亡殉難志士人名録』中に収録されている名古屋事件関係あるいは静岡事件関係の「殉難志士」のリストが、いずれも杜撰なものであることを考えると[3]、右のリストの場合にも同様の誤りがあるように思われる。

しかし、それはともかく、『戦亡殉難志士人名録』の公刊は、世上に、加波山事件をふくめた殉難志士の名誉回復措置の必要性をつよく印象づけることになった。明治四十二年九月十二日、史談会例会にまねかれた加波山事件同志の一人、小久保喜七（衆議院議員）がおこなった次のごとき講演は、その必要性をさらに再認識させるものであったといえるだろう[4]。

会長大原伯爵閣下並に諸君、余は貴顕紳士の集団たる本会の席上に於て、亡友の為め其の事件の真相を明かにするの機会を得たるを深く光栄と致します。（中略）以上述べたる如く諸氏は一命を立憲政体の創設に捧げんとの誠意正心より出たのである。嗚呼諸氏去りて僅かに二十五六年、憲政運用の方法宜しきに適したる結果、日清、日露の両戦役に大勝を博し、世界一等国の伍班に入り、久しからずして立憲有終の実を挙げんとする一方に於て本会の如き有力貴重なる団体に於て、諸氏の国家に対する功労を認識せられ、其姓名を殉難録の中に収め、以て不朽に伝へらる諸氏の英霊も以て地下に冥するに足る。然し生存し居る余等同志の眼より見れば未だ国家に於て之が表彰の計をなさゞるを怨とす。夫れ鎖港攘夷と開国進取を以て唯一の国是とする明治政府が、鎖港攘夷の徒を以て国家に功労ありとして種々の方法を以て表彰するは何ぞや。即ち其一片の誠意正心国家に尽すにありて、他なきが故である。国家は宜しく此心を移して諸氏の功労を表彰すべきである。願はくば本会に於から(れ)ましても此上一層の御心配下され、国家として、一日も早く表彰せしめらるゝ様に致され度し。余も驥尾に附して駑力のあらん限りを尽します。

明治四十三年一月、史談会は、「報効志士」の表彰追録の請願をおこなう方針を決定し、衆議院議長長谷場純孝ならびに貴族院議長徳川家達に対し「報効志士表彰追録之請願書」を提出した。その請願事項は、次の三点である。(5)

一、天保元年以降明治二十三年期間ニ亘ル間ニ国事上報効ノ事歴アル者ヲ調査シテ死者ハ贈位生者ハ叙位ノ恩典ヲ賜フベキ事

二、特ニ表彰スルニ足ルモノト認メラル、者ハ死者ハ弔慰料ヲ賜ヒ生者ハ相当ノ追録ヲ与ラルベキ事

三、以上表彰追録ノ恩典ヲ賜フベキ志士ノ子孫ニシテ情状隣ムベキ者ハ相当ノ扶助ヲ与フルノ特例ヲ設ケラルベキ事

しかし、史談会による右の請願は、かりに採択されたとしても(三月十四日、衆貴両院本会議にて採択(6))、基本的には、政府に対し「表彰追録」の調査と検討を要請するのにとどまるものであり、これに満足できない小久保喜七、森久保作蔵、平島松尾の三名の衆議院議員は、これとは別に、加波山事件関係者の名誉回復を直接的な目的とする建議案を提出する方針をかためた。明治四十三年二月二十四日、衆議院本会議に上程された「加波山事件殉難志士表彰ニ関スル建議案」がこれである。その内容は、次のごときものであった。(7)

加波山事件殉難志士表彰ニ関スル建議案

明治十七年九月中茨城県加波山ニ起リタル爆烈事件ノ関係者ニシテ

一　現場ニ死亡セシモノ

一　刑場ニ死亡セシモノ

一　獄中ニ死亡セシモノ

ニ対シ相当ノ表彰アラムコトヲ望ム。右建議ス。

この日、右建議案の提出者を代表して、小久保喜七は、衆議院本会議において、その提案理由を説明した。小久保の提案説明は、次のごとき言辞をもってはじまった。(8)

私ハ本問題ニ入ルニ先ダチマシテ予メ諸君ノ御憐察ヲ請ハナケレバナラヌト云フモノハ、本問題ヲ私ガ提出致シマスルノハ私ノ地位ト致シマシテ諸君ノ末班ヲ瀆シマシタ以上ハ、ドウシテモ本問題ヲ提出シナケレバナラヌ地位ニアルノデゴザイマス。決シテ徒ニ弁ヲ好ムト云フノデハゴザイマセヌカラ、此点ヲ予メ御憐察ヲ請ヒタイト思ヒマス。次ニ又チヨツト諸君ニ申上ゲテ置キタイコトハ、憲法創始時代ニ起リマシタル国事犯ハ、福島事件ヲ初メト致シテ沢山デザゴイマスルノニ、単リ加波山事件ヲ私ガ此所ニ提出致シマシタト云フモノハ、他ノ事件ヨリ加波山事件ガ優ツテ居ルカラト云フノデハゴザイマセヌ。加波山事件ハ私ノ県ニ起リマシタ事件デアル、第二私ハ本事件ニ多少ノ関係ガアツテ、其事情ヲ明カニシテ居リマス。又時ノ政府ガ一大喫驚ヲ致シタ爆裂弾ノ製造、爆裂弾ノ使用ト云フモノハ此加波山事件ガ初メテヾゴザイマス。仍テ私ハ加波山事件ヲ茲ニ提起致シテ、幸ニ諸君ノ容ル、コトト相成リマスレバ、福島事件ニ関係ノアル諸君ハ福島事件ヲ出スデゴザイマセウ。又飯田事件ニ関係ノアル方ハ飯田事件ヲ出シテ、諸君ノ又御賛成ヲ得ルデアラウト考ヘマス。唯私ハ以上ノ理由ヲ以テ、此加波山事件ニ付テ諸君ノ御賛同ヲ得ヤウト云フ訳デゴザイマス（拍手起ル）。

ついで、小久保は、事件の概略を述べるとともに、(9)

加波山事件ヲ一口ニ申シマスレバ明治十七年ノ九月二十三日富松正安外十数名ノ人ガ時ノ政府ニ不満ヲ懐イテ政府顚覆ノ檄文ヲ飛バシテ、爆裂薬ヲ以テ加波山上ヘ登ツテ義徒ヲ糾合シヤウトシタガ、目的ヲ達成セズシテ散乱ヲ致シテ、各地デ縛ニ就イタト云フノガ此加波山事件ノ一口ニ致スト概略デアリマス。サ斯様ニ見マスレバ、ドウシテモ内乱トカ少ナクトモ凶徒嘯聚デ罰サレナケレバナラヌノニ、諸君、此加波山事件ト云フモノハ御承知ノ通リ、強盗殺人ノ罪名ヲ以テ丁年以上ノ者ハ絞首台上ノ鬼ト化シ、丁年以下ノ者ハ無期徒刑ト相成ツタノデゴザイマス。蓋シ私ハ古今東西、加波山事件ノ人ノ如ク高潔ノ思想ヲ持ツテ、此ノ如キ汚名ヲ被ツテ罰セラレタル者ハ世界ニ少ナイコト、私ハ信ズルノデアリマス（拍手起ル）。

と述べ、加波山事件関係者が国事犯ではなく強盗殺人の罪名で処断されたことの不当性を指摘し、次のごとき言葉をもってこの演説を結んでいる(10)

此ノ如キ事情デゴザイマスルガ故ニ、明治二十三年議会ガ開ケルヤ否ヤ、毎回議会ハ加波山事件ニ向ツテ特赦ヲ願ツテ政府モ之ヲ容レマシテ、遂ニ明治二十七年十一月ヲ以テ特赦ヲ致シマシタ。其後貴顕紳士ノ集ツテ居ル史談会デハ、ヤハリ段々調ベテ見タガ加波山事件、福島事件、飯田事件、総テ此等ハ勤王ノ徒ト同一ニ取扱ハナケレバナラヌト云フコトニ議論一決ヲ致シテ、殉難者名簿ノ中ニ加ヘタヤウナ場合デゴザイマス。政府ハ開国進取ヲ以テ国是ト致シテ居ルニモ拘ラズ、開国進取トハ字義ノ上ニ反対ノ鎖国攘夷ノ徒ニ向ツテ汲々トシテ追賞日モ尚足ラズ、心配ヲ致シテ居ル此政府デゴザイマス。其形蹟ヤ狂暴ニ渉ツテ居リマスルガ、以上申上ゲマシタ如ク誠心誠意カラ出マシタ此加波山事件ノ人々デゴザイマスレバ、政府モ必ズ私ノ意見ニ御同意デアラウト信ジマスルガ故ニ、願クハ諸君ニ於キマシテモ本案ニ御賛成アッテ満場一致ヲ以テ私ハ可決アランコトヲ希望致スノデアリマス（拍手スル者アリ）。

以上が小久保の説明の概要であるが、これをうけて、伊藤大八は、この建議案を「議長指名九名ノ委員」に付託し、検討すべきことを提起し、この建議案は、伊藤の提案通り、「九名ノ委員」からなる委員会に付託されることになった。[11] この日、衆議院議長長谷場純孝によって選定された委員は、次の通りである。[12]

小久保喜七　内藤魯一　本出保太郎　望月圭介　大津淳一郎　平島松尾　高橋政右衛門　鈴木力　山口熊野

二月二十五日、「加波山事件殉難志士表彰ニ関スル建議案委員会」の第一回目の会合が開催された。この日の委員会では、本題に入ることなく、役員の選出のみがおこなわれ、委員長には小久保喜七が、理事には山口熊野が選出された。[13] 小久保が加波山事件関係者の名誉回復にかけた情熱を考えれば、かれがこの委員会の委員長に就任したのも、当然の成り行きというべきであろう。

ついで、三月一日に開催された第二回委員会には、前掲九委員のほか、政府委員として内務次官一木喜徳郎が出席し、本格的な議論がはじまった。この日の委員会において、小久保委員長以下、各委員は、いずれも建議案を積極的に支持する立場をとったが、政府委員として出席した一木内務次官だけは、終始、これに消極的な姿勢をとった。一木内務次官が示した政府見解は、およそ次の通りである。[14]

加波山事件ハ立憲政治ノ基礎ヲ確定セントスル熱情ヨリ起リ殉難者ノ衷情察ス可キモノアレトモ不幸ニシテ其ノ手段方法ヲ誤レル為表彰スルニ至ラサリシモノナリ。立憲政治ノ創始ニ力ヲ尽シ円満ナル発達ヲ為スニ至リシハ素ヨリ其ノ間或ハ建白アリ或ハ種々ノ尽瘁者アレトモ要スルニ官民ノ協力ニ依ルモノナルカ故ニ志士ノ為ニハ遺憾ナルモ之ヲ閑却スル方却テ国運発展ノ為機宜ヲ得タルモノナリト信ス。

要するに、「立憲政治ノ創始」は、殉難者ばかりでなく、朝野一致の力によるというのが、一木内務次官の主張の骨子である。

右の一木内務次官の見解は、それから二日後の三月三日に開催された第三回委員会でもまったくかわらなかった。そのことは、この日の委員会の冒頭、内藤魯一委員と一木内務次官の間にかわされた次のごとき論戦からも明らかで

あろう。(15)

○内藤魯一君　政府ハ此表彰者ノ行動ヲ、国家ニ功アルモノト御認メニナツテ居ルノデアリマスカ。

○政府委員（法学博士　一木喜徳郎君）誰デスカ、加波山事件ニ付テ死亡シタ人デスカ。

○内藤魯一君　サウデス。

○政府委員（法学博士　一木喜徳郎君）ソレニ付テハ過日モ申上ゲマシタ通リ、特ニ誰ガ憲政ニ付テドレダケノ功ガアツタト云フコトヲ、之ヲ区別シ判断スルハナカ〳〵困難ダラウト思フ……死亡シタ人モ輙チ其部類ニ属スルノデ、是モ素ヨリ国家ノ為ヲ思ウテ此ニ至ツタノデアルカラ、誠ニ事情ニ於テハ諒スベキモノデアリマス。併ナガラ茲ニ死亡シタコトヲ特ニ表彰スルト云フコトハ、寧ロ此人々ノ為ニ取ラヌトコロデアリ、又日本ノ憲法ノ歴史ノ為ニモ取ラナイトコロデアルカラ、手段方法ノ宜シキヲ得ナカッタト云フコトハ、寧ロ忘レルヤウニシタ方ガ宜カラウト思ヒマス。

○内藤魯一君　サウスルト、維新前勤王ノ為ニ死亡シタ者モアリ、虐待ヲ受ケタ者モアリマスガ、……夫等ニハ表彰スルト云フコトニハ政府ハ能ク努メラレルヤウデアリマスガ、同ジコトニ対シテ甲ノ者ニシテ、此方ニハ忘レルガ宜イトカ言ハレマスガ、サウスレバヤハリ維新前ノ人々モ同様デナケレバナラヌト思ヒマスガ、御意見ハ如何デスカ。

○政府委員（法学博士　一木喜徳郎君）是ハ先日モ申上ゲマス通リ、国家ノ変ニ処シテ権道ヲ踏マナケレバナラヌト云フ場合モアリマセウ、変ニ処スルノ場合ト、平和的ニ発達シテ行キマス時代トハ一律ニハ論ジラレマイト思ヒマス。革命ニ依ツテ、国家ノ発達ヲ遂グルコトガ出来タト云フ時期ト、サウデナイ時期ガアルト云フコトヲ申上ゲタノデス。

しかし一木内務次官の再度の見解表明にもかかわらず、各委員の建議案成立への熱意は、まったく変化がなかった。

委員会議事録より各委員の見解を摘記すれば、つぎのごとくである。[16]

○平島松尾君　……是等ノ人々ノ挙動ガ確ニ此憲法政治ノ上ニ効能ノアツタト云フコトヲ見ルコトガ出来ルト自分ハ考ヘマス。故ニ希クハ政府モ此事情ヲ深ク諒シテ、是等ノ人々即チ現場ニ於テ死シタル人々、刑ノタメニ死シタル人々、獄中ニ於テ死シタル人々ニ就テ、相当ナ旌表ヲ為スコトハ当然ナコトデアルト信ズルノデアリマス。ドウカ政府モ深ク此事情ヲ諒シ、其当時ノ状況ヲ察セラレテ、相当ノ旌表ノアランコトヲ切ニ希望ヲ致シマス。

○望月圭介君　私モ之ニ対シテ賛成ノ意見ヲ述ベル積リデアリマスガ、私ハ是ニハ全然賛成ノ意ヲ表シテ退席致シマス。

○本出保太郎君　私モ賛成ノ意ヲ表シテ置キマス。

○山口熊野君　別ニ申述ベルコトモアリマセヌ。即チ本建議案ニ全然賛成スル者デアリマス。……実ニ国ヲ思ヒ国民ヲ思フ是等ノ志士ガ此ノ如キ手段ニ出ヅルコトハ当然ノコトデ、今更ラ之ヲ穿鑿スル必要ハナイト思ヒマス。サウシテ今日カラ之ヲ見マスレバ、実ニ此国家ノ大事ニ遭ウテ身ヲ殉シタ者ト同一ニ出タトコロノ者デアリマスカラ、此立憲政治ノ施カレテ二十年ノ今日ニ於テ、聖明上ニ在シマストコロノ今日ノ場合デアリマスカラ、宜シク是等ノ当時ノ志士ノ志ヲ酌ンデ之ヲ表彰スルト云フコトハ、今日ノ場合最モ適当ナル時期ト思ヒマスカラ、全然此提案ニ賛成致シマス。

○鈴木力君　先程カラノ御話、且提案者ノ御説明ニ依ツテ此案ニ賛成致スベキコトハ申スマデモナイコトデアリマス。……既ニ昨年内藤君ガ憲法政治ニ対スル功労者ニ対スル表彰ノコトヲ痛烈ニ論ゼラレタケレドモ、其後政府者ナルモノハ之ニ酬ユル所以ノモノハ杳タリ漠タリ、殆ド相関セザルモノノ如キ態度デアル。而シテ今又本案ニ対スル意嚮ヲ聞ケバ俗論極マル説ヲ以テ答ヘラルルコトハ、実ニ遺憾ノ至リデアル。即チ吾々ガ本案ニ賛成スル所以ノ意嚮ハ、我古来ノ民族精神ノ発揚トカ、民族精神ノ已ムヲ得ザル結果、寧ロ当然ノ権利トシテ之ヲ要求スルノデアリマス。……

かくして、「加波山事件殉難志士表彰ニ関スル建議案」は、同建議案委員会において「一名ノ反対モナク満場一致デ可決」されることになった。委員会審議を終了するにあたり、小久保委員長は、各委員に対し、次のごとく述べ、感謝の意を表明している。[17]

○委員長（小久保喜七君）サウシマスト、本案ハ一名ノ反対モナク満場一致デ可決致シマシタ。今日ハ是デ散会致シマス。……諸君ニ私ハ一個人トシテ御礼ヲ申上ゲマスガ、二十五年目デ亡友ノ汚名ヲ雪ギマシテ、実ニ諸君ニ感謝致シマス。

三月五日、小久保委員長は、衆議院本会議において、加波山事件殉難志士表彰に関する建議案委員会の審議結果を報告した。小久保委員長の報告は、次の通りである。[18]

極ク簡単ニ報告致シマス。此問題ハ重大ナ問題ト考ヘマシテ、丁度三回重ネマシテ政府委員ノ意見ヲ聞キマシタガ、政府委員ノ意見ト云フノハ、此加波山事件ト云フモノハ決シテ皇室ニ対シテ不敬ナドト云フヤウナ考ハナイ、又一身ノ利害デ起ツタモノトモ認メナイ、立憲政体ヲ希望スル熱心カラ過ツテ刑辟ニ触レタモノデ、誠ニ御気ノ毒ナ同情ニ堪エナイ事件デアルガ、憲政創始時代ニ斯様ナコトガアルト云フコトハ、喜バシクナイコトデアルカラ寧ロ忘レタイ、ノミナラズ立憲政体ト云フコトニ付テハ官民朝野一致ノ力デ出来タノデアルカラ、誰ガ功ガアルト云フコトヲ認メルコトガ出来ナイ、タメニ之ニ向ツテ表彰ノ調査等ハマダ致サナイト云フノガ、政府委員ノ意見デゴザイマシタ。然ルニ委員会ハ之ニ頗ル反対デゴザイマシテ、第一立憲政体ノ創始時代ニ在ツテ、此ノ如キ幾多ノ犠牲ノアツタト云フコトヲ明カニスルト云フコトハ、後世子孫ヲシテ憲法ヲ尊重セシムルニ利益ガアル。第二国ノタメニ死ンダト云フモノガアル以上ハ、国家ガ之ヲ顕彰スルト云フノハ国家ノ義務デアル。第三ハ大和民族ノ特有性ト云フモノハ犠牲的精神デアル。此犠牲的精神ヲ涵養スルニ於テモ、是等ノモノヲ表彰スル必要ガアル。第四刑辟ニ触レタルモノヲ表彰スルノガ可笑シイト云フ説ハ俗論デアル。ソレハ何ダト云フト、現ニ元治甲子ノ年ニ長州ノ国老、福原国司益田等ガ禁衛ヲ侵シタト云フ罪デ、刑死セラレタ上ニ首実検マデニナツタノデアルガ、維新後勤王家ノ立派ナモノデアルト云フコトデ御贈位ガアツテ、其他ノモノハ靖国神社ニ祭祀セラレタ。然ラバ一旦刑辟ニ触レタト雖モ、之ヲ調査ノ結果国家ノタメニヤツタト云フコトガ明カデアレバ、之ニ向ツテ表彰スルニ何カアラン。又第五立憲政体ハ国民一致ノ是デアルガ故ニ、之ニ向ツテ表彰シナイト云ヘバ、日清戦争日露戦争ハ是ハ国民ノ力デアリマス。唯其尽力ノ厚薄ニ依ツテ論功行賞ヲシタノデアル。故ニ立憲政体ニ向ツテ十分ナル尽力ヲシタモノガアリトスレバ、之ニ向ツテ論功行賞ヲスルノハ当然デアル。況ヤ是ガタメニ一身ヲ抛ツタト云フモノニ向ツテハ、十分ニ表彰スルノガ至当デアル。以上ノ五大理由ニ依ツテ委員会ハ満場一致ヲ以テ可決致シマシタ。此段報告仕リマス（拍手起ル）。

右の小久保委員長報告をうけて、衆議院本会議は、ただちに委員長報告通り、「加波山事件殉難志士表彰ニ関スル建議案」を満場一致で可決した。強盗殺人罪で刑死あるいは獄死した加波山事件殉難志士たちの名誉は、ここに確定判決から約二十四年ぶりに、ようやく回復されることとなったのである。

（1）史談会『戦亡殉難志士人名録』（明治四十年）。なお、本書は、昭和五十一年、原書房より覆刻版が刊行されている（明治百年史叢書、第二四七巻）。
（2）前掲『戦亡殉難志士人名録』三四九頁。
（3）名古屋事件関係者では、佐藤金次郎、青沼伝次郎、山内藤一郎、水野正三郎、服部三蔵、梅田与曾右衛門、鶴海善次郎、傍島粂蔵、村上辰右衛門、仁村菊次郎、中島健次郎、鬼島貫一、萩野浅五郎（いずれも獄死者）がぬけている。また、静岡事件関係者では、浅井満治（獄死者）がぬけており、他方、殉難志士には該当しない室田半次（二二）（満期出獄者）が入っている（前掲書、三五〇頁）。
（4）『史談速記録』第二〇二輯、明治四十二年十二月、二九頁以下。
（5）前掲書・第二〇四輯、明治四十三年二月、六頁。
（6）『官報』号外、明治四十三年三月十五日付、『第二十六回帝国議会貴族院議事速記録』第一二号、明治四十三年三月十四日。
（7）—（11）『官報』号外、明治四十三年二月二十五日付。なお、「建議案提出理由」は、『雄弁』第五号、明治四十三年六月、四五頁以下にも掲載されている。

(12)―(13)「第二十六回帝国議会衆議院加波山事件殉難志士表彰ニ関スル建議案委員会議録」第一回、明治四十三年二月二十五日。
(14) 前掲書、第二回、明治四十三年三月一日。
(15)―(17) 前掲書、第三回、明治四十三年三月三日。
(18)『官報』号外、明治四十三年三月六日付。

八 むすび

加波山事件で有罪判決を言い渡された二十三名全員のその後の状況は、以上のごとくである。ここで、これまで述べてきたところを簡単に整理するならば、次の通りである。

	氏名	確定判決	刑死、獄死、出獄日	名誉回復日	公権回復日
刑死者（六名）	富松 正安	死刑	明治十九年十月五日刑死	明治四十三年三月五日	
	三浦 文治	死刑	明治十九年十月二日刑死	明治四十三年三月五日	
	小針 重雄	死刑	明治十九年十月二日刑死	明治四十三年三月五日	
	琴田 岩松	死刑	明治十九年十月二日刑死	明治四十三年三月五日	
	杉浦 吉副	死刑	明治十九年十月五日刑死	明治四十三年三月五日	
	保多 駒吉	死刑	明治十九年十月五日刑死	明治四十三年三月五日	
獄死者（三名）	横山 信六	死刑	明治十九年九月三日獄死	明治四十三年三月五日	
	原 利八	無期徒刑	明治二十三年三月二十七日獄死	明治四十三年三月五日	
	大橋源三郎	重懲役十年	明治二十五年八月五日獄死	明治四十三年三月五日	

区分	氏名	刑	出獄		
満期出獄者（五名）	栗原足五郎	軽禁錮三月罰金十円	明治十九年十月十一日出獄		明治十九年十月十一日
	神山　八弥	軽禁錮三月罰金十円	明治十九年十月十一日出獄		明治十九年十月十一日
	内藤　魯一	軽禁錮二月罰金十円	明治十九年九月一日出獄		明治十九年九月一日
	谷津鉄之助	軽禁錮二月罰金十円	明治十九年九月一日出獄		明治十九年九月一日
	山田　勇治	軽禁錮二月罰金五円	明治十九年九月一日出獄		明治十九年九月一日
第一次特赦出獄者（三名）	鯉沼九八郎	有期徒刑十五年	明治二十六年三月四日出獄		明治三十年七月二十三日
	門奈茂次郎	有期徒刑十三年	明治二十六年二月二十五日出獄		明治三十年七月二十日
	佐伯　正門	重懲役十年	明治二十六年三月一日出獄		明治三十年七月二十三日
第二次特赦出獄者（六名）	河野　広躰	無期徒刑	明治二十七年十一月五日出獄		明治三十年七月（日不明）
	玉水　嘉一	無期徒刑	明治二十七年十一月五日出獄		明治三十年七月二十日
	天野市太郎	無期徒刑	明治二十七年十一月五日出獄		明治三十年七月二十一日
	草野佐久馬	無期徒刑	明治二十七年十一月五日出獄		明治三十年七月二十八日
	五十川元吉	無期徒刑	明治二十七年十一月五日出獄		明治三十年七月二十日
	小林篤太郎	無期徒刑	明治二十七年十一月七日出獄		明治三十年七月二十一日

右の一覧表で注目される事がらは、㈠二十三名のうち九名が「殉難志士」（刑死者および獄死者）に該当するという事実[1]、㈡満期出獄者は附帯犯の五名のみであったという事実、㈢残る九名は、いずれも特赦放免（二十六年に三名、二十七年に六名）となったという事実などである。わけても加波山事件関係者の特赦放免は、常事犯で処断された自由民権家の特赦放免に先鞭をつけたものとして注目に値する。加波山事件関係者の特赦出獄のあと、浦和事件、名古屋事件、静岡事件関係者が、つぎつぎに特赦放免となり[2]、明治三十年七月末日までの間に、ほとんどすべての自由民権家が釈放されることになるが、加波山事件関係者の特赦放免は、他の常事犯事件にさきがけて最初に実行されたものであったのである。

加波山事件をはじめ他の類似事件関係者たちが、比較的早期に釈放されることになった理由としては、かつての同志たちによる献身的な努力があったこと、そして国民世論の支持があったこと等をあげることができるだろう。しかし、同時に、明治政府自身が、すでに体制の維持につき確固たる自信をもち、たとえかれらを釈放し、公権回復をしたとしても、もはや混乱する余地はないとの判断をもつにいたったことも、いまひとつの大きな理由であった。自由民権時代は、すでに遠く過ぎ去り、時代は、それを過去の歴史としてながめる時代へと、すすみつつあったのである。

（1）事件勃発時の闘死者一名（平尾八十吉）、および有罪判決確定以前の獄死者一名（山口守太郎）を加えると、十一名となる。

（2）浦和事件の岩井丑五郎は明治二十八年七月一日、宮部襄、深井卓爾は同年七月二日に特赦放免となった。また、名古屋事件の山内徳三郎、寺西住之助、鬼頭弥助、安藤浅吉は三十年一月三十一日の減刑令により減刑出獄し、塚原九輪吉は同年七月十九日、種村鎌吉、中条勘助、皆川源左衛門、鈴木桂太郎、久野幸太郎は七月二十日、奥宮健之は七月二十一日に特赦放免となった。さらにまた、静岡事件の清水高忠、藪重雄、小山徳五郎、足立邦太郎、名倉良八、木原成烈、小池勇、川村弥市は三十年一月三十一日の減刑令により減刑出獄し、宮本鏡太郎、山岡音高、中野二郎三郎は同年七月二十一日、鈴木辰三は七月二十六日に特赦放免となった（『官報』第三六一三号、第四二二七号、第四二二八号、明治二十八年七月十六日、同三十年八月四日、同三十年八月五日）。

第六章　自由民権家の出獄と公権回復——大阪事件関係者の場合

一　はしがき

明治十八年、大井憲太郎、小林樟雄、新井章吾ら旧自由党の同志が、朝鮮親日派の独立党を助け、親清国派の事大党政権を転覆する陰謀を企て、未然に発覚したいわゆる大阪事件については、すでにいくつかの文献が公刊されており[1]、新たなる資料や斬新な視角にもとづく研究成果も[2]、近年、ますます活溌に発表されつつある。

本章は、こうした先行研究にみちびかれつつも、これまでほとんど論じられることがなかった大阪事件関係者の有罪判決確定後の動向に対象をしぼり、大赦令あるいは特赦で出獄した人々の氏名、さらにはそれらの人々の公権回復の時期などにつき、若干の検討を試みようとするものである。

(1) 大阪事件に関する戦前の文献としては、『大阪事件志士列伝』（明治二十年）、関戸覚蔵編『東陲民権史』（明治三十六年）、板垣退助監修『自由党史』（明治四十三年）、野島幾太郎『新井章吾先生』（昭和五年）、石川諒一・玉水常治共編『自由党大阪事件』（昭和八年）、高梨光司「大阪事

件と山本憲」(『季刊明治文化研究』5、昭和十年)、玉水常治『自由か死か——玉水常治自伝——』(昭和十一年)、大阪弁護士会『大阪弁護士史稿』(昭和十二年)、平野義太郎『馬城大井憲太郎伝』(昭和十三年)、手塚豊「自由党大阪事件と児島惟謙」(『歴史と生活』第五巻第五号、昭和十七年)などがある。また、戦後の文献としては、村田静子『福田英子』(昭和三十四年)、大島美津子「大阪事件——民権派の『朝鮮改革』計画——」(『日本政治裁判史録』明治・後、昭和四十四年)、手塚豊「大阪事件の裁判と児島惟謙」(『法学研究』第四十五巻第二号、昭和四十七年二月、のち『自由民権裁判の研究』中巻、昭和五十七年に再録)、森長英三郎『裁判自由民権時代』(日本評論社、昭和五十四年)などが代表的なものだろう。

(2) 最近の成果としては、大阪事件研究会編著『大阪事件の研究』(昭和五十七年)に登載されている松尾章一、牧原憲夫、鶴巻孝雄、沼謙吉、松尾貞子、江刺昭子、小川原健太の諸氏による研究のほか、『大阪事件研究』(第一号—第五号、昭和六十年七月—六十一年七月)に掲載されている諸論考が注目に値する。また、松尾章一・松尾貞子共編『大阪事件関係史料集』(昭和六十年)は、大阪事件に関するはじめての本格的な資料集として、特筆すべきものである。

二 確定判決

明治二十年九月二十四日、臨時大阪重罪裁判所は、大阪事件関係者六十四名[1]のうち、判決直前の九月十日に死亡した綾部覚之助をのぞく六十三名に対し、判決を言い渡した。[2] 判決は、外患罪もしくは強盗罪を適用する一方、爆発物取締罰則を適用せず、大井憲太郎以下四十三名に対し有罪、のこる二十名に対し無罪[3]を言い渡すものであった。いまここで臨時大阪重罪裁判所の判決を一覧にまとめるならば、次の通りである。[4]

氏名	族籍	罪名	量刑	数罪倶発、重きに従う
大井憲太郎	東京府平民	外患罪 罪人隠避 賍金受贓	軽禁獄六年 軽禁錮二月罰金一〇円 重禁錮六月罰金一〇円監視六月	軽禁獄六年
磯山清兵衛	茨城県平民	外患罪 火薬私有罪	軽禁獄六年 罰金二〇円	軽禁獄六年

小林　樟雄	岡山県士族	外患罪	軽禁獄六年	軽禁獄六年
新井　章吾	栃木県平民	外患罪	軽禁錮五年監視二年	軽禁錮五年監視二年
稲垣　示	富山県平民	外患罪 罪人隠避罪	軽禁錮五年監視二年 軽禁錮一月罰金一〇円	軽禁錮五年監視二年
田代　季吉	福島県平民	外患罪 氏名詐称受鑑札	軽禁錮二年監視一年 重禁錮四月罰金五円	軽禁錮二年監視一年
魚住　滄	富山県士族	外患罪	軽禁錮二年監視一年	軽禁錮二年監視一年
井山　惟誠	石川県平民	外患罪	軽禁錮二年監視一年	軽禁錮二年監視一年
久野初太郎	群馬県士族	外患罪	軽禁錮二年監視一年	軽禁錮二年監視一年
橋本政次郎	群馬県平民	外患罪	軽禁錮二年監視一年	軽禁錮二年監視一年
窪田　常吉	石川県士族	外患罪	軽禁錮二年監視一年	軽禁錮二年監視一年
川村　潔	富山県平民	外患罪	軽禁錮二年監視一年	軽禁錮二年監視一年
赤羽根利助	栃木県平民	外患罪	軽禁錮二年監視一年	軽禁錮二年監視一年
武藤角之助	神奈川県平民	外患罪	軽禁錮二年監視一年	軽禁錮二年監視一年
稲垣良之助	富山県平民	外患罪	軽禁錮二年監視一年	軽禁錮二年監視一年
田崎定四郎	茨城県平民	外患罪	軽禁錮二年監視一年	軽禁錮二年監視一年
玉水　常治	茨城県士族	外患罪 逃走罪	軽禁錮二年監視一年 重禁錮五月	軽禁錮二年監視一年
石塚　重平	長野県平民	外患罪	軽禁錮一年半監視一〇月	軽禁錮一年半監視一〇月
館野芳之助	茨城県平民	外患罪	軽禁錮一年半監視一〇月	軽禁錮一年半監視一〇月
景山　英子	岡山県士族景山弘妹	外患罪	軽禁錮一年半監視一〇月	軽禁錮一年半監視一〇月
天野　政立	神奈川県士族	外患罪	軽禁錮一年半監視一〇月	軽禁錮一年半監視一〇月
山本　憲	高知県平民	外患罪	軽禁錮一年監視一〇月	軽禁錮一年監視一〇月
波越　四郎	高知県士族	外患罪	軽禁錮一年監視一〇月	軽禁錮一年監視一〇月

村野常右衛門	神奈川県平民	外患罪	軽禁錮一年監視一〇月	軽禁錮一年監視一〇月
飯田喜太郎	千葉県平民	外患罪	軽禁錮一年監視一〇月	軽禁錮一年監視一〇月
安東久次郎	岡山県平民	外患罪	軽禁錮一年監視一〇月	軽禁錮一年監視一〇月
長阪　喜作	山梨県平民	強盗罪 外患罪	有期徒刑一二年 軽禁錮二年	有期徒刑一二年
山本　與七	神奈川県平民	強盗教唆罪 外患罪 罪人蔵匿罪	軽懲役八年 軽禁錮二年 軽禁錮三月罰金一五円	軽懲役八年
菊田粂三郎	神奈川県平民	強盗罪 外患罪	軽懲役七年 軽禁錮二年	軽懲役七年
佐伯十三郎	千葉県士族	強盗罪 外患罪	軽懲役六年 軽禁錮二年	軽懲役六年
難波　春吉	神奈川県平民	強盗罪 外患罪	軽懲役六年 軽禁錮二年	軽懲役六年
大矢　正夫	神奈川県平民	強盗罪 外患罪	軽懲役六年 軽禁錮二年	軽懲役六年
内藤六四郎	愛知県士族	外患罪 制縛罪	軽禁錮二年 重禁錮二年罰金三〇円	重禁錮二年罰金三〇円
氏家　直国	宮城県士族	制縛罪	重禁錮二年罰金三〇円	重禁錮二年罰金三〇円
山本　鹿造	鳥取県平民	制縛罪	重禁錮二年罰金三〇円	重禁錮二年罰金三〇円
加納　卯平	富山県平民	外患罪 制縛罪	軽禁錮二年 軽禁錮二年罰金三〇円	重禁錮二年罰金三〇円
吉村大次郎	大阪府平民	外患罪 制縛罪 逃走罪	軽禁錮二年 重禁錮二年罰金三〇円 重禁錮五月	重禁錮二年罰金三〇円

落合　寅市	埼玉県平民	外患罪 制縛罪	軽禁錮二年 重禁錮二年罰金三〇円	更ニ之ヲ論セス
山中三次郎	茨城県平民	強盗罪	有期徒刑一二年	有期徒刑一二年
諏訪庄太郎	茨城県平民	強盗罪	重懲役九年	重懲役九年
諏訪治郎吉	茨城県平民	強盗罪	重懲役一〇年	重懲役一〇年
斎藤　兵蔵	茨城県平民	強盗罪	重禁錮五年監視一年	重禁錮五年監視一年
渡辺得次郎	茨城県平民	強盗罪	重禁錮五年監視一年	重禁錮五年監視一年

（1）落合寅市は、外患罪で軽禁錮二年、制縛罪で重禁錮二年罰金三〇円に相当するものと認定されたが、すでに明治十九年三月十七日秩父事件で重懲役十年に処せられており、「更ニ之ヲ論セス」と言い渡された。
（2）玉水常治、吉村大次郎の両名は、脱獄のため、欠席のまま裁判がおこなわれた。
（3）綾部覚之助は、公判中の二十年九月十日に病死した。

しかし、右の判決を不服とする大井憲太郎、小林樟雄、新井章吾、館野芳之助の四名は、ただちに大審院へ上告をおこない、さらに争うことになった。明治二十一年三月二十八日、大審院は、原判決を破棄、事件は、名古屋重罪裁判所へ移送されることになったが、同年四月十五日の名古屋重罪裁判所の判決は、館野以外の被告にとって一層厳しいものとなった。すなわち判決は、館野に対し第一審判決よりもやや軽い「軽禁錮一年半監視六月」を言い渡したものの、大井、小林、新井の三名には、第一審判決が適用しなかった爆発物取締罰則をあえて適用し、より重い「重懲役九年」を言い渡したのである。(5)

判決／被告名	大阪重罪裁判所判決			名古屋重罪裁判所判決		
	罪名	量刑	数罪倶発、重きに従う	罪名	量刑	数罪倶発、重きに従う
大井憲太郎	外患罪 罪人隠避 賍金受贓	軽禁獄六年 軽禁錮二年罰金一〇円 重禁錮六月罰金一〇円監視六月	軽禁獄六年	爆発物取締罰則 外患罪 犯人隠避 賍金受贓	重懲役九年 重禁獄九年 軽禁錮二月罰金五円 重禁錮六月罰金一〇円監視八月	重懲役九年
小林　樟雄	外患罪	軽禁獄六年	軽禁獄六年	爆発物取締罰則 外患罪	重懲役九年 重禁獄九年	重懲役九年
新井　章吾	外患罪	軽禁獄六年	軽禁獄六年	爆発物取締罰則 外患罪	重懲役九年 重禁獄九年	重懲役九年
舘野芳之助	外患罪	軽禁錮一年半 監視一〇月	軽禁錮一年半 監視一〇月	外患罪	軽禁錮一年半 監視六月	軽禁錮一年半 監視六月

その結果、舘野は、この名古屋重罪裁判所の判決に服することになったが、大井、小林、新井の三名は、これに承服せず、再び上告をおこなった。しかし、十二月二十八日、大審院は、判決を言い渡し、上告を棄却した。大井ら三名は、なおもこれを不服として大審院へ哀訴をおこなったが、二十二年一月三十一日、大審院は、これも棄却し、結局、大井ら三名の量刑は、名古屋重罪裁判所の判決通りに確定し、大阪事件の裁判は、ようやくここにその全てが終結することになったのである。(6)

有罪となった事件関係者のうち、有期徒刑一二年を言い渡された長阪喜作と山中三次郎の両名は、明治十五年刑法により「島地」に「発遣」(第一七条)、すなわち北海道送りになったものと考えられるが、残る事件関係者は、いずれも有期徒刑未満であり、北海道送りにはならなかったことが確実である。ちなみに、北海道送りにならなかった事件関係者のうち、入獄先が明らかなのは、次の人々である。

〔名古屋監獄署〕大井憲太郎、小林樟雄、新井章吾、館野芳之助
〔三池集治監〕磯山清兵衛
〔大阪監獄署〕安東久次郎、菊田粂三郎、山本憲
〔和歌山監獄署〕稲垣示、田代季吉、久野初太郎、橋本政次郎、天野政立、波越四郎、難波春吉、村野常右衛門
〔三重監獄署〕魚住滄、窪田常吉、赤羽根利助、稲垣良之助、景山英、内藤六四郎、山本鹿造、山本與七
〔徳島監獄署〕井山惟誠、川村潔、武藤角之介、田崎定四郎、石塚重平、大矢正夫、氏家直国、斎藤兵蔵

（1）明治十九年十二月二十七日、大阪軽罪裁判所でおこなわれた予審の結果、水島保太郎、土方房五郎、森久保作蔵、黒田黙耳、稲辻秀重〔与四郎〕、小口冨蔵〔富左右〕、桜井徳太郎、岩崎万次郎、森脇直樹、塩見逸刀太、石原鉱蔵、樽井藤吉、江副靖臣、田中種審、江藤新作の合計十五名が免訴となったが、大井憲太郎ら六十四名（本章本節の一覧表参照）は臨時大阪重罪裁判所の公判に、伊賀我何人、寺島正節、中谷謀蔵、金山亀楽の四名は大阪軽罪裁判所の公判に、江口一三、前田鈴吉の二名は軍法会議に、それぞれ付されることになった。なお、本章では、大阪軽罪裁判所ならびに軍法会議に移送された被告については、検討の対象としていない。
（2）本章において使用する臨時大阪重罪裁判所の判決文は、「明治三十年公文雑纂」巻二十二、司法省二（国立公文書館所蔵）所載の判決書謄本である。
（3）ちなみに、無罪となったのは、南磯一郎、野崎栄太郎、重松覚平、釜田喜作、島省左右、金武央、小松大、久保財三郎、藤井繁治、山際七司、山川市郎、淵岡駒吉、小久保喜七、窪田久米、寺島松右衛門、霜島幸次郎、日下部正一、井村智宗、遠藤福寿、中村楯雄の二十名である（前掲判決書謄本）。
（4）一覧表を作成するにあたり、前掲判決書謄本を利用した。
（5）『東京朝日新聞』明治二十一年七月十八日付、前掲『大阪事件関係史料集』下巻、三一〇頁—三一六頁。
（6）手塚・前掲『自由民権裁判の研究』中巻、一三五頁。

三　満期出獄者（大赦令前）

大阪事件関係者のなかで、いちはやく出獄したのは、事件関係者中もっとも罪の軽かった山本憲、波越四郎、村野常右衛門、飯田喜太郎、安東久次郎の五名である。山本ら五名は、明治二十年九月二十四日、臨時大阪重罪裁判所において「軽禁錮一年監視一〇月」の判決を言い渡された後、大審院へ上告することなくただちに服罪しているから、まさにこの日が刑期の起算日であり、(1)刑期から計算すると、満期出獄予定日は、それからちょうど一年後の明治二十一年九月二十四日となる。ちなみに、村野常右衛門は、五十嵐文平宛の書簡のなかで、(2)

明治二十一年九月二十四日満期出獄ト相成候。

と述べており、また、山本憲も、その自伝のなかで、(3)

九月二十四日。刑期方満。釈放帰家。迎者数十人。二親に謁シ。無恙ヲ慶ス。

と述べている。また『東京朝日新聞』も、(4)

国事犯者の出獄　九月廿四日大阪発

国事犯人にして当地の監獄にありし山本憲、安東久次郎の二氏ハ今日(二十四日)午前九時みな健康にて出獄せり。波越四郎、村野常右衛門、飯田喜太郎の三氏も今日和歌山にて出獄せるに付、迎ひに往きし輩あり。

と報じており、かれらが予定通り「九月二十四日」に、満期出獄したことは、疑いがない。

(1) 明治十五年刑法によれば「受刑ノ初日」は「時間ヲ論セス一日ニ算入」し、「放免ノ日」は「刑期ニ算入セス」と定められていた（第四九条）。
(2) 『三多摩自由民権史料集』下巻、昭和五十四年、九一一頁。
(3) 『梅崖先生年譜』私家版、昭和六年、二五枚裏。

（4）『東京朝日新聞』明治二十一年九月二十五日付、前掲『大阪事件関係史料集』下巻、二八七頁。

四　大赦令による出獄者

明治二十二年二月十一日、大日本帝国憲法発布にともなう大赦令（勅令第一二号）が公布された。[1] この大赦令により、「皇室ニ対スル罪」（第一一六条、第一一八条該当者をのぞく）、「内乱ニ関スル罪」、「外患ニ関スル罪」、「兇徒聚衆ノ罪」、「官吏ノ職務ヲ行フヲ妨害スル罪」（第一三九条、第一四〇条該当をのぞく）、「保安条例ノ罪」、「集会条例ノ罪」、「爆発物取締罰則ヲ侵ス罪」、「新聞紙条例ノ罪」（風俗紊乱の罪をのぞく）、「出版条例ノ罪」（風俗紊乱の罪をのぞく）などを犯した者が「赦免」されることになったのであるが、大阪事件関係者についてもこれが適用されることになった。もとより、それは、例えば強盗罪や逃亡罪などの常事犯を「赦免」の対象外としており、事件関係者のなかには、これが全く適用されなかった者や一部しか適用されなかった者も少なくなかったのであるが、いまここで大赦令によって、その罪が全て消滅し、ただちに釈放されることになった人々を示すならば、次の通りである。

小林樟雄、新井章吾、魚住滄、井山惟誠、久野初太郎、橋本政次郎、窪田常吉、川村潔、赤羽根利助、武藤角之助、稲垣良之助、田崎定四郎、石塚重平、館野芳之助、景山英、天野政立、山本憲、波越四郎、村野常右衛門、飯田喜太郎、安東久次郎

ちなみに、右のうち、栃木の民権家新井章吾の「外患罪及ヒ爆発物取締罰則違犯ノ罪」が「大赦ニ因リ消滅」したことをつたえる書面は、次のようなものであった。[2]

栃木県下野国戸賀郡吹上村
三十八番地平民

右二十一年七月十四日名古屋重罪裁判所ニ於テ処断ヲ受ケタル外患罪及ヒ爆発物取締罰則違犯ノ罪ハ本年勅令第十二号大赦ニ因リ消滅ス

明治二十二年二月十三日

名古屋控訴院検事長加納謙代理

検事　岡　田　　豊

ところで、憲法発布の大赦令施行と同時に出獄をしたのは、右の二十一名だけではなかった。大赦令により「最重ノ罪」は赦免となったものの、なお「他ノ罪」が残った磯山清兵衛（罰金二〇円）、稲垣示（軽禁錮一月罰金一〇円）、田代季吉（重禁錮四月罰金五円）、さらには大井憲太郎（重きに従い重禁錮六月罰金一〇円監視八月）もまた、このとき出獄がみとめられたからである。

さて、これら四名のうち、磯山、稲垣、田代の場合は、判決確定日（明治二十年九月二十四日）からすでに一年四か月余りが経過しており、「赦免ヲ得サル罪ノ刑ヲ執行スヘキトキハ赦免ヲ得タル罪ニ付執行シタル刑ヲ通算ス」（大赦施行手続第三条）なる規定によって、ただちに出獄できることになったものと考えられるが、問題は大井の場合である。大井の場合、「最重ノ罪」が赦免になった後も、「他ノ罪」として罪人隠避（軽禁錮二月罰金五円）と賍金受贓（重禁錮六月罰金一〇円監視八月）とが残り、また、判決の確定日も、明治二十一年十二月二十八日と遅かったからである。大井の出獄については、第七章で詳しく検討するが[3]、理由はともかく大井を含めた五名は、この日晴れて獄中生活から解放されることになったのである。

(1)『官報』号外、明治二十二年二月十一日付。

新　井　章　吾

（2）大町雅美『新井章吾』昭和五十四年、一六七頁。
（3）本書第七章一八六頁以下参照。

五　仮出獄・満期出獄者（大赦令後）

大赦令後も「他ノ罪」があったため、なお獄中にあった人々のうち、比較的罪の軽かった人々については、刑期の四分の三が経過した時点で仮出獄がみとめられたようである。大矢正夫はその自叙伝のなかで「氏家ハ刑期四分の三を経過して仮出獄(1)」と述べており、氏家直国（重禁錮二年罰金三〇円）が、「刑期四分の三」を経過した時点、すなわち明治二十二年三月二十四日の時点で仮出獄したことが判明する。氏家と同一の罪名で、同一の量刑の判決を言い渡されたのは、氏家のほかに、内藤六四郎、山本鹿造、加納卯平、吉村大次郎の四名がいたが、破獄した吉村（明治二十一年四月八日自首）を除く他の三名もまた、氏家と同様、このとき仮出獄したのではないかと思われる。

他方、犯した罪が強盗罪のみであった山中三次郎（有期徒刑一二年）、諏訪庄太郎（重懲役九年）、諏訪治郎吉（重懲役一〇年）、斎藤兵蔵（重禁錮五年監視一年）、渡辺得次郎（重禁錮五年監視一年）の五名は、はじめから大赦令の対象外であり、その後に特赦になった形跡も、仮出獄となった形跡もみあたらない。あるいは、かれらの場合、その獄中生活は、刑期満了となるまで、続くことになったのではなかろうか。少なくとも斎藤については、『大矢正夫自徐(ママ)伝』に、「満期出獄せり(2)」との記述もあり、満期となるまで徳島監獄署にいたことが確実である。

なお、堀川監獄を脱走し、明治二十一年四月八日、和歌山警察署に自首をした吉村大次郎(3)と同二十二年二月十五日、函館警察署に自首をした玉水常治(4)の両名は、大赦令により外患罪を免じられたものの、他の罪は許されず、いずれも残余の刑期が満期となるまで獄中生活を送ったものと思われる。

（1）（2）『大矢正夫自徐伝（ママ）』昭和五十四年、一三頁。
（3）『燈新聞』明治二十一年四月十一日付は、「大坂国事犯の一人なる吉村大次郎氏ハ昨八日和歌山警察署へ自首したり」と報じている。
（4）玉水は、『自由か死か——玉水常治自伝——』のなかで、「……函館警察署に自首して出たのは二月十五日。……自首して出た位ひであるから、警察署に於ても、潜伏中の事蹟を追究して調べもせず、格別の訊問もなく、大阪へ電報で照会しただけで、直ちに五稜郭の監獄へ護送せられると、既に本罰は国事犯たるを以て、特赦の恩典に浴した。脱獄罪も僅に六ヶ月であるから、法律の定むる処によって消滅してゐたのであるが、脱獄罪だけは常事犯であるから再び甦り、これだけを服役せんとする折柄のことである。……八月十六日の出獄の日には日穐亀吉氏が、着衣全部を新調して、身内の者を五人程連れて、馬車を仕立て迎に来られたのは、実に喜ばしき極みであった」（二九二頁—二九八頁）と述べている。これにしたがえば、脱獄罪は「六ヶ月」で、明治二十二年「二月十五日」に自首し、「八月十六日」に出獄したことになるが、判決書によると、かれの脱獄罪は「五ヶ月」である。玉水の記憶には、量刑、さらに自首もしくは出獄の時期についても、なんらかの錯誤があるのではなかろうか。

六　特赦による出獄者

大日本帝国憲法発布の大赦令は適用されたものの、「他ノ罪」があり、獄中生活が長期に及ぶことになった長阪喜作（有期徒刑一二年）、山本與七（軽懲役八年）、菊田粂三郎（軽懲役七年）、佐伯十三郎（軽懲役六年）、難波春吉（軽懲役六年）、大矢正夫（軽懲役六年）の六名については、特別に特赦の適用が検討されることになった。六名の特赦放免の時期は、量刑に差異があり、また司法大臣から内閣総理大臣宛への特赦上申書の提出時期にも差異があったため、若干のずれがあるが、いずれも、申請書通りに特赦放免がみとめられたことは、まちがいがない。たとえば、大矢正夫は、その自叙伝にみずからの特赦放免について、次のように記している。(1)

明治廿四年十二月十五日、外役囚ハ正午までに、帰監すべしとの命令下りしと。人皆奇異の思をなせしが、九時過ぎ、真能師来り告て曰く、今日ハ御目出度う、午後一時、米搗場の広庭にて、当監獄最初の特赦式挙行あり、而て其主人公ハ、即ち君なりと。果て十二時半に至り、式場出頭の命あり。至れバ千数百名、囚徒、広場に集合し、正面にハ典獄以下役人整列せり。正夫壇前に進めバ、典獄厳かに特赦の状を朗読し、直に出獄の命を下す。正夫再拝して、其状を領す。但し其写しなり。式場より本監に至るの間、足の地を踏むを覚えざる程、嬉しかりし。

さらにまた、山本與七の特赦放免についても、『官報』に、次のような記事がみえている。(2)

神奈川県相模国高座郡座間村山本與七ハ強盗教唆等ノ科ニ因リ明治二十年九月第二期臨時大阪重罪裁判所ニ於テ軽懲役八年ノ宣告ヲ受ケ服役中ノ処去月二十七日特典ヲ以テ放免セラレタリ。

なお、長阪、菊田、佐伯、難波の特赦出獄については、直接資料がみあたらないが、後掲の明治三十年五月二十八日付司法大臣上申書中に、「各特赦ノ恩典ヲ受ケ出獄シタル者共ニ有之候(3)」との文言があり、かれらもまた、大矢や山本と同様に特赦放免となったであろうことは、疑いがない。

(1)　前掲『大矢正夫自徐伝(ママ)』八二頁。
(2)『官報』明治二十六年三月三日付。
(3)　本章次頁参照。

七　公権回復

大阪事件関係者のうち、明治二十一年九月二十四日に満期出獄したものの、なお「監視」中であった山本憲以下五名、さらには明治二十二年二月十一日の憲法発布の大赦令で出獄した小林樟雄以下二十一名の公権は、「大赦ニ因テ免罪ヲ得タル者ハ直チニ復権ヲ得」(明治十五年刑法第六四条)との規定にしたがい、ただちに回復されることになった。しかし、上記の大赦令によって出獄することができず、その後の特赦によってようやく出獄がみとめられた長阪喜作、菊田粂三郎、佐伯十三郎、大矢正夫、難波春吉、山本與七の六名の公権は、回復されなかった。明治十五年刑法によれば、「重罪ノ刑ニ処セラレタル者」は、「終身」「公権ヲ剥奪」されることになっており（第三一条）、原則的には、かれらの公権は、生涯、回復されないことになっていたからである。

右の六名のうち、明治二十八年八月十八日に死亡した佐伯十三郎[1]を除く五名の公権回復があらためて検討されることになったのは、明治三十年五月に入ってからのことである。同年五月二十八日、司法大臣清浦奎吾は、内閣総理大臣臨時代理黒田清隆に対し、上記四名の「公権」を「特典」をもって「回復」すべく、次のごとき上申書を提出したのである。[2]

別紙山梨県平民長阪喜作外四名復権ノ件上奏書及進達候也

明治三十年五月廿八日

司法大臣　清　浦　奎　吾

内閣総理大臣臨時代理

枢密院議長伯爵　黒　田　清　隆　殿

しかして、その「別紙」とは、次のようなものであった。[3]

山梨県平民長阪喜作神奈川県平民菊田粂三郎同大矢正夫同難波春吉同山本與七復権ノ儀ニ付上奏

山梨県平民長阪喜作ハ共謀持凶器強盗ノ罪ニ依リ明治二十年九月二十四日第二期臨時大阪重罪裁判所ニ於テ有期徒刑十二年ニ処セラレ神奈川県平民菊田粂三郎ハ同一ノ罪ニ依リ同月同日同裁判所ニ於テ軽懲役七年ニ処セラレ同大矢正夫同難波春吉同一ノ罪ニ依リ同月同日同裁判所ニ於テ各軽懲役六年ニ処セラレ同山本與七ハ同一ノ罪ニ依リ同月同日同裁判所ニ於テ軽懲役八年ニ処セラレ其後各特赦ノ恩典ヲ受ケ出獄シタル者共ニ有之候処孰レモ

其犯罪ノ重大ナルニ拘ハラス当時ノ時勢ニ憤慨スル所アリテ遂ニ犯行ヲ為スニ至リタルモノニシテ其犯情頗ル斟酌スヘキ所アルニ付キ特典ヲ以テ将来ノ公権ヲ復セラレ候様致度此段上奏候也

明治三十年五月

司法大臣　清　浦　奎　吾

右の五月二十八日付清浦司法相の上申書を受理した内閣総理大臣臨時代理黒田清隆は、ただちに内閣法制局に対し、この問題の審査を命じた。内閣法制局がこの問題の審査を終了し、その結果を回答したのは、それから一カ月あまりを経過した六月二十九日のことであった。六月二十九日付内閣法制局長官神鞭知常より内閣総理大臣松方正義宛回答書ならびに指令案は、次の通りである。(4)

明治三十年六月二十九日

法　制　局　長　官

内　閣　総　理　大　臣

別紙司法大臣上奏山梨県平民長阪喜作外四名復権ノ件ヲ審査スルニ上奏ノ通特典ヲ以テ公権ヲ復セラレ可然ト信認ス仍テ指令案左ノ通ニテ可然哉

指　令　案

特典ヲ以テ山梨県平民長阪喜作神奈川県平民菊田粂三郎同大矢正夫同難波春吉同山本與七ノ公権ヲ復ス

明治三十年七月十二日

奉　勅

内　閣　総　理　大　臣

かくして、明治三十年七月十二日、右の指令案通り、長阪喜作ら五名の大阪事件関係者の公権を、「特典ヲ以テ」回復することが指令された。かれらの公権回復をつたえる『官報』の記事は、次の通りである。(5)

山梨県平民長阪喜作ハ共謀持凶器強盗ノ科ニ因リ明治二十年九月第二期臨時大阪重罪裁判所ニ於テ有期徒刑十

二年ニ、神奈川県平民菊田粂三郎ハ軽懲役七年ニ、同大矢正夫同難波春吉ハ同六年ニ、同山本與七ハ同八年ニ、孰モ同年同月同科ニ因リ同裁判所ニ於テ前記ノ如ク宣告セラレ其後各々特赦ノ恩典ヲ受ケ出獄セシカ粂三郎、正夫、春吉、與七ハ去月二十二日、喜作ハ本月二日特典ヲ以テ公権ヲ復セラレタリ。

前述のごとく、かれら以外の公権が、すでに早い段階で回復されていたから、右の五名の公権が回復されたことによって、大阪事件関係者の公権は、ここに、ほぼ回復されることになった。[6] 明治二十年九月二十四日の臨時大阪重罪裁判所の判決以来、九年十カ月目のことであった。

（1）石川・玉水・前掲『自由党大阪事件』一七〇頁。「山梨県平民長阪喜作外四名復権ノ件」『明治三十年公文雑纂』巻二十二・司法省二。
（2）―（4）前掲「山梨県平民長阪喜作外四名復権ノ件」。
（5）『官報』明治三十年八月十二日付。
（6）この時点でもなお、公権が回復されなかったと思われるのは、強盗罪で重罪となった山中三次郎、諏訪庄太郎、諏訪治郎吉の三名だけである。

八　むすび

明治二十二年二月十一日、大日本帝国憲法発布にともなう大赦令等によって、国事犯事件として処断された大阪事件関係者の多くが出獄し、あわせて公権の回復が容認されたことは、すでにくわしく述べた通りであるが、この公権回復は、かならずしも衆議院議員選挙における「選挙人及被選人タルコト」をただちに意味するものではなかった。明治二十二年二月十一日に定められた衆議院議員選挙法第一四条には、「左ノ項ノ一ニ触ル、者ハ選挙人及被選人タルコトヲ得ス」とあり、その第四および第五項目には、次のような事項が掲げられている。

四　禁錮ノ刑ニ処セラレ満期ノ後又ハ赦免ノ後満三年ヲ経サル者

五　旧法ニ依リ一年以上ノ懲役若ハ国事犯禁獄ノ刑ニ処セラレ満期ノ後又ハ赦免ノ後満三年ヲ経サル者

もとより右の規定は、大赦令により赦免となった者にまで及ぶものではないが[1]、満期出獄もしくは特赦放免となった者にとっては、まことに厳しい内容であった。明治十五年刑法によれば、「禁錮ニ処セラレタル者」の公権の停止は、「其刑期間」（第三三条）とされており、また「重罪ノ刑ニ処セラレタル者」の剥奪公権は、特赦の「赦状中」に「復権」のことが「記載」されていれば、ただちに回復されることになっていた（第六四条）のであるが、新たに定められた衆議院議員選挙法は、右の手続きによってたとえ公権を回復した者であっても、「満三年ヲ経サル者」については、「選挙人及被選人タルコト」をみとめないとするものであったからである。すなわち大阪事件関係者についていえば、余罪のない純粋の政治犯で、大赦出獄した者以外は、いずれも「満三年ヲ経サル者」に該当することになり、事実上、「満三年」内におこなわれる衆議院議員選挙の「被選人」になることは、不可能となったのである。

周知のごとく、明治二十三年七月一日におこなわれた第一回衆議院議員選挙には、小林樟雄、新井章吾などの大阪事件関係者[2]が当選しているが、大井憲太郎や稲垣示などはこの時の選挙に出馬していない。かれらの場合、かれら自身の意思によって出馬しなかったのではなく、まさに衆議院議員選挙法上の「満三年ヲ経サル者」に該当したために、「選挙人及被選人タルコト」ができなかったのである[3]。

（1）「出獄諸子の被選権」『東雲新聞』（明治二十二年三月十日付）は、「諸子の出獄は正に赦免なるが故に今回の選挙には応ずるを得ざる可しと言ふ者有れば、或は又諸子の出獄は大赦に遭ひたるにて赦免を得たるには非ず故に此等の諸項には無論応当するものに非ずと言ふ者有り」と述べ、大赦出獄者の被選権の有無をめぐっても、議論があったことをつたえている。

（2）拙稿「明治憲法発布の大赦令関係資料――裁判所別既未決犯罪表と赦免者名簿――」『政治学論集』第三四号、平成三年十月、一二九頁以下、本書付録、一九九頁以下。

（3）この点について言及した文献は、ほとんどみあたらないが、わずかに村田静子『福田英子』、昭和三十四年は、「彼〔大井〕は赦免後三年たっていない為、立候補できなかった」（六〇頁）と述べている。

第七章　第一回衆議院議員選挙と大井憲太郎

一　はしがき

明治二十三年七月一日、わが国最初の衆議院議員選挙が実施され、明治十年代に自由民権運動家として華々しく活躍した人々が、多数当選したことはよく知られている。しかし、大井憲太郎、稲垣示、星亨ら一部の民権運動家は、いずれも第一回衆議院議員選挙の出馬に強い意欲を示していたにもかかわらず、結局は出馬できなかった。彼らがなぜ出馬できなかったのか。そこには一体いかなる事情があったのであろうか。筆者はかつて、「自由民権家の出獄と公権回復――大阪事件関係者の場合――」(1)と題する小論のなかで、この点に言及したことがあったが、その時は資料も乏しく、真相を明らかにすることができなかった。

本章において筆者は、その後に入手したいくつかの資料を用いて、大阪事件の中心的人物であった大井憲太郎がなぜ不出馬となったのか。ここではその間の事情を明らかにすることに焦点をしぼり、私見を述べることにしたい。

（1）『法学論集』第五〇号、平成七年三月、三二一頁以下。

二　選挙人及び被選人の資格

明治二十二年二月十一日、大日本帝国憲法発布にともなう大赦令（勅令第一二号）が施行された。この大赦令によって、「皇室ニ対スル罪」（第一一六条、第一一八条該当者を除く）、「内乱ニ関スル罪」、「外患ニ関スル罪」、「凶徒聚衆ノ罪」、「官吏ノ職務ヲ行フヲ妨害スル罪」（第一三九条、第一四〇条該当者を除く）、「保安条例ノ罪」、「集会条例ノ罪」、「爆発物取締罰則ヲ犯ス罪」、「新聞紙条例ノ罪」（風俗紊乱の罪を除く）、「出版条例ノ罪」（風俗紊乱の罪を除く）などを犯した者が「赦免」されることになったが、[1] 殺人罪、強盗罪、窃盗罪、逃亡罪など、破廉恥な罪を犯した常事犯については、「赦免」の対象外とされた。

大阪事件関係者のなかで、この大赦令によってその罪が全て消滅し、ただちに釈放されることになったのは、小林樟雄、新井章吾、景山英子ら二十一名におよぶが、[2] このとき釈放されたのは、かれらだけではなかった。大赦令により「最重ノ罪」は赦免となったものの、なお「他ノ罪」が残った磯山清兵衛（罰金二〇円）、稲垣示（軽禁錮一月罰金一〇円）、田代季吉（重禁錮四月罰金五円）、さらに大井憲太郎（重きに従い重禁錮六月罰金一〇円監視八月）もまた、出獄を認められたのである。[3]

これら四名のうち、磯山、稲垣、田代の場合は、判決確定日（明治二十年九月二十四日）からすでに一年四カ月余りが経過しており、「赦免ヲ得サル罪ノ刑ヲ執行スヘキトキハ赦免ヲ得タル罪ニ付執行シタル刑ヲ通算ス」（大赦施行手続第三条）なる規定によって、ただちに出獄できることになったものと考えられるが、問題は大井の場合である。大井の場合、「最重ノ罪」が赦免となった後も、「他ノ罪」として罪人隠避の罪（軽禁錮二月罰金五円）と賍金受贓の罪

（重禁錮六月罰金一〇円監視八月）とが残り、また、判決の確定日も、上告を繰り返したため、明治二十一年十二月二十八日ときわめて遅かったからである。

しかし、刑期の起算日は、必ずしも判決の確定日とは一致しない。刑法第五一条には「刑期ハ刑名宣告ノ日ヨリ起算ス。……犯人自ラ上訴シテ其上訴正当ナル時ハ前判宣告ノ日ヨリ起算ス。若シ其上訴不当ナル時ハ後判宣告ノ日ヨリ起算ス」と定められており、「上訴正当ナル時」は「前判宣告ノ日」が刑期の起算日となるからである。大井の場合、「他ノ罪」の刑期の起算日は、「前判宣告ノ日」すなわち大阪臨時重罪裁判所の第一審判決日の明治二十年九月二十四日でなければならず、「赦免ヲ得サル罪ノ刑ヲ執行」すべきだとしても、明治二十一年三月二十一日には満期となっていたはずである。

こうして、大赦令により「最重ノ罪」は赦免となったものの、なお「他ノ罪」が残った大井をはじめとする四名も、「他ノ罪」が満期となっていたことから、ただちに放免され、かれらの公権もあわせて回復されることになった。しかし、ここで注意しなければならないことは、公権回復をしたとはいえ、かれらが衆議院議員選挙における「選挙人及被選人タル」資格をただちに獲得できたわけではなかったということである。衆議院議員選挙法第一四条には、「左ノ項の一ニ触ル、者ハ選挙人及被選人タルコトヲ得ス」とその欠格条件を定め、その第四および第五項目には、次のような項目が掲げられていたのである。

四　禁錮ノ刑ニ処セラレ満期ノ後又ハ赦免ノ後満三年ヲ経サル者

五　旧法ニ依リ一年以上ノ懲役若ハ国事犯禁獄ノ刑ニ処セラレ満期ノ後又ハ赦免ノ後満三年ヲ経サル者

もとより、右の規定は大赦令によって罪が全て消滅した者にまでおよぶものではなかったが、満期出獄あるいは特赦放免となった者にとっては、まことに厳しい内容のものであった。明治十五年刑法によれば、「禁錮ニ処セラレタル者」の公権は、「其刑期間」（第三三条）で回復され、また「重罪ノ刑ニ処セラレタル者」の公権は、特赦の「赦状中」に「復権」のことが「記載」されていれば、ただちに回復されることになっていたが（第六四条）、新たに定められた衆議院議員選挙法では、右の手続きによってたとえ公権を回復した者であっても、「満三年ヲ経サル者」については、「選挙人及被選人タルコト」が認められなかったからである。すなわち大赦令により「最重ノ罪」は赦免となったものの、「他ノ罪」については、明治二十一年三月二十一日に満期となったと考えられる大井の場合、それから「満三年」を経過した明治二十四年三月二十一日に至り、ようやく「選挙人及被選人タルコト」が認められるとされたのである。

（1）板垣退助が監修した『自由党史』には七十六名の赦免者リストが掲載されているが、国立公文書館が所蔵する「公文類聚」によれば、勅令第十二号により「各庁ニ於テ赦免ヲ与ヘ」られた「人名」は、既決三三四名、未決一二四名の合計四五八名の多数にのぼる。詳しくは、本書付録「明治憲法発布の大赦令関係資料」を参照。
（2）本書第六章、一七五頁。
（3）本書第六章、一七六頁。

三　選挙人名簿の縦覧と異議申立

しかし、わが国最初の衆議院議員選挙が明治二十三年七月一日に実施されるのをひかえ、大井はみずからの出馬に意欲満々であった。大井は、みずからが犯した罪は、処断された時点ですべて本刑に吸収されており、本刑が大赦令で消滅した以上、「選挙人及被選人タル」資格は、当然に認められると考えていたのである。

衆議院議員選挙法によれば、選挙人名簿は、毎年四月一日より同月二十日までに選挙長が作成し、五月五日より十五日間縦覧し、六月十五日をもって確定するものとされ（第一八条、第二二条、第二九条）、大井憲太郎の本籍地の大阪府第二区でも、大阪市東区役所において、明治二十三年五月五日より十五日間、選挙人名簿が縦覧された。[1]しかし大井憲太郎の氏名は、縦覧された選挙人名簿には記載されておらず、大井は、五月十七日、脱漏の申立をおこない、ついで二十四日には追伸書を提出するにいたった。(2) 衆議院議員選挙法によれば、選挙人名簿脱漏または誤載についての異議申立は、縦覧期間内に選挙長に対しおこなうことができることになっていたので（第二三条）、大井は急遽、異議申立の措置をとったのである。

しかし、このような大井の異議申立に対し、五月二十八日、選挙長をつとめた東区長袋井寛貞は、次のような判定を下した。(3)

衆議院議員選挙法十四条四項ニ触レ且同法六条第二ニ掲クル資格ヲ備ヘサルモノナルニ付選挙人名簿ニ登録スルコトヲ得サルモノトス

「衆議院議員選挙法十四条四項ニ触レ」とあるのは、大井が選挙人および被選挙人の欠格事由の一つである「禁錮ノ刑ニ処セラレ満期ノ後又ハ赦免ノ後満三年ヲ経サル者」（第一四条四項）に該当するという意味であり、「同法六条第二ニ掲クル資格ヲ備ヘサルモノ」とあるのは、選挙人および被選挙人の資格の一つである「選挙人名簿調製ノ期日ヨリ前満一年以上其ノ府県内ニ於テ本籍ヲ定メ住居シ仍引続キ住居スル者」（第六条二）という条件を満たしていないという意味である。井上選挙長はこのような二つの理由を挙げて、大井の申立を完全にしりぞける判定を下したのであった。

このため、井上選挙長の判定に不満な大井は、ただちに区長袋井寛貞を相手どって訴訟をおこすことになった。衆議院議員選挙法によれば、選挙長の判定に満足できない場合、「判定ノ日ヨリ七日以内ニ始審裁判所ニ出訴スルコト」（第二六条）ができることになっていたから、法律家でもある大井は、さらに大阪始審裁判所に舞台を移し、あくまで法廷で争うことにしたのであった。

しかし、大阪始審裁判所は、この訴えをただちに受理せず、司法省に対し、行政裁判として受理すべきかどうかの判断を仰いだ。司法省の判断は、行政裁判として受理すべきであるとの立場であり、六月十六日、司法大臣山田顕義は、内閣総理大臣山県有朋に対し、次のような請議書を送った。(4)

人民ヨリ区長ニ対スル訴訟受理ノ儀ニ付請議

別冊大坂始審裁判所伺大坂市大井憲太郎ヨリ区長袋井寛貞ニ対スル衆議院議員選挙人名簿中氏名脱漏ノ件ニ係ル訴訟ハ、行政上ニ基因セルヲ以テ行政裁判ニ属スヘキモノト思考候条、該裁判所ニ於テ審理為致可然乎。書類相添此段請閣議候也。

明治二十三年六月十六日

司法大臣伯爵　山　田　顕　義

内閣総理大臣伯爵　山　県　有　朋　殿

このような司法省の意向をうけて山県首相は、ただちに法制局長官井上毅に対し、この問題の審理を命じた。六月十九日、井上法制局長官は山県首相に対し審理の結果を回答したが、その結論は司法省の意向と百八十度異なるものであった。井上法制局長官の回答書ならびに指令案は次のようなものであった。(5)

明治二十三年六月十九日

法　制　局　長　官

別紙司法省請議大阪市大井憲太郎ヨリ区長袋井寛貞ニ係ル衆議院議員選挙人名簿中氏名脱漏ノ件ニ係ル詞訟受否ノ件ヲ審査スルニ、其要旨ハ原告ハ衆議院議員選挙法第六条ニ記載セル納税額其他選挙人タル資格ニ於テ一モ欠クル処ナキニ選挙人名簿ニ登録セラレサルハ曾テ外患罪爆発物取締罰則違犯罪罪人隠避罪受賍罪ニ付従重処断ノ宣告ヲ受ケ其後大赦令ニ依リ前二罪ハ恩免セラレタルモ後ノ二罪ハ恩免セラレサルモノト云フニ因ルナラン。然レトモ該后罪ハ曩ニ従重処断即チ外患罪爆発物取締罰則違犯罪ニ対シ処刑ヲ受ケタルト共ニ已ニ消滅ニ帰シタルモノナレハ被告ニ於テ原告ヲ選挙人名簿ニ登記セサルハ不当ナリト云フニアリ。司法省ハ行政裁判トシ受理スルノ意見ナレトモ衆議院議員選挙法第二十七条ノ規定ニ依レハ始審裁判所ノ管轄ニ属スヘキヤ明カニシテ又同法第二十八条ノ規定ニ依テ視ルモ本訴ハ通常裁判ニ属スヘキモノニシテ行政裁判ニ属スヘキモノニアラスト信認ス。

指　令　按

大阪市大井憲太郎ヨリ区長袋井寛貞ニ対スル衆議院議員選挙人名簿中氏名脱漏ノ件ニ係ル詞訟ハ行政裁判トシテ審理スルノ限ニアラス

明治二十三年六月十九日

要するに、司法省は「行政裁判トシ受理スルノ意見」だが、「衆議院議員選挙法第二十七条ノ規定ニ依レハ始審裁判所ノ管轄」であり、「第二十八条ノ規定ニ依テ視ルモ本訴ハ通常裁判ニ属スヘキモノ」で、「行政裁判ニ属スヘキモノニアラス」というのが、法制局長官の見解であった。このように大井の訴えを行政裁判として審理すべきか、通常裁判として審理すべきかをめぐり、司法省の判断と法制局の判断は大きく食い違ったが、山県首相は、明治二十三年六月十九日、右の法制局の指令案通りに、この訴訟を通常裁判として審理すべきことを山田司法大臣に指令したのであった。

（1）「大井憲太郎対袋井寛直〔貞〕衆議院議員選挙人名簿中氏名脱漏〔ノ〕件」『裁判粋誌』大審院判決例民事集第五巻（復刻版）五七八頁以下。
（2）同前。
（3）同前。
（4）「大阪市大井憲太郎ヨリ区長ニ対スル衆議院議員選挙人名簿中氏名脱漏ノ件ニ係ル詞訟受理ノ件」「明治二十三年公文雑纂」第二十四巻・司法省十五。
（5）同前。

四　大阪始審裁判所の判決

こうして、大井の選挙資格をめぐる訴訟が行政裁判ではなく、通常裁判として審理することが確定したことをうけて、六月二十三日、大阪始審裁判所で公判が開かれた。原告大井の申立の趣旨は、次のようなものであった(1)。

一　自分は大赦令により赦免された者であり、たとえ国事犯罪と常事犯罪の二罪倶発であるにせよ、その重き罪、すなわち国事犯罪にて処断されたものであるから、その犯罪はすでに消滅している。すなわち国事犯であろうと常事犯であろうと、何れも処断された本刑に吸収されたのであり、選挙資格を失う理由はない。選挙長が刑法の主義および検察官処分を法理に問うことなく名古屋控訴院検事長の回答に依拠して原告の選挙資格の有無を判定したのは疎漏不法の判定である。

二　明治二十二年十月中より東京市神田区表神保町八番地に寄留したことは間違いないが、自分はその後、二十三年六月上旬に至り、選挙人名簿調製の期日より満一ケ年以上前から大阪市東区高麗橋四丁目九十二番屋敷に住居していた大井ト新の養嗣子となって家督を相続したのであり、大阪府第二区衆議院議員選挙人名簿からはずされる理由はない。

これに対して、被告人選挙長袋井寛直(貞)は、大井の主張に反駁して次のような反論をおこなった(2)。

一　資格の審査にあたり、原告が禁錮の刑に処せられたか否かを名古屋控訴院検事長に尋ね、事実を確認した上で判定を下している。刑法の主義や検察官が職として行うところの処分の是非を選挙長が法理に照らし判断することは、衆議院議員選挙法上、求められていない。

二　原告が明治二十二年十月中より東京市神田区表神保町八番地に寄留したことは区役所の回答書により明かで

ある。原告は大阪市東区高麗橋四丁目大井卜新の養嗣子となり家督を相続したが、原告自身は選挙法第四条第二項に定める「選挙人名簿調製ノ期日ヨリ前満一年以上其ノ府県内ニ於テ本籍ヲ定メ住居シ仍引続キ住居スル者」（第六条二）という条件を満たしておらず、原告の選挙資格は認められない。

このような原告と被告のやりとりが終わると、この日大阪始審裁判所（裁判長奥宮彦五郎）は、早くも判決を言い渡した。判決は、被告人選挙長の主張をほぼ全面的に認めるもので、次のように原告大井憲太郎の主張をしりぞけるものであった。(3)

一　本件のように最重の罪が国事犯罪で、大赦令で消滅したとしても、その他の軽き罪が大赦令外であることはもちろん、その罪が消滅することはない。「赦免ヲ得サル罪ノ刑ヲ執行スヘキハ法理ノ然ラシムル所」であり、大赦令第三条の示すところである。

二　原告大井憲太郎は大阪市東区高麗橋四丁目大井卜新の養嗣子となり家督を相続したけれども、選挙法第四条第二項に定める選挙人名簿調製の期日より前満一ケ年以上その府県内に住居し、引続き住居する者という条件を満たしていない。

三　それ故、大井が主張する選被選の両資格はともに認められない。

衆議院議員選挙法によれば、始審裁判所の判決に不服な場合、控訴は許されなかったが、大審院に上告することができた（第二八条）。『朝野新聞』は、敗訴した大井について「多分上告するならんと噂せり」(4)と伝えているが、大井は、この新聞報道通りこの後大審院へ上告をすることになる。もはや上告審の判決が選挙投票日の七月一日に間に合わないことが確実であったにもかかわらず、あえて上告をしたのは、代言人あるいは自由民権家としての心意気を示す意味があったというだけでなく、すでに再興自由党（大同協和会の後身）のリーダーとして、選挙戦の先頭に立っていた彼にとって、今さら引き下がるわけにはいかない事情があったのであろう。

(1) 前掲「大井憲太郎対袋井寛直〔貞〕衆議院議員選挙人名簿中氏名脱漏〔ノ〕件」。
(2) 同前。
(3) 同前。
(4)『朝野新聞』明治二十三年六月二十五日付。

五　大審院の判決

大審院の担当判事は、民事第一局長代理評定官関義臣、評定官高木勤、同加藤祖一、同安居修蔵、同児玉淳一郎の五名であった。第一審判決から三カ月を経た九月二十七日、大審院の判決が言い渡された。判決は、①欠格事由の一つである「禁錮ノ刑ニ処セラレ満期ノ後又ハ赦免ノ後満三年ヲ経サル者」(第一四条四項)に該当するか否か、②選挙人および被選人の資格の一つである「選挙人名簿調製ノ期日ヨリ前満一年以上其ノ府県内ニ於テ本籍ヲ定メ住居シ仍引続キ住居スル者」(第六条二)という条件を具備しているか否かの二点に争点を整理した上で、まず争点の②について、次のような判断を示した[1]。

原裁判二条ニ対スル論告ヲ審案スルニ上告人ハ大井ト新ノ継承養子トナリタルニヨリ普通ノ場合ヲ以テ論ス可カラス云々ト云フモ衆議院議員選挙法ニ拠ルニ継承養子トナリタル者ハ選挙人名簿調製ノ期日ヨリ前満一年以上其府県内ニ於テ住居シ仍引続キ住居スルヲ要セストノ特別規定ナキヲ以テ縦令継承養子トナリタルモノト雖トモ尚ホ同法六条二項ノ条件ヲ必要ナリトス。依テ原裁判所カ上告人ノ申立ニ対シ特ニ之カ判定ヲ為サ、リシトテ不法ト云フヲ得ス。

右の文中、「原裁判二条」とあるのは、大阪始審裁判所における②の争点に対する判断のことである。また、「大井ト新ノ継承養子トナリタルニヨリ普通ノ場合ヲ以テ論ス可カラス云々」とあるのは、原告大井が大阪市に居住していた大井ト新の養嗣子となって家督を相続しており、「普通ノ場合」と異なると主張していたことをさす。さらに「特別規定ナキヲ以テ」とあるのは、衆議院議員選挙法のなかに、継承養子となった者を特別扱いする旨の規定がないという意味である。すなわち、大審院は、②の争点について、衆議院議員選挙法が定める条件は、家ではなくあくまで本人の条件を定めたものであるとの立場をとり、継承養子となった者を特別扱いするとの規定がない限り、大井の場合にも第六条二の条件が必要と判示したのであった。

ついで、判決は次のように述べている。(2)

而シテ上告人ハ原裁判ニ条判定ノ如ク議員ノ資格ヲ備ヘサル者ナル上ハ原裁判所カ上告人ハ被告選挙長ヲシテ原告氏名ヲ大阪府第二区衆議院議員選挙人名簿ニ記載セシムルノ権利ナシトノ判決ヲ為シタルハ破毀スヘキ点ナキヲ以テ原裁判一条ニ対スル上告論旨ノ当否ヲ判定スルノ必要ナキモノトス。右ノ理由ナルニ依リ本件ノ上告ハ之ヲ受理セス。

文中、「破毀スヘキ点ナキヲ以テ」とあるのは、争点の②に対する大阪始審裁判所の判断が不法でない以上、原告大井に「選挙人名簿ニ記載」を要求する権利がないとする第一審判決は覆らないという趣旨である。また、「原裁判一条ニ対スル上告論旨ノ当否ヲ判定スルノ必要ナキモノ」とあるのは、争点の②が決着した以上、争点の①について、大審院が判定する必要がないという意味である。

すなわち、判決は、二つの争点のうち、大井が「禁錮ノ刑ニ処セラレ満期ノ後又ハ赦免ノ後満三年ヲ経サル者」に該当するかどうかという第一の争点には一切言及せず、もっぱら衆議院議員選挙法に特別の規定がない限り、継承養子といえども「同法六条二項ノ条件」すなわち「選挙人名簿調製ノ期日ヨリ前満一年以上其府県内ニ於テ住居シ仍引続キ住居スル者」という条件が必要と述べ、大井の上告は、棄却されることになったのである。

(1) 前掲「大井憲太郎対袋井寛直〔貞〕衆議院議員選挙人名簿中氏名脱漏〔ノ〕件」。
(2) 同前。

六 むすび

こうして大井憲太郎は、わが国最初の衆議院議員選挙に出馬することができなかった。大井は、この頃、自由党再興へ向けて奔走中であり、自らの出馬についても意欲満々であったが、彼の名前は選挙人名簿に登載されず、執拗に異議を唱えたものの認められなかったのである。

しかも、大井に選挙資格が与えられない状況は、この第一回衆議院議員選挙の時だけで終わらなかった。明治二十四年二月二十一日、中江篤介（兆民）が衆議院議員を辞職した際も[1]、大井はその補欠選挙に出馬することができなかったのである。大井は補欠選挙を前にして、『あづま新聞』紙上に次のような一文を寄せている[2]。

告大阪府第四区選挙人諸君

諸新聞を閲するに、中江篤介氏後任選挙に際し其候補者たらんとする人名中に小生の氏名加へありて、小生も候補志願者の如く相聞へ候得共、小生は本月二十一日経されは「禁錮の刑に処せられ満期後三年を経さるもの」云々の制裁を免ること能はさるを以て、候補を争ふの念、無之候。爰に小生の決意如何は諸君の去就に多少の影響あるへきかと思量するを以てなり。諸君請ふ。是を諒せよ。

三　月　　在東京　大井憲太郎

右の文中、「本月二十一日経されは……」とあるのは、「満三年」すなわち明治二十四年三月二十一日を過ぎないと「選挙人及被選人タルコト」が許されないという意味である。中江篤介の後任選挙は、大井にとって千載一遇のチャンスであったが、「満三年」にわずかに足らず、この時点でも大井は選挙資格を獲得することができなかったのである。

大井が「選挙人及被選人タルコト」を許され、衆議院議員選挙に出馬することができるようになったのは、明治二十五年二月十五日に実施された第二回衆議院議員選挙からであった。しかし、この第二回衆議院議員選挙において、大井は大阪府第六区（定員一名）で俣野景孝に敗れ、第八区（定員一名）でも兒山陶に敗れるなど、結果は予想外の結果に終わった。大阪府第六区ならびに第八区の選挙結果は次の通りである。[3]

大阪府第六区　当選　俣野景孝　一三四六票　次点　大井憲太郎　一〇六一票
同　第八区　当選　兒山陶　八三四票　次点　大井憲太郎　五九二票

当時の衆議院議員選挙法では、立候補の制度を採用せず、当選人は最多数の票を得た者とのみ規定されていたため、複数の選挙区で当落を争うこともありえたが[4]、大井の場合、二つの選挙区でいずれも次点に終わったのであった。大井が「選挙人及被選人タルコト」を許されたにもかかわらず、不本意な結果に終わった理由として、激しい選挙干渉があったことを挙げることもできるが、大井と同じ境遇にあった星亨や稲垣示がこの時の選挙で初陣を飾っていることを考えると[5]、必ずしもこのことのみが直接の原因であったとは思われない。大井は、二年後の明治二十七年三月一日に実施された第三回衆議院議員選挙においてようやく初当選を果たすが[6]、第四回衆議院議員選挙以降は落選を繰り返し、二度と当選することがなかったからである。大赦令で出獄した自由民権運動家は、一般に国民的な人気があり、選挙戦でも有利な戦いを進めたが、大井には、ついにそのような状況は訪れなかったのである。

（1）中江兆民の議員辞職については、松永昌三『中江兆民評伝』平成五年、三四六頁以下参照。
（2）『あづま新聞』明治二十四年三月十一日付。
（3）『朝野新聞』明治二十五年二月十九日付。

（4）複数の選挙区で当選人となった場合、「何レノ選挙区ノ当選」を承諾するか、「府県知事」に届け出ることになっていた（第六二条）。

（5）星亨（秘密出版事件、出版条例違反・罪人隠避罪）、稲垣示（大阪事件、外患罪・罪人隠避罪）の両名も、大赦令が適用され出獄したが、大井と同様、適用外の罪（罪人隠避罪）があったため第一回衆議院議員選挙に出馬することができなかった。星の場合、第一回衆議院議員選挙の選挙資格がないことがわかると、外遊をするなど、ひたすら「満三年」を待つ姿勢をとったが、稲垣の場合は、富山始審裁判所に訴えを起こし敗訴した（「富山県稲垣示ヨリ郡長ニ対スル衆議院議員選挙人名簿記載ノ詞訟受理ノ件」「明治二十三年公文雑纂」第二十四巻・司法省十五）。「選挙人及被選人タルコト」がはじめて認められた第二回衆議院議員選挙では、大井が苦杯をなめたのに対し、星は栃木県第一区で横堀三子を破り、また稲垣は富山県第三区で森篤を破って初陣を飾った。

（6）大阪府第八区から出馬した大井は、この時一〇二八票を獲得し、森内房之助を破って初当選を果たした（『時事新報』明治二十七年三月四日付付録）。

[付録] 明治憲法発布の大赦令関係資料

明治二十二年二月十一日、大日本帝国憲法(以下明治憲法と略称する)の発布とともに、大赦令(勅令一二号)が公布され、福島事件の河野広中、飯田事件の村松愛蔵、大阪事件の大井憲太郎、秘密出版事件の星亨らが一斉に出獄、政界に復帰することになったことは夙に知られている。しかし、近年、研究者の間では、この大赦令によって明治十七年の「自由党解党前後に同党内の重要な一角を形成していた左派指導部」が獄中から一斉に「出獄してきたことの意味」があらためて問い直されており[1]、この大赦令によっていかなる人々が赦免となったのか、より広範な実態の究明が要請されている。

ところが、明治憲法発布の大赦令関係資料、なかでも「赦免」となった人々の名簿等の基礎資料は、これまで『自由党史』(明治三十二年)などに登載されている簡略なもの[2]以外は知られておらず、信頼できる資料の不足は、研究上の大きな障害となっているといっても過言ではなかろう。

ところで、最近、私は国立公文書館において右の大赦令関係資料を探索するなかで、はからずもいくつかの新資料を発見した。いずれも、「公文類聚」(明治二十二年)所載の記録で、大赦令施行の際に閣議に提出された書類の綴りである。同綴りは、関係法令、各裁判所既未決犯罪表、陸軍・海軍犯罪者調、赦免人名表などから成り立ち、そこには、これまで全く不明であった政治的事件の存在や、「赦免」となった関係者全員の氏名を明らかにする貴重な文書が含まれている。大赦令関係資料として、ここにその全文（陸軍・海軍犯罪者調を除く）を覆刻・紹介する所以である。

次に、各文書について、簡単な解題を付しておきたい。なお、各文書の番号ならびに標題は、私が適宜付したものであり、原文のものではない。

一　裁判所別既未決犯罪表

憲法発布の大赦令によると、「赦免」対象者は、非軍人の場合、「皇室ニ対スル罪」（第一一六条、第一一八条該当者をのぞく）、「内乱ニ関スル罪」、「外患ニ関スル罪」、「凶徒聚衆ノ罪」、「官吏ノ職務ヲ行フヲ妨害スル罪」（第一三九条、第一四〇条該当者をのぞく）、「集会条例ノ罪」、「爆発物取締罰則ヲ犯ス罪」、「新聞紙条例ノ罪」（風俗紊乱の罪をのぞく）、「出版条例ノ罪」（風俗紊乱の罪をのぞく）、「保安条例ノ罪」に触れた政治犯であった（大赦令第一条）。既未決は問わず、また刑の執行を「終リタルト否トヲ別」たなかったが（大赦執行手続第一条）、強盗罪、殺人罪などで処断された加波山・名古屋・静岡事件関係者は、赦免対象者から除外された。

本文書は、右の基準にもとづき、全国の原裁判所の検察官が、「赦免」の対象候補者としてリスト・アップしたものを司法省が整理、一覧表にまとめたもので、全国四十二裁判所の検察官から報告された四百六十一名（既決二百七十三名、未決百八十八名）からなる名簿である。最終的な赦免者名簿を作成するにあたり、本文書がもっとも基礎的な資料として利用されたことは、疑いのないところであろう。

本文書には、不敬罪犯六名（既決五名、未決一名）、内乱・外患罪犯六十四名（既決六十四名、未決なし）、凶徒聚衆

罪犯百八十七名（既決六十七名、未決百二十名）、官吏侮辱罪犯八十九名（既決六十九名、未決二十名）、保安条例犯二十二名（既決二十二名、未決なし）、集会条例犯二十一名（既決八名、未決十三名）、爆発物取締罰則犯十五名（既決十一名、未決四名）、新聞紙条例犯二十一名（既決五名、未決十六名）、出版条例犯三十六名（既決二十二名、未決十四名）の氏名、さらには、それらの人々個々についての罪名、刑名、判決日、族籍などが漏れなく記載されている。本文書は、赦免者名簿作成上の基礎資料としての意義はもちろんのこと、さまざまな政治的事件の研究に対しても、貴重な新事実を提供するものであり、きわめて高い資料価値を有するものと思われる。

二　赦免者名簿

本文書は、明治憲法発布の大赦令によって実際に赦免となった人々の名簿である。本文書の一部は、『官報』にも掲載されているが[3]、かなりの脱落があるので、ここでは「公文類聚」（明治二十二年）所載記録と比較対照して復元した。本名簿に登載されている氏名は、前掲「裁判所別既未決犯罪表」に登載されている氏名とかならずしも一致しないが、これはおそらく赦免者名簿の作成段階から決定段階にかけて修正加除がおこなわれた結果であろう。

本名簿によれば、「勅令第十二号ニ依リ各庁ニ於テ赦免ヲ与ヘ」られた「人名」は、既決三百三十四名、未決百二十四名の合計四百五十八名の多数にのぼったことが判明する。『自由党史』所載リストにはわずか七十六名しか登載されていないから[4]、これは予想以上の数字といえるだろう。本文書には、福島事件（明治十六年判決）、秋田事件（明治十七年判決）、秩父事件（明治十八年判決）、飯田事件（明治十八年判決）、群馬事件（明治二十年判決）、大阪事件（明治二十年判決）、保安条例違反事件（明治二十年判決）、秘密出版事件（明治二十一年判決）、新発田事件（明治二十一年判決）、射水郡事件（未決）の関係者のほか、官吏侮辱罪や集会条例などで処断された人々の氏名も含まれており、あらためて自由民権時代の政治犯の数の多さと憲法発布の大赦令による赦免者の規模が広範であったことに驚かされる。

ところで本名簿に登載されている人々は、すでに刑期満了で出獄していた者を含めて、大赦令施行と同時に、公権を回復されることになったが、このことが後の政界に及ぼした影響は、はかりしれないものがあった。憲法発布の大赦令により多くの人々が政界に復帰し、大同協和会（再興自由党）、大同倶楽部、愛国公党などの結成に参加、さらに明治二十三年七月一日の第一回衆議院議員選挙で当選を果たした者は、決して少なくなかったからである。

しかし、本名簿に登載されている人々のうち、政党結成に参加した人々のその後の動向、あるいはかれらが国会開設前後の民党運動の性格に及ぼした影響等々に関する詳しい考証は、他日にゆずり、ここではとりあえず、それらの問題の解明のための一資料として、これを紹介するのみにとどめたい。

（1）坂野潤治『体系日本の歴史』第十三巻、平成元年、一四七頁。
（2）板垣退助監修『自由党史』（岩波文庫本）下巻、三八六頁以下。
（3）『官報』明治二十二年三月二日付、六日付、七日付、八日付、九日付、十一日付。
（4）註2に同じ。

前註

（1）旧漢字については、現在、一般に使用されているものに改めた。
（2）誤記、脱漏と判断される箇所は、（　）を付して註記した。ただし、「赦免者名簿」中の「庁名」（原裁判所）については、いちいち（　）を付して註記することが困難なので、以下に、補訂すべき事項を列挙しておく。

(1) 二四七頁　東京始審→長野始審（村松愛蔵・川澄徳次・八木重治）
(2) 二四八頁　和歌山始審→大阪控訴（稲垣示・久野初太郎・田代季吉・橋本政次郎・天野政立・難波春吉）
(3) 二五〇頁　徳山始審→大阪控訴（井山惟誠・川村潔・武藤角之助・田崎定四郎・石塚重平）

一 裁判所別既未決犯罪表

(1) 高等法院

高等法院既決犯罪表

罪名	刑名	年月日	族籍	氏名
内乱陰謀	軽禁獄七年	十六年九月一日	福島県平民	河野広中
同	軽禁獄六年	同	同	愛沢寧堅
同	同	同	同	平島松尾
同	同	同	同	沢田清之輔
同	同	同	東京府士族	花香恭次郎

(2) 東京控訴院

東京控訴院既未決犯罪表

罪名	刑名	年月日	族籍	氏名
官吏侮辱	重禁錮十月 罰金卅円	廿年十月廿日	秋田県	渡部小太郎
同	重禁錮五月 罰金廿円	廿一年十月八日	高知県士族	多田政治
同	重禁錮五月 罰金卅円	廿一年十月十九日	広島県平民	井上角五郎
出版条例犯	軽禁錮一年	廿一年七月廿一日	栃木県平民	上野富左右
同	軽禁錮八月	廿一年七月廿一日	栃木県平民	日内野兵蔵

同	軽禁錮　四月	廿一年九月廿六日	山形県平民	庄司林造
同	軽禁錮　一年	廿一年九月廿五日	岡山県士族	加藤平四郎
爆発物取締罰則犯	重懲役　十一年	廿一年六月五日	新潟県士族	中村敬太郎
同	重懲役　十年	同	同県平民	古山又三郎
同	同	同	同	豊崎平松
同	同	同	同	鈴木立三郎
爆発物取締罰則犯	重禁錮　五年	廿一年六月五日	新潟県平民	森田盛司
同	同	同	同	桜井彦太郎
凶徒嘯聚	重禁錮　三年	十九年一月廿九日	小笠原島平民	奥山竹吉
同	同	同	同	岩田與三郎
同	重懲役　十年	同	群馬県平民	山崎太平
同	同	同	小笠原島平民	北川酉之助
同	同	同	同	吉野善之
同	軽懲役　七年	同	静岡県士族	斎藤駿
同	同	同	小笠原島平民	川島卯八
同	重禁錮　五年	同	同	富田伊三郎
不敬犯	重禁錮三年　罰金五十円　監視一年		神奈川県平民	佐藤俊宣
以下未決ノ部				
官吏侮辱			栃木県士族	高村金太郎
同			同県平民	川木限三
同			千葉県平民	深山源八
同			新潟県平民	今井恒蔵

同			山梨県平民	戸田亀鶴

(3)　東京始審裁判所

東京始審裁判所既未決表

罪名	刑名	年月日	族籍	氏名
保安条例違犯	軽禁錮　二年六月 監視　二年	廿年十二月廿七日	高知県士族	細川義昌
同	同	同	同	山本幸彦
同	同	同	同	坂本直寛
同	軽禁錮　二年八月 監視　二年	同	同県平民	前田岩吉
同	軽禁錮　二年 監視　二年	同	同県士族	黒岩成存
同	軽禁錮　二年六月 監視　二年	同	同	片岡健吉
同	同	同	同	武市安哉
同	軽禁錮　一年六月 監視　二年	同	同県平民	溝渕幸馬
同	軽禁錮　二年六月 監視　二年	同	同	沢本楠弥
同	同	同	同	今村弥太郎
同	同	同	同	西山志澄
同	軽禁錮　一年六月 監視　一年	廿年十二月廿九日	青森県士族	成田三郎

同	軽禁錮 二年六月 監視 二年	同	高知県士族	山本繁馬
同	同	同	同	傍路(土)次
同	同	同	同県平民	楠目馬太郎
同	軽禁錮 二年 監視 一年六月	同	同	土居勝郎
同	軽禁錮 三年 監視 三年	廿年十二月廿一日	同県士族	門田智
同	軽禁錮 二年 監視 二年	同	同	永(長)沢理定
同	軽禁錮 二年六月 監視 三年	同	同県平民	黒岩一二
同	軽禁錮 三年 監視 三年	同	同県士族	横山又吉
同	同	同	同	安(芸)喜喜代香
同	軽禁錮 一年 監視 一年	同	同	中内庄三郎
出版条例違犯	軽禁錮一年	廿一年五月廿三日	栃木県士族	荒川高俊
出版条例違犯 及罪人隠避	㈠軽禁錮一年六月 ㈡軽禁錮四月 罰金五円	廿一年七月三日	同県平民	星亨
出版条例違犯	軽禁錮 一年二月	同	大阪府士族	寺田寛
同	軽禁錮 一年	同	岡山県士族	石黒涵一郎

(一)出版条例違犯 (二)官吏侮辱	(一)軽禁錮一年四月 (二)重禁錮六月 罰金廿円	廿一年十二月廿二日	奈良県平民	樽井藤吉
(一)出版条例違犯 (二)官吏侮辱	(一)軽禁錮四月(二)軽禁錮四月　(二)重禁錮一月十五日罰金八円	同	千葉県平民	奥沢福三郎
(一)出版条例違犯 (二)官吏侮辱	(一)軽禁錮　一年 (二)重禁錮　二年	同	同	山田島吉
(一)(二)出版条例違犯 (三)官吏侮辱	(一)(二)軽禁錮一年二月 (二)軽禁錮六月(三)重禁錮三月罰金十五円	同	島根県士族	矢田専之助
(一)(二)出版条例違犯 (三)官吏侮辱	(一)軽禁錮四月(二)軽禁錮三月(三)軽禁錮一月 罰金五円	同	岡山県平民	竹山弥蔵
出版条例違犯	軽禁錮　二月	同	福岡県平民	木原勇三郎
同	軽禁錮　三月	同	熊本県平民	遠山嘉三郎
同	軽禁錮　一年六月 罰金　百五十円	廿一年三月卅日	新潟県士族	井上平三郎
同	軽禁錮　一年六月 罰金　百五十円	廿一年三月卅日	熊本県士族	井上敬次郎
同	同	同	同	長塩亥太郎
同	軽禁錮　一年	廿一年二月廿五日	千葉県平民	斎藤徳三郎
同	同	廿一年十一月十九日	茨城県平民	熊谷平三
新聞紙条例犯	軽禁錮　二月	廿一年十一月廿日	熊本県平民	菅原求
官吏侮辱	重禁錮　六月 罰金　三十円	廿一年九月十九日	青森県平民	西村嘉吉

以下未決ノ部

爆発物取締罰則犯			富山県平民	福井鉄次郎
同			山口県平民	青木 逸
同			富山県平民	金瀬義明
同			同	浅井嘉十郎
新聞紙条例犯			高知県士族	西野友由
同			新潟県平民	諸橋浅三郎
同			群馬県平民	大沢惣蔵
同			同県士族	小勝俊吉
同			島根県平民	菅 了法
同			高知県士族	安岡雄吉
同			同	大石正巳
同			同	甲藤大器
同			同	西 直資
新聞紙条例犯及官吏侮辱			和歌山県平民	畑下熊野
同			神奈川県平民	戸(石)坂公歴
同			鹿児島県平民	広田善次郎
同			群馬県平民	中島半三郎
新聞紙条例犯及官吏侮辱			長野県平民	田村政次郎
同			栃木県平民	片庭長作
出版条例犯			新潟県平民	青木十三郎

罪名	刑名	年月日	族籍	氏名
同			同県士族	今村陽
同			同	柿本岩次郎
同			同	富田耕三郎
同			同	入江方義
同			同県平民	西潟為蔵
新旧出版条例犯及官吏侮辱			奈良県平民	樽井藤吉

(4) 横浜始審裁判所

横浜始審裁判所管内既未決犯罪表

罪名	刑名	年月日	族籍	氏名
凶徒聚衆	軽懲役　六年	十八年二月十八日	神奈川県平民	塩野倉之助
同	同	同	同	小池吉教
以下未決ノ部				
官吏侮辱			神奈川県平民	井上重郎左衛門

(5) 新潟始審裁判所

新潟始審裁判所既未決犯罪表

罪名	刑名	年月日	族籍	氏名
官吏侮辱	重禁錮　二月 罰金　五円	廿一年十二月十二日	新潟県平民	中野和造
同	重禁錮　四月 罰金　七円	廿二年一月十五日 （新発田）	宮城県士族	鴨田庸理

以下未決ノ部				
官吏侮辱			新潟県平民	中山治吉

(6) 浦和始審裁判所

浦和始審裁判所既未決犯罪表

罪名	刑名	年月日	族籍	氏名
凶徒聚衆	軽懲役　八年	十八年二月六日	長野県平民	井出為吉
同	有期徒刑　十二年	十八年二月十九日	埼玉県平民	小森茂作
同	有期徒刑　十二年	十八年五月十八日	同	高野作太郎
同	無期徒刑	十八年二月廿三日	同	柿崎義藤
同	重懲役　十一年	同	同	門平惣平
同	軽懲役　六年六月	十八年一月廿二日	同	新井悌次郎
同	同	十八年一月廿三日	同	柳原正男
同	軽懲役　七年	十八年一月廿五日	同	大野又吉
同	重懲役　九年六月	十八年一月卅一日	同	宮川津盛
同	強盗罪ニ依リ処断	十八年二月二日	同	吉沢庄左衛門
同	軽懲役　七年	十八年二月四日	群馬県平民	遠田宇市
同	軽懲役　六年	十八年一月十三日	埼玉県平民	石田造酒八
同	重禁錮　五年	十八年一月十四日	福井県平民	木戸為三
同	軽懲役　六年	十八年一月十六日	埼玉県平民	新井浅吉
同	重禁錮　四年六月	十八年一月十九日	同	千島周作
同	重禁錮　五年	十八年一月廿日	同	今井弥作

同	軽懲役　六年	十八年一月廿一日	同	坂本伊三郎
同	死刑（欠席裁判）	十八年十一月廿五日	長野県平民	菊池貫平
同	軽懲役　七年	十七年十二月十八日	埼玉県平民	今井幸三郎
同	強盗傷人ノ科ニ依リ有期徒刑十五年	十七年十二月十九日	静岡県平民	宮川寅五郎
同	重禁錮　五年	十七年十二月十三日	埼玉県平民	浅見伊八
同	無期徒刑	十七年十二月廿六日	同	堀口栄次郎
同	軽懲役　七年	十八年一月十一日	同	大野福次郎
同	重懲役　十年	十九年三月十七日	同	落合寅市
官吏侮辱	官吏抗拒ノ罪ニ依リ処断ヲ受ク	廿一年十二月十二日	同	大谷民五郎

(7) 千葉始審裁判所

千葉始審裁判所既未決犯罪表

罪名	刑名	年月日	族籍	氏名
官吏侮辱	重禁錮　六月 罰金　廿円	廿一年十月卅日	千葉県平民	石井浦吉

(8) 宇都宮始審裁判所

宇都宮始審裁判所既未決犯罪表

罪名	刑名	年月日	族籍	氏名
不敬犯及新聞紙条例犯	㈠重禁錮五年監視二年罰金二百円　㈡軽禁錮六月罰金三十円	十六年四月廿七日	愛知県士族	後藤勉

罪名	刑名	年月日	族籍	氏名
官吏侮辱	官吏抗拒ノ罪ニ依リ処分ヲ受ケタリ	廿一年三月三日	新潟県平民	鈴木丑太郎
以下未決ノ部				
出版条例犯			栃木県平民	若目田健二郎
同			同	永井貫一

(9) 前橋始審裁判所

前橋始審裁判所既未決犯罪表

罪名	刑名	年月日	族籍	氏名
凶徒聚衆	有期徒刑十三年	廿年七月廿九日	京都府平民	小林安兵衛
同	有期徒刑十二年	同	群馬県平民	湯浅理兵
同	強盗ノ罪ニ依リ軽懲役　七年	同	同	上原亀吉
同	重懲役　九年	十八年二月十二日	同	小柏常次郎
同	重禁錮　四年	十八年一月廿三日	埼玉県平民	新井繁太郎
同	軽懲役　六年	十八年一月廿九日	群馬県平民	新井寅吉
同	殴打致死ノ罪ニ依リ重懲役　九年	廿年七月廿九日	同	神宮茂十郎
同	重禁錮　二年六月		同	山田米吉
同	同		同	東間代吉
同	重禁錮　一年六月	廿年七月廿九日	同	東門重平
同	重禁錮　二年六月	同	長野県平民	宮坂初次

同	強盗ノ罪ニ依リ軽懲役　七年	同	茨城県平民	三浦桃之助
官吏侮辱	重禁錮　二月 罰金　五円	廿一年十二月廿一日	新潟県平民	今井恒蔵

(10)　水戸始審裁判所

水戸始審裁判所既未決犯罪表

罪名	刑名	年月日	族籍	氏名
㈠不敬犯 ㈡官吏侮辱	㈠重禁錮五年罰金三百円監視二年　㈡重禁錮四月罰金十五円	㈠明治一六年四月四日　㈡同年九月四日	福島県平民	阿部国五郎
官吏侮辱	重禁錮　一月十五日 罰金　五円	廿一年十二月廿二日	茨城県平民	林　紀右衛門
同	重禁錮　二月 罰金　七円	廿一年十二月十日	同	青木金作
同	重禁錮　四月 罰金　十五円	廿一年十二月廿八日	同	中根卯之助
同	同	同	同	小久保佐市
同	重禁錮　四月 罰金　五円	廿一年九月廿日	同	檜山平五郎
同	重禁錮　十月 罰金　七円	廿一年七月廿七日	福井県平民	宇野真行

(11) 甲府始審裁判所

甲府始審裁判所既未決犯罪表

罪名	刑名	年月日	族籍	氏名
官吏侮辱	重禁錮 一月廿日 罰金 五円	十七年十月廿四日	山梨県平民	土橋伝吉
同	重禁錮 二月 罰金 十円	十五年十月廿四日	東京府平民	沢熊次郎
集会条例犯	罰金 五円	十六年八月四日	長野県平民	北沢直
旧新聞紙条例犯	軽禁錮 三月 罰金 三十円	十八年五月廿七日	山梨県平民	石川一

(12) 長野始審裁判所

長野始審裁判所既未決犯罪表

罪名	刑名	年月日	族籍	氏名
官吏侮辱	重禁錮 五月 罰金 十円	廿一年十一月廿四日	長野県平民	宮尾直作
同	重禁錮 四月 罰金 五円	廿一年十一月廿四日	同	鎌田浜之助
不敬罪	重禁錮三年 罰金二十五円 監視一年	十九年三月廿二日	同	木藤栄吉
凶徒聚衆	重禁錮 五年	十八年二月九日	同	新井郡次郎
同	強盗ノ罪ニ依リ軽懲役 六年	十八年二月四日	同	大塚勝之助
同	有期徒刑 十五年	十八年一月廿三日	埼玉県平民	大野長四郎

㈠内乱陰謀 ㈡罪人隠避	㈠軽禁錮（獄） 七年	十八年十月廿七日	愛知県平民	村松愛蔵
同	㈠軽懲役（禁獄） 六年	同	同県士族	川澄徳治（次）
同	㈠軽禁錮一年六月 監視　一年	同	同県平民	江川甚太郎
内乱陰謀	軽禁獄　六年	十八年十月廿七日	愛知県士族	八木重治
同	軽禁錮　三年六月 監　視　一年	同	長野県平民	桜井平吉
同	軽禁錮　一年 監　視　一年	同	愛知県平民	中島助四郎
以下未決ノ部				
官吏侮辱			長野県平民	望月長四郎
松本支庁大町治安裁判所				
官吏侮辱	重禁錮　三月廿二日 罰　金　八円	廿一年十月廿二日	長野県平民	横川兼吉

(13) 大阪控訴院

大阪控訴院既未決犯罪表

罪名	刑名	年月日	族籍	氏名
集会条例犯	罰金　十円	廿一年十二月廿八日	愛媛県平民	武智元良
以下未決ノ部				
官吏侮辱	重禁錮一月十五日 罰金五円但上告中	廿一年十一月廿七日	茨城県平民	尾見角次

罪名	刑名	年月日	族籍	氏名
同			兵庫県平民	堀内喜逸
同				村上定
不敬犯			香川県平民	多田志津雄

(14) 臨時大阪重罪裁判所

臨時大阪重罪裁判所既決表

罪名	刑名	年月日	族籍	氏名
外患ニ関スル罪	軽禁獄 六年	廿年九月廿四日	茨城県平民	磯山清兵衛
同	軽禁錮 五年 監視 二年	同	富山県平民	稲垣示
同	軽禁錮 二年 監視 一年	同	福島県平民	田代季吉
同	同	同	富山県士族	魚住滄
同	同	同	石川県平民	井山惟誠
同	同	同	群馬県士族	久野初太郎
同	同	同	栃木県平民	橋本政次郎
同	同	同	石川県士族	窪田常吉
同	同	同	栃木県平民	赤羽根利助
同	同	同	神奈川県平民	武藤角之助
同	同	同	富山県平民	稲垣良之助
同	同	同	茨城県平民	田崎定四郎
同	軽禁錮 二年 監視 一年	同	茨城県士族	玉水垣(恒)治

同	軽禁錮　一年六月 監　視　十月	同	長野県平民	石塚重平
同	同	同	岡山県士族	景山　英
同	同	同	神奈川県士族	天野政立
同	強盗ノ罪ニ依リ 有期徒刑　十二年	同	山梨県平民	長坂喜作
同	強盗ノ罪ニ依リ 軽懲役　八年	同	神奈川県平民	山本與七
同	強盗ノ罪ニ依リ 軽懲役　八年	同	同	菊田粂三郎
同	強盗ノ罪ニ依リ 軽懲役　六年	同	千葉県士族	佐伯十三郎
同	強盗ノ罪ニ依リ 軽懲役　六年	同	神奈川県平民	難波春吉
同	強盗ノ罪ニ依リ 軽懲役　六年	同	同	大矢正夫
同	制縛罪ニ依リ 重禁錮　二年 罰　金　三十円	同	愛媛県士族	内藤六四郎
同	制縛罪ニ依リ 重禁錮　二年 罰　金　三十円	同	宮城県士族	氏家本(直)国
同	制縛罪ニ依リ 重禁錮　二年 罰　金　三十円	同	鳥取県平民	山本鹿蔵
同	同	同	富山県平民	加納卯平

同	同	同	大阪府平民	吉村大次郎
同	軽禁錮一年 監視十月	同	高知県士族	山本　憲
同	同	同	同	波越四郎
同	同	同	神奈川県平民	村野常右衛門
同	同	同	千葉県平民	飯田喜太郎
同	同	同	岡山県平民	安藤(ママ)久次郎

(15)　大阪軽罪裁判所

大阪軽罪裁判所既未決犯罪表

罪名	刑名	年月日	族籍	氏名
不敬犯	重禁錮三年九月	十五年八月十八日	大阪府平民	門田平三
以下未決ノ部				
出版条例犯			大阪府	延原スエ

(16)　大阪始審裁判所奈良支庁

大阪始審裁判所奈良支庁未決犯罪表

(但芳本梅太郎外四十四名ハ大和国葛上郡御竹町人民暴挙一件ニ係リ凶徒聚衆罪ナルヤ家宅侵入器物毀棄罪ナルヤ取調中ニシテ分明ナラサルモノナリ)

			族籍	氏名
				芳本梅太郎
				松岡利三郎

				中村菊松
				西村善六
				米田楢造
				小柴栄蔵
				笹山寅吉
				川合米吉
				西村金造
				吉川政吉
				中窪久次郎
				上田政次郎
				河本芳太郎
				新畑喜三郎
				牧村二郎
				川島平太郎
				鉄川藤五郎
				平田弥吉
				佐古栄吉
				窪田弥九郎
				中原駒二郎
				野坂仙吉
				赤塚貞蔵
				尾紙奈良吉
				尾崎平八

(17) 和歌山始審裁判所

和歌山始審裁判所未決犯罪表

中原秀吉			
松原幸則			
富永新六			
今岡利平			
加藤駒吉			
坂口次郎吉			
山田帍吉			
山本安吉			
中井要二郎			
吉川芳松			
水本源七			
中井栄吉			
南木直松			
上村佐太郎			
藤井磯吉			
杉田伝吉			
脇田楢吉			
村島市次郎			
原田善平			
米田半平			

（草田亦十郎ヨリ森本清次郎ニ至ル百二十名ハ兇徒聚衆罪ヲ犯シ取調中ノ者ナリ）

罪名		族籍	氏名
		和歌山県平民	草田亦十郎
		同	松山英太郎
		同	田中豊太郎
		同	田村史房
		同	草田禹之助
		同	松山亀次郎
		同	松岡勘助
		同	前田松三郎
		同	小島松太郎
		同	小嶋勝三
		同	木村錠之助
		同	北田宇吉
		同	木村岩太郎
		同	木村庯雄
		同	森本勝三
		同	関井利兵衛
		同	峰　芳太郎
		同	前田芳助
		同	堀内福松
		同	矢田鶴松
		同	前田源太郎

			同	赤堀松太郎
			同	木村政助
			同	井田万太郎
			同	池田万太郎
			同	井上亀吉
			同	西山喜兵衛
			同	堀内重吉
			同	堀内留吉
			同	沿田重吉
			同	大前孫市
			同	大家嘉兵衛
			同	大畑和七
			同	大前音松
			同	大越市兵衛
			同	和田善助
			同	和田安吉
			同	和田秀吉
			同	川口房松
			同	川上亀吉
			同	吉川佐兵衛
			同	田中芳兵衛
			同	妙中太助
			同	妙中竹之助

		同	竹本弥助
		同	津守丑之助
		同	中野直次郎
		同	中川松助
		同	名倉岩松
		同	浦島六助
		同	久保米松
		同	草田縫之助
		同	山田亀吉
		同	山本為助
		同	増田帍之助
		同	前川政三
		同	松岡猪之助
		同	藤本藤助
		同	相沢　縁
		同	坂本久蔵
		同	北川岩蔵
		同	北林信之助
		同	溝上松太郎
		同	溝畑喜兵衛
		同	溝畑半助
		同	溝本熊蔵
		同	溝本政吉

			同	松岡徳助
			同	下村鹿之助
			同	島田久吉
			同	平原勝之助
			同	火伏亀吉
			同	東山幸之助
			同	森前福太郎
			同	森下仙太郎
			同	大河内宇之助
			同	森 辰之助
			同	井上亀太郎
			同	田中政八
			同	田村鶴松
			同	中川栄吉
			同	伊藤安太郎
			同	西山幸之助
			同	岡村宗助
			同	太田宇之助
			同	岡村鉄太郎
			同	和田亀助
			同	上浦源左衛門
			同	亀山作兵衛
			同	吉川包丸

			同	高橋帍造
			同	妙中安之助
			同	妙中栄助
			同	田村久次郎
			同	谷　安之助
			同	妙中仲次郎
			同	中島市松
			同	倉橋重右衛門
			同	安井久兵衛
			同	前田勝三
			同	松本楠五郎
			同	前田定七
			同	松山熊吉
			同	小高亀次郎
			同	天野半兵衛
			同	斎藤幸助
			同	斉藤又兵衛
			同	佐野兵蔵
			同	山東恭三郎
			同	斎藤伊助
			同	木下勝三
			同	北風倉之助
			同	北　幸右衛門

罪名	刑名	年月日	族籍	氏名
			同	木下孫助
			同	木下乕之助
			同	木村安次郎
			同	島元佐六
			同	東山梅松
			同	森本清次郎
			同	前田岩太郎

(18) 大津始審裁判所

大津始審裁判所既未決犯罪表				
罪名	刑名	年月日	族籍	氏名
官吏侮辱	重禁錮 四月 罰金 十円	廿一年十二月廿二日	滋賀県平民	塚本清五郎
同	重禁錮 一月 罰金 五円	廿一年十二月廿日	福井県平民	田中庄吉
同	同	廿一年五月一日	滋賀県平民	田村與四郎
官吏侮辱及度量衡改定規則違犯	(一)重禁錮六月 罰金五円 (二)罰金二円	廿一年八月十三日	京都府平民	寺木佐平
以下未決ノ部				
集会条例犯			滋賀県平民	村田豊外十二名

(19)

岡山始審裁判所

岡山始審裁判所既未決犯罪表

罪名	刑名	年月日	族籍	氏名
官吏侮辱	官吏抗拒ノ罪ニ依リ処分ヲ受ク	廿一年九月十一日	岡山県平民	村上藤松

(20)

金沢始審裁判所

金沢始審裁判所既未決犯罪表

罪名	刑名	年月日	族籍	氏名
官吏侮辱	重禁錮　二月 罰金六円（但上告中）	廿一年十一月十七日	石川県平民	飛地半次郎

(21)

富山始審裁判所

富山始審裁判所既未決犯罪表

罪名	刑名	年月日	族籍	氏名
官吏侮辱	官吏抗拒ノ罪ニ依リ処断ヲ受ク	廿年二月十五日	富山県平民	新由松
以下未決ノ部				
官吏侮辱			富山県平民	士友與七
同			同	山口孫八郎

(22) 高知始審裁判所

高知始審裁判所既未決犯罪表

罪名	刑名	年月日	族籍	氏名
爆発物取締罰則犯	重禁錮 二年 罰金 二十円	廿一年七月二日	高知県士族	西内正基
同	同	同	同	岡本方俊
官吏侮辱	重禁錮 二月 罰金 五円	廿一年二月十五日	同県平民	寺尾孫七
同	重禁錮 三月 罰金 七円	廿一年十月廿九日	同	大野寿三郎

(23) 長崎始審裁判所

長崎始審裁判所既未決犯罪表

罪名	刑名	年月日	族籍	氏名
官吏侮辱	証書騙取委託金費消殴打負傷ノ罪ニヨリ処断	廿一年九月廿六日	長崎県士族	太田資綱

(24) 佐賀始審裁判所

佐賀始審裁判所既未決犯罪表

罪名	刑名	年月日	族籍	氏名
集会条例犯	軽禁錮 一月 罰金 五円	廿一年十一月廿九日	愛媛県士族	中村千之
官吏侮辱	抗拒罪ニ依リ処分ヲ受ク	廿一年十一月五日	佐賀県平民	岸川己之助

同	重禁錮 一月 罰金 五円	同	同	岸川百之助

(25)

福岡始審裁判所

福岡始審裁判所既未決犯罪表

罪名	刑名	年月日	族籍	氏名
兇徒聚衆	重懲役 九年	十八年七月卅日	佐賀県士族	百武文一
同	同	同	大分県平民	山本行蔵
同	軽懲役 八年	同	熊本県平民	三好清八
同	同	同	兵庫県平民	笹部岩奉
同	同	同	熊本県士族	久保田祐
同	同	同	同県平民	藤本政太郎
官吏侮辱	官吏抗拒罪ニ依リ処断ヲ受ク	廿一年十月四日	神奈川県平民	大森忠次郎
同	同	廿一年十月十八日	福岡県平民	田代八平

(26)

大分始審裁判所

大分始審裁判所既未決犯罪表

罪名	刑名	年月日	族籍	氏名
官吏侮辱	重禁錮 十五日 罰金 二円五十銭	廿一年五月廿一日	大分県平民	笠村喜代蔵
同	重禁錮 一月十日 罰金 七円	十六年七月六日	同	野口浅五郎

罪名	刑名	年月日	族籍	氏名
同	重禁錮 一月 罰金 五円	十七年六月十日	同	小寺幸作
同	重禁錮 一月十五日 罰金 七円	十七年六月十日	同	酒井宗太郎
同	重禁錮 一月十五日 罰金 五円	十七年三月廿一日	同	岡田万三郎
同	同	十六年十月六日	同	菅惣次郎
同	重禁錮 二月 罰金 十円	十七年二月十二日	同	三重野善三郎
同	誹議罪ニ依リ処断ヲ受ケタリ	廿二年一月十八日	同県士族	美濃顕甫

(27) 鹿児島始審裁判所

鹿児島始審裁判所既未決犯罪表

罪名	刑名	年月日	族籍	氏名
出版条例犯	軽禁錮 二月	廿一年十二月廿七日	広島県士族	佐藤勇
同	同	同	大阪府平民	森斉次郎

(28) 函館始審裁判所

函館始審裁判所既未決犯罪表

罪名	刑名	年月日	族籍	氏名
官吏侮辱	重禁錮 二月十五日 罰金 七円	廿一年十一月廿日	神奈川県平民	二見兵之助

(29)
弘前始審裁判所

弘前始審裁判所既未決犯罪表

罪名	刑名	年月日	族籍	氏名
官吏侮辱	重禁錮 一年三月 罰金六十二円五十銭	廿年十二月廿日	青森県士族	唐牛庸祐
以下未決ノ部				
官吏侮辱及抗拒			青森県士族	手塚良助
同			同	村谷有秀

(30)
名古屋控訴院

名古屋控訴院既未決犯罪表

罪名	刑名	年月日	族籍	氏名
外患ニ関スル罪	軽禁錮 一年六月 監視 六月	廿一年七月十四日	茨城県平民	館野芳之助
新聞紙条例犯	軽禁錮 四月	廿一年十二月四日	岐阜県平民	島森友吉
名古屋重罪裁判所犯罪表				
(一)外患ニ関スル罪 (二)爆発物取締罰則犯	(一)重禁獄九年(二)重懲役九年但(二)ニ依リ罰セラル	廿一年七月十四日	東京府平民	大井憲太郎
同	同	同	岡山県士族	小林樟雄
同	同	同	栃木県平民	新井章吾

(31)

名古屋始審裁判所

名古屋始審裁判所既未決犯罪表

罪名	刑名	年月日	族籍	氏名
集会条例犯	罰金　十円	廿一年八月廿九日		浅田真造
同	罰金　七円	同		九鬼力馬
新聞紙条例犯	罰金　八円	廿一年九月廿七日	愛知県平民	佐藤琢治（次カ）
岡崎支庁				
集会条例犯	罰金　五円	廿一年七月廿五日	東京府平民	宮川平三郎
同	同	同	愛知県士族	荻村良筝
官吏侮辱及集会条例犯	㈠重禁錮二月十五日 罰金廿五円 ㈡罰金三円	廿二年一月十七日	大阪府平民	斎藤幸吉

(32)

岐阜始審裁判所

岐阜始審裁判所既未決犯罪表

罪名	刑名	年月日	族籍	氏名
官吏侮辱	重禁錮　一月 罰金　五円	廿年三月十七日	岐阜県平民	山本亀次郎
同	重禁錮　二月 罰金　七円	廿年七月廿三日	同	河原佐吉
同	重禁錮　七月 罰金　三十円	廿一年十二月七日	同	西川鷹太郎

同	重禁錮　十五月 罰　金　二円五十銭	廿一年五月十九日	同	釜鳴栄太郎
同	同	同	同	前原仙之助
同	同	同	同	井戸惣右衛門
兇徒聚衆	重懲役　九年	十八年六月廿九日	同	高井太助
同	同	同	同	林弥曾八
同	同	同	愛知県平民	鈴木忠三郎
同	重懲役　十年	同	岐阜県平民	小原佐忠次
同	軽懲役　六年	同	同	平田多次郎
同	軽懲役　七年	同	同	山田鈴五郎
同	同	同	同	小林六兵衛
同	同	同	同	石原伊三郎
同	軽懲役　八年	同	同	高井勘三郎
同	同	同	同	伊藤初次郎
集会条例犯	罰　金　七円	廿一年十一月八日	同	渡辺恒介

(33)

安濃津始審裁判所

安濃津始審裁判所既未決犯罪表

罪名	刑名	年月日	族籍	氏名
官吏侮辱	官吏ニ抗拒シタル罪ニ依リ処断ヲ受ク	廿一年十一月廿二日（山田支庁）	三重県平民	田岡惣松
同	同	同	同	山本甚次郎
同	同	同	同	久保由松

以下未決ノ部				
官吏侮辱			東京府	大谷録次郎

(34) 宮城控訴院

宮城控訴院既未決犯罪表				
罪名	刑名	年月日	族籍	氏名
官吏侮辱	上告中		茨城県平民	大崎治郎太
同	審理中		宮城県平民	阿部正太夫

(35) 福島始審裁判所

福島始審裁判所既未決表				
罪名	刑名	年月日	族籍	氏名
官吏侮辱	重禁錮 六月 罰金 十円	廿一年八月廿二日	福島県平民	菊田留吉
同	重禁錮 十日	十五年五月廿五日	同	田中文次郎
兇徒聚衆	軽懲役 六年	十六年二月廿三日	同	富山悌次
同	同	同	同	神明要八
以下未決ノ部				
出版条例犯			福島県寄留	静孝準

(36) 山形始審裁判所

山形始審裁判所既未決犯罪表

罪名	刑名	年月日	族籍	氏名
官吏侮辱	重禁錮二月 罰金十円	廿一年十月十五日言渡 同年十一月十三日上告棄	山形県平民	本間定吉
以下未決ノ部				
新聞紙条例犯			山形県士族	島貫二吉

(37)
盛岡始審裁判所

盛岡始審裁判所既未決犯罪表

罪名	刑名	年月日	族籍	氏名
官吏侮辱	重禁錮一月十五日 罰金十円	廿二年一月九日	岩手県平民	多田健次郎

(38)
秋田始審裁判所

秋田始審裁判所既未決犯罪表

罪名	刑名	年月日	族籍	氏名
内乱陰謀	禁獄十年	十七年三月七日	秋田県平民	柴田浅五郎
同	強盗罪ニ依リ無期徒刑	同	同県士族	館友蔵
同	同	同	同県平民	柏木第六
同	同	同	同	川越庫吉
同	同	十八年九月廿二日	同	高橋専治

官吏侮辱	罰金　五円	廿一年十一月二日	山形県士族	犬塚隼男
同	重禁錮　三月 罰金　十円	廿一年十月十八日	兵庫県士族	北派宣一
同	官吏抗拒ノ罪ニ依 処断ヲ受ケタリ	廿一年六月十四日	秋田県平民	桜井角松

(39) 広島始審裁判所

広島始審裁判所既未決犯罪表

罪名	刑名	年月日	族籍	氏名
官吏侮辱	重禁錮　二月 罰金　廿円	廿一年十二月十四日	山口県平民	国光正人

(40) 山口始審裁判所

山口始審裁判所既未決犯罪表

罪名	刑名	年月日	族籍	氏名
官吏侮辱	重禁錮　二月 罰金　七円	廿一年十二月廿一日 （岩国治安）	広島県平民	近藤義城
同	重禁錮　一月廿日 罰金　五円	廿一年十二月廿七日	愛媛県平民	奥田権四郎
同	官吏抗拒ノ罪ニ依リ 処断ヲ受ク	廿一年十二月十九日	山口県平民	中津井伊兵衛
同	重禁錮　一月 罰金　五円	廿一年十二月廿七日	広島県平民	御堂原栄治郎

同	重禁錮 三月十日 罰金 十五円	廿一年十月十八日	山口県平民	草壁万右衛門
同	重禁錮 四月 罰金 十円	廿一年十二月廿六日	広島県平民	佐々木　龍
以下未決ノ部				
出版条例犯			山口県平民	芦原谷蔵
同				西守乾司
同				留島千治郎

(41) 松江始審裁判所

松江始審裁判所既未決犯罪表

罪名	刑名	年月日	族籍	氏名
官吏侮辱	重禁錮 四月十日 罰金 弐十円	十五年十一月十六日	島根県平民	神田仙太郎
新聞紙条例犯	禁獄 九月 罰金 七十五円	十五年十月四日	同	同
同	禁獄 一月十五日 罰金 七円五十銭	同	同	同
同	同	同	同	同
同	禁獄 九ケ月 罰金 七十五円	同	同	同
同	同	同	同	同

(42) 鳥取始審裁判所

鳥取始審裁判所既未決犯罪表

罪名	刑名	年月日	族籍	氏名
官吏侮辱	重禁錮 十日 罰金 六円五十銭	十九年十二月廿八日	鳥取県平民	黒田民次郎

二 赦免者名簿

(1) 「公文類聚」(明治二十二年)、『官報』第一六九九号(明治二十二年三月二日付)

既決ノ部

庁名	罪名	族籍	氏名
高等法院	内乱陰謀	福島県平民	河野広中
		福島県平民	愛沢寧堅
		福島県平民	平島松尾
		福島県平民	沢田清之輔
		東京府士族	花香恭次郎
東京控訴	官吏侮辱	秋田県平民	渡辺小太郎
		高知県士族	多田政治
		広島県平民	井上角五郎
		千葉県平民	深山源八
		新潟県平民	今井恒蔵

出版条例違犯	栃木県平民	日向野兵蔵
	岡山県士族	加藤平四郎
	東京府平民	作本棟造
爆発物取締罰則違犯	新潟県士族	中村敬太郎
	新潟県平民	古山又三郎
	新潟県平民	豊崎平松
	新潟県平民	鈴木立三郎
	新潟県平民	森田盛司
	新潟県平民	桜井彦太郎
皇室ニ対スル不敬罪	神奈川県平民	佐藤俊宣
出版条例違犯	栃木県士族	荒川高俊
	栃木県平民	星亨
	大阪府士族	寺田寛
	岡山県士族	石黒涵一郎
出版条例違犯 官吏侮辱	千葉県平民	奥沢福三郎
	千葉県平民	山田島吉
	島根県平民	矢田専之助
	岡山県平民	竹山弥蔵
出版条例違犯	福岡県平民	木原勇三郎
	熊本県平民	遠山嘉三郎
	新潟県士族	井上平三郎
	熊本県士族	井上敬次郎
	熊本県士族	長塩亥太郎

東京始審		
	福島県平民	斎藤徳三郎
	茨城県平民	熊谷平三
官吏侮辱	青森県平民	西村嘉吉
保安条例違犯	高知県士族	細川義昌
	高知県士族	山本幸彦
	高知県士族	坂本直寛
	高知県平民	前田岩吉
	高知県士族	黒岩成存
	高知県士族	片岡健吉
	高知県士族	武市安哉
	高知県平民	溝淵幸馬
	高知県平民	沢本楠弥
	高知県平民	今村弥太郎
	高知県平民	西山志澄
	青森県士族	成田三郎
	高知県士族	山本繁馬
	高知県士族	傍士次
	高知県平民	楠目馬太郎
	高知県平民	土居勝郎
	高知県士族	門田智
	高知県士族	永（ママ）沢理定
	高知県平民	黒岩一二
	高知県士族	横山又吉

		高知県士族	安喜(芸)喜代香
	新聞紙条例違犯	新潟県士族	西野友由
		新潟県平民	諸橋浅三郎
		群馬県平民	大沢惣蔵
		島根県平民	菅了法
		高知県士族	安岡雄吉
		高知県士族	大石正巳
		高知県士族	甲藤大器
		高知県士族	西直資
横浜始審	兇徒聚衆	神奈川県平民	熈野倉之助
千葉八日市場支庁	官吏侮辱	千葉県平民	石井浦吉
浦和始審	兇徒聚衆	埼玉県平民	門平惣平
		埼玉県平民	新井悌次郎
		埼玉県平民	柳原正男
		埼玉県平民	宮川津盛
		埼玉県平民	吉沢庄左衛門
		埼玉県平民	石田造酒八
		福井県平民	木戸為三
		埼玉県平民	坂本伊三郎
		埼玉県平民	大野福次郎
		長野県平民	井出為吉
		埼玉県平民	今井幸三郎
		埼玉県平民	新井浅吉

		群馬県平民	遠田宇市
		埼玉県平民	大野又吉
		埼玉県平民	浅見伊八
		埼玉県平民	千島周作
		埼玉県平民	今井弥作
	官吏侮辱	埼玉県平民	大谷武五郎
	兇徒聚衆	埼玉県平民	女部田梅吉
		埼玉県平民	井上善作
		埼玉県平民	大野苗吉
		埼玉県平民	島崎嘉四郎
		埼玉県平民	飯塚森蔵
		埼玉県平民	井上伝三
浦和 川越治安	官吏侮辱	埼玉県平民	松本秀吉

未決ノ部

庁名	罪名	族籍	氏名
大審院	官吏侮辱	新潟県平民	中山清松
		山口県平民	国光正人
	官吏侮辱	山梨県平民	戸田亀鶴
	官吏侮辱 出版条例違犯	奈良県平民	樽井藤吉
	官吏侮辱 新聞紙条例違犯	和歌山県平民	畑下熊雄（野）
		富山県平民	福井鉄太郎（ママ）

東京始審	爆発物取締罰則違犯	富山県平民	金瀬義明
		富山県平民	茶木嘉七郎
		山口県士族	青木逸
	出版条例違犯	東京府平民	小林與平
	出版条例違犯	新潟県平民	青木十三郎
		新潟県士族	今村陽
		新潟県士族	柿本岩次郎
		新潟県士族	富田耕三郎
		新潟県士族	入江方義
水戸始審	官吏侮辱	茨城県平民	小泉浜吉

(2)　「公文類聚」（明治二十二年）、『官報』第一七〇二号（明治二十二年三月六日付）

既決ノ部

庁名	罪名	族籍	氏名
水戸始審	皇室ニ対スル不敬罪 官吏侮辱	福島県平民	阿部国五郎
	官吏侮辱	福井県平民	宇野真行
前橋始審	兇徒聚衆	群馬県平民	小柏常次郎
		埼玉県平民	大木寿作
		群馬県平民	新井寅吉
		群馬県平民	東間代吉
		群馬県平民	山田米吉
		群馬県平民	神宮茂十郎

		長野県平民　宮坂初治
静岡始審	官吏侮辱	愛媛県平民　木原岩蔵
甲府始審	官吏侮辱	山梨県平民　土橋傳（ママ）吉
		東京府平民　沢熊次郎
	出版条例違犯	山梨県平民　石川一
	集会条例違犯	長野県平民　北沢直
長野始審	皇室ニ対スル不敬罪	長野県平民　木藤栄吉
	内乱陰謀	長野県平民　桜井平吉
	兇徒聚衆	長野県平民　新井郡次郎

未決ノ部

庁名	罪名	族籍氏名
横浜八王子支庁	官吏侮辱	神奈川県平民　井上重郎左衛門
	出版条例違犯	群馬県平民　木下徳次郎
大阪控訴	集会条例違犯	滋賀県平民　村田豊
		和歌山県平民　松山亀次郎
		和歌山県平民　前田禹之助
		和歌山県平民　前田松三郎
		和歌山県平民　木村錠之助
		和歌山県平民　北田宇吉
		和歌山県平民　木村岩太郎
		和歌山県平民　木下虎雄
		和歌山県平民　関井利兵衛

和歌山始審	兇徒聚衆	和歌山県平民	高橋虎蔵（庸造）
		和歌山県平民	松本楠五郎
		和歌山県平民	齋（ママ）藤又兵衛
		和歌山県平民	安井久兵衛
		和歌山県平民	妙中安之助
		和歌山県平民	大畑和七
		和歌山県平民	堀内重吉
		和歌山県平民	大越市兵衛
		和歌山県平民	堀内福松
		和歌山県平民	藤本藤助
		和歌山県平民	松岡勘助
		和歌山県平民	前田源太郎
		和歌山県平民	増田虎（庸）之助
		和歌山県平民	池田緑
		和歌山県平民	溝本熊太郎
		和歌山県平民	草田亦十郎
		和歌山県平民	松山英太郎
		和歌山県平民	矢田鶴松
		和歌山県平民	木村政助
		和歌山県平民	森本勝三
		和歌山県平民	田村史房
		和歌山県平民	川口房松
		和歌山県平民	下村鹿之助

		和歌山県平民　池田万太郎
		和歌山県平民　中野直次郎
		和歌山県平民　赤堀松太郎
		和歌山県平民　山東泰（恭カ）三郎
		和歌山県平民　大前孫市
		和歌山県平民　峰芳太郎
		和歌山県平民　大矢亀吉
		和歌山県平民　西山幸之助
		和歌山県平民　西山喜兵衛
		和歌山県平民　前田茂助
		和歌山県平民　田中政八
		和歌山県平民　小島（ママ）勝三
		和歌山県平民　小島松太郎
		和歌山県平民　津守丑之助
		和歌山県平民　北村（ママ）信之助
		和歌山県平民　大河内卯（ママ）之助
		和歌山県平民　草田縫之助
		和歌山県平民　田中豊太郎
		和歌山県平民　名倉岩松
		和歌山県平民　前川政三
		和歌山県平民　溝上松太郎
名古屋控訴	官吏侮辱 集会条例違犯	大阪府平民　斎藤幸吉

(3)　「公文類聚」（明治二十二年）、『官報』第一七〇三号（明治二二年三月七日付）

既決ノ部

庁名	罪名	族籍	氏名
東京始審	皇室ニ対スル不敬罪	和歌山県平民	古林繁越
	新聞紙条例違犯	兵庫県平民	中川仁三郎
	出版条例違犯	京都府士族	山口元徳
	内乱陰謀	愛知県士族	村松愛蔵
		愛知県士族	川澄徳治（次）
		愛知県士族	八木重治
	集会条例違犯	神奈川県平民	小峰和助
	官吏侮辱 新聞紙条例違犯	長野県平民	田村政次郎
		栃木県平民	片庭長作
横浜八王子支庁	官吏侮辱	神奈川県平民	加藤可成
	集会条例違犯	静岡県平民	鈴木直次郎
	外患ニ関スル罪	神奈川県平民	村野常右衛門
水戸土浦支庁	官吏侮辱	茨城県平民	青木金作
		茨城県平民	林記（紀）右衛門
		茨城県平民	内田クニ
		茨城県平民	中根卯之助
		茨城県平民	小久保佐市

長野始審	皇室ニ対スル不敬罪	長野県平民	中条安次郎
大阪本庁	集会条例違犯	和歌山県士族	淺井譽至夫
	官吏侮辱	長崎県平民	福島伝次郎
大阪堺治安	官吏侮辱	大阪府平民	井上治郎吉
大津始審	官吏侮辱	滋賀県平民	塚本清五郎
	集会条例違犯	佐賀県平民	堀木格明
		青森県士族	奥村照梧郎
	官吏侮辱	京都府平民	田村與次郎
		福井県平民	田中庄吉
	外患ニ関スル罪	富山県平民	稲垣示
		群馬県士族	久野初太郎
		福島県平民	田代季吉
		栃木県平民	橋本政次郎
		神奈川県士族	天野政立
		神奈川県平民	難波春吉
		和歌山県平民	中川松助
		和歌山県平民	火伏亀吉
		和歌山県平民	北川岩蔵
		和歌山県平民	浦島六助
		和歌山県平民	溝本政助
		和歌山県平民	沼田重助
		和歌山県平民	川上亀吉
		和歌山県平民	竹中弥助

和歌山始審	兇徒聚衆	和歌山県平民	吉川佐兵衛
		和歌山県平民	前田岩太郎
		和歌山県平民	山本為助
		和歌山県平民	平原勝之助
		和歌山県平民	森前幸之助
		和歌山県平民	中島市松
		和歌山県平民	井上亀太郎
		和歌山県平民	堀内留吉
		和歌山県平民	大前音松
		和歌山県平民	山田亀吉
		和歌山県平民	和田安松
		和歌山県平民	和田善助
		和歌山県平民	井田万太郎
		和歌山県平民	和田秀松
		和歌山県平民	妙中太助
		和歌山県平民	畑中竹之助
		和歌山県平民	木村安次郎
		和歌山県平民	森本千太郎
		和歌山県平民	田中芳兵衛
		和歌山県平民	島田久吉
		和歌山県平民	溝畑喜兵衛
		和歌山県平民	中川栄吉
		和歌山県平民	久保米松

		和歌山県平民	松岡伊(ママ)之助
		和歌山県平民	松岡徳助
		和歌山県平民	森前福太郎
		和歌山県平民	坂本岩松
		和歌山県平民	井上亀吉
		和歌山県平民	田村鶴吉
		和歌山県平民	森　辰之助
		和歌山県平民	溝畑半助
徳島始審	皇室ニ対スル不敬罪	徳島県平民	十川佐之吉
	外患ニ関スル罪	石川県民	井山惟誠
		富山県平民	川村　潔
		神奈川県平民	武藤角之助
		茨城県平民	田崎定四郎
		長野県平民	石塚重平
	官吏侮辱	徳島県平民	板東武平
		徳島県平民	谷　梅之市
		兵庫県平民	野水幾蔵
		徳島県平民	桑村金五郎
名古屋控訴	新聞紙条例違犯	岐阜県平民	島森友吉
	外患ニ関スル罪 爆発物取締罰則違犯	東京府民	大井憲太郎
		岡山県平民	小林樟雄
		栃木県平民	新井章吾
	外患ニ関スル罪	茨城県平民	館野芳之助

名古屋始審		官吏侮辱	愛知県平民	田中文次郎
安濃津山田支庁		官吏侮辱	三重県平民	田岡惣松
			三重県平民	山本甚次郎
			三重県平民	久保由松
岐阜	本庁	官吏侮辱	岐阜県平民	山本亀次郎
			岐阜県平民	河原佐吉
		集会条例違犯	岐阜県平民	渡辺恒介
		官吏侮辱	岐阜県平民	西川鷹太郎
		兇徒聚衆	岐阜県平民	小原佐忠次
			愛知県平民	鈴木忠三郎
			岐阜県平民	林弥曾八
			岐阜県平民	高井太助
			岐阜県平民	高井勘三郎
			岐阜県平民	山田鈴五郎
			岐阜県平民	小林六兵衛
			岐阜県平民	石原伊三郎
			岐阜県平民	平田菊次郎
			岐阜県平民	伊藤初次郎
	高山支庁	官吏侮辱	岐阜県平民	釜島栄太郎
			岐阜県平民	前原仙之助
仙台	石巻支庁	官吏侮辱	宮城県平民	山下周治
	本庁	官吏侮辱	福島県平民	菊田留吉

庁名	罪名	族籍氏名
福島 若松支庁	兇徒聚衆	福島県平民　神明要八
		福島県平民　富山悌次
山形始審	官吏侮辱	北海道庁平民　本間定吉
盛岡始審	官吏侮辱	岩手県平民　多田健次郎

(4)「公文類聚」（明治二十二年）、『官報』第一七〇四号（明治二十二年三月八日付）

既決ノ部

庁名	罪名	族籍氏名
東京始審	官吏侮辱	群馬県平民　中島半三郎
新潟始審	官吏侮辱	新潟県平民　中野和蔵（ママ）
大阪始審	外患ニ関スル罪	高知県士族　山本憲
		高知県士族　波越四郎
		岡山県平民　安藤（ママ）久次郎
		埼玉県平民　落合寅市
		神奈川県平民　菊田久米三郎
		千葉県士族　佐伯十三郎
	皇室ニ対スル不敬罪	香川県平民　多田志津雄
	官吏侮辱	茨城県平民　尾見角次
		富山県士族　魚住滄
		石川県士族　窪田常吉
		栃木県平民　赤羽根利助

庁名	罪名	族籍	氏名
	外患ニ関スル罪	富山県平民	稲垣良之助
		岡山県士族	景山英
		神奈川県平民	山本與七
		愛知県士族	内藤六四郎
		鳥取県平民	山本鹿蔵（ママ）
岡山 津山支庁	集会条例違犯	兵庫県平民	山内太久三
金沢始審	官吏侮辱	石川県平民	飛地半治郎（ママ）
	集会条例違犯	石川県平民	高柳皆松
	出版条例違犯	石川県平民	山本錬三郎
高知始審	爆発物取締罰則違犯	高知県士族	西内正基
		高知県士族	岡本方俊
	官吏侮辱	高知県平民	寺尾孫七
		高知県平民	大野寿三郎
名古屋 岡崎支庁	集会条例違犯	東京府平民	宮川平三郎
安濃津 四日市治安	官吏侮辱	東京府平民	大谷録次郎

(5)　「公文類聚」（明治二十二年）、『官報』第一七〇五号（明治二十二年三月九日付）

未決ノ部

庁名	罪名	族籍	氏名
静岡始審	出版条例違犯	静岡県平民	海野孝三郎

大阪控訴	官吏侮辱	広島県平民	村上定
		兵庫県平民	堀田（ママ）喜逸
	外患ニ関スル罪	茨城県士族	玉水恒治
大阪奈良支庁	兇徒聚衆	奈良県平民	赤塚貞蔵
		奈良県平民	上村佐太郎
		奈良県平民	南木直松
		奈良県平民	西村善六
		奈良県平民	新畑喜三郎
		奈良県平民	尾崎平八
		奈良県平民	松岡利三郎
		奈良県平民	杉田伝吉
		奈良県平民	松原幸則
		奈良県平民	米田半平
		奈良県平民	窪田弥九郎
		奈良県平民	野坂仙吉
		奈良県平民	佐古栄七（ママ）
		奈良県平民	米田楢造
		奈良県平民	川島平太郎
		奈良県平民	中村菊松
		奈良県平民	笹山寅吉
		奈良県平民	脇田楢吉
		奈良県平民	吉川芳松
		奈良県平民	平田弥吉

裁判所	罪名	族籍	氏名
		大阪府平民	坂口次郎吉
		奈良県平民	石井源二郎
		奈良県平民	山本安吉
		奈良県平民	小柴栄蔵
		奈良県平民	今岡利平
		奈良県平民	上田政次郎
		奈良県平民	尾崎（ママ）奈良吉
		奈良県平民	河本芳太郎
		奈良県平民	加藤駒吉
		奈良県平民	芳本梅太郎
		奈良県平民	西村金蔵（造カ）
		奈良県平民	岡本音吉
		奈良県平民	井上庄吉
		奈良県平民	吉田善三郎
		奈良県平民	吉本竹三
		奈良県平民	牧村二郎
		奈良県平民	山田寅（扃カ）吉
		奈良県平民	鉄川藤五郎
		奈良県平民	中原秀吉
		奈良県平民	水本源七
		奈良県平民	富永新六
		大阪府平民	中井栄吉
名古屋控訴	官吏侮辱	茨城県平民	大崎治郎太

弘前	青森治安	官吏侮辱	青森県士族	村谷有秀

(6)「公文類聚」(明治二十二年)、『官報』第一七〇六号（明治二十二年三月十一日付）

既決ノ部

庁名		罪名	族籍	氏名
東京始審		新聞紙条例違犯 官吏侮辱	鹿児島県平民	広田善次郎
		出版条例違犯	京都府士族	牧野兵蔵
		保安条例違犯	高知県士族	中内庄三郎
横浜	八王子支庁	皇室ニ対スル不敬罪	神奈川県士族	渡邊(ママ)寿彦
			神奈川県平民	伊藤伊之助
千葉始審		新聞紙条例違犯	山梨県平民	永島新太郎
		官吏侮辱	千葉県平民	川上錠平
			千葉県平民	関吉五郎
		集会条例違犯	東京府士族	坂巻茂次郎
新潟	新発田支庁	官吏侮辱	宮城県士族	鴨田庸理
大阪控訴		外患ニ関スル罪	茨城県平民	磯山清兵衛
			千葉県平民	飯田喜太郎
神戸	姫路支庁	官吏侮辱	兵庫県士族	北瓜(ママ)宜(ママ)一
岡山始審		官吏侮辱	岡山県平民	村上藤吉
		官吏侮辱	京都府不詳	沢治郎吉
		官吏侮辱 集会条例違犯	京都府不詳	杉本勝次郎

大津	彦根支庁	集会条例違犯	福井県不詳	細井弁蔵
			京都府不詳	坂部幸吉
			兵庫県不詳	森城太郎
徳島始審		官吏侮辱	徳島県平民	広田政蔵
富山	本庁	官吏侮辱	富山県平民	山口孫八郎
			富山県平民	士反(友)興(輿)七
	魚津治安	官吏侮辱	富山県平民	新由松
和歌山始審		外患ニ関スル罪	大阪府平民	吉村大次郎
松山	高松支庁	集会条例違犯	徳島県平民	横山嘉太郎
広島控訴		集会条例違犯	長崎県士族	南部重遠
		官吏侮辱	鳥取県平民	黒田民次郎
		出版条例違犯	京都府平民	長田庄右衛門
広島	尾道支庁	官吏侮辱	広島県平民	寺尾道助
			広島県平民	和田料三
			広島県平民	寺尾運助
山口	本庁	官吏侮辱	広島県平民	佐々木龍
			山口県平民	草壁万右衛門
	岩国治安	官吏侮辱	広島県平民	近藤義城
			愛媛県平民	奥田権四郎
松江始審		官吏侮辱 出版及新聞紙条例違犯	島根県平民	神田仙太郎
			島根県士族	水谷鐘三郎

		出版条例違犯	島根県平民	米山礼蔵
			島根県平民	内藤半四郎
佐賀始審		官吏侮辱	佐賀県平民	熊谷虎一
			佐賀県平民	田中貞吉
福岡	本庁	兇徒聚衆	大分県平民	山本行蔵
			熊本県士族	久保田祐
		集会条例違犯 官吏侮辱	山口県士族	西川秀太郎
		官吏侮辱	神奈川県平民	大森忠次郎
	久留米支庁	兇徒聚衆	福岡県平民	辻藤平
			大分県平民	国広小太郎
			兵庫県平民	笹部岩奉
			熊本県平民	藤本政太郎
大分始審		兇徒聚衆	大分県平民	末広善蔵
熊本始審		兇徒聚衆	佐賀県士族	百武文一
仙台始審		内乱陰謀	秋田県平民	柴田浅五郎
秋田始審		官吏侮辱	秋田県平民	桜井角松
		集会条例違犯	山形県不詳	大塚隼男
弘前	本庁	官吏侮辱	埼玉県平民	町田由蔵
	青森治安	官吏侮辱	青森県平民	平田巳之松
函館	福山治安	集会条例違犯	静岡県平民	松本金三郎

(7)　「公文類聚」（明治二十二年）

未決ノ部

庁名	罪名	族籍	氏名
宇都宮始審	出版条例違犯	栃木県平民	若目田健二郎
		栃木県平民	永井貫一
大阪始審	爆発物取締罰則違犯	富山県平民	寺島正節
長崎　福江支庁	官吏侮辱	長崎県平民	若林常次郎

既決ノ部

庁名	罪名	族籍	氏名
大阪控訴	外患ニ関スル罪	富山県平民	加納夘平
宇都宮始審	不敬犯　官吏侮辱及新聞紙条例違犯	愛知県士族	後藤勉
	官吏侮辱	新潟県平民	鈴木丑太郎
浦和始審	兇徒聚衆	静岡県平民	宮川寅五郎
		埼玉県平民	堀口栄次郎
前橋始審	兇徒聚衆	京都府平民	小林安兵衛
		群馬県平民	湯浅理兵
		福島県平民	伊奈野文次郎
甲府始審	兇徒聚衆	長野県平民	菊池貫平
神戸　姫路支庁	集会条例違犯	広島県平民	伊藤亀之助
		京都府平民	杉本勝次郎
福井始審	集会条例違犯	福井県平民	川中金太郎
鳥取始審	兇徒聚衆	岡山県平民	矢吹愛次郎

長崎	本庁	兇徒聚衆	熊本県平民	西本三作
		官吏侮辱	長崎県平民	太田友重
	福江支庁	官吏侮辱	長崎県平民	中山金蔵
佐賀始審		官吏侮辱	佐賀県不詳	大塚七三郎
福岡始審		兇徒聚衆	熊本県平民	三好清八
鹿児島始審		出版条例違犯	広島県士族	佐藤勇
			同県平民	重森操
			大阪府平民	森斉次郎
弘前始審		官吏侮辱	青森県士族	唐牛庸祐
			同	手塚良助
函館	江刺治安	官吏侮辱	神奈川県平民	二見兵之助
根室始審		兇徒聚衆	埼玉県平民	小森茂作
沖縄県		官吏侮辱	沖縄県平民	仲地広善
旧開拓使		兇徒聚衆	北海道平民	福見九平
旧小田県		兇徒聚衆	広島県平民	佐藤源吉

あとがき

私は本年の三月末日をもって長年奉職してきた慶應義塾大学を退職する。これによって私の研究生活が終了するわけではないが、この機会にこれまで諸誌に発表してきた自由民権運動史関係の論文のうち、とくに急進派の人々を対象とする研究論文七篇を選び、これに資料一篇を加え、『自由民権運動の研究――急進的自由民権運動家の軌跡』と題する小著を刊行することにした。

周知のように、明治七年にはじまる自由民権運動は、全国各地に無数の政社を生みだし、さらにそれらを全国的規模で結集し、やがてわが国に最初の政党を誕生させた巨大な政治運動だった。しかしこの運動は、集会条例が改正された明治十五年以降、自由党地方部の非合法化や政談演説会の規制強化、さらには新聞紙条例の改正強化等によって追い詰められ、大きなダメージを受けた。その結果、自由民権運動家のなかには、言論による政治改革をあきらめ、直接行動によって政府の転覆をめざす者もあらわれ、明治十五年から十九年にかけて、自由党員による内乱陰謀事件が頻発した。とくに明治十七年前後には、加波山事件、飯田事件、名古屋事件、大阪事件、静岡事件などが、あい次いで勃発し、世上は不穏な情勢となった。本書で取り上げた自由民権運動家は、いずれもこれらの事件で中核的役割を担った人々であり、事件発覚後、内乱罪、強盗罪、強盗殺人罪、爆発物取締罰則などで有罪となった人々である。かれらがなぜ実力行使を決意したのか。その動機やかれらの攻撃目標、さらにはかれらが抱いていた政治構想に着目し、これを探ろうとしたのは、そうすることによってそれぞれの事件の個性のみならず、それらの事件の根底に横たわる究極の同質性、すなわち急進的自由民権運動全体を横断する特質のようなものが抽出できるのではないかと考えたからである。もとよりこのような企図が、本書で十分に達成できたとは思わないが、判断の材料となる素材だけは、豊富に提供できたのではないかと考えている。

私が自由民権運動史の研究に手を染めたのは、前任校である駒沢大学法学部に昭和五十三年に着任してからのことである。しかし当時の自由民権運動史研究は、総じていかにして日本社会を変革するかというきわめて実践的な課題と結びついており、学問研究としては一面的で、いささか物足りないものとなっていた。このため私は、明治法制史研究の泰斗手塚豊先生のご指導を仰ぎ、緻密な実証主義の手法を第一歩から学ぶことにした。当時の私は、「秩父事件が自由民権運動の最後にして最高の形態」と断言する見解とか、「激化事件こそ日本における最初のブルジョア民主主義革命」とみなす見解に対し、大きな疑念を持っていたものの、これを批判する有効な方法論や実証的手法を全く身につけていなかったからである。以来、私は毎月一回手塚豊先生のご自宅で開催される研究会に欠かさず出席し、何とかその手法を自分なりに会得したが、この間に学んだ研究方法・態度は、今日もなお、私の研究姿勢の基本になっている。

いま自由民権運動史研究は「停滞」「後退」「模索」の時期にあるといわれる。昭和五十六年に横浜で開催された「自由民権百年」を記念する全国集会は、盛況裡に終わったものの、その後まもなく、ソビエト連邦や東ヨーロッパの社会主義政権が次々に崩壊し、自由民権運動史研究の主流を支えてきた講座派理論が全く力を失うことになったからである。しかし講座派理論の崩壊は、決して「停滞」でも「後退」でもなく、むしろ正常化の第一歩と呼ぶべきであって、私はこれから続々と誕生するであろう新しい自由民権運動史研究に大きな期待を寄せている。本書が今後の自由民権運動史研究に多少なりとも寄与することができるとするならば、著者として大きな喜びである。

本書の編集については、慶應義塾大学出版会第一出版部長の前島康樹氏ならびに同編集部の小室佐絵氏に大変お世話になった。また本書の出版については、慶應義塾大学法学研究会より多大のご支援をうけた。ここに記して厚く御礼と感謝の意を表したい。

平成二十年二月

東京三田の研究室にて

寺崎　修

初出一覧

「急進的自由民権論者の政治思想」（中村勝範編『近代日本政治の諸相』一九八九年、慶應義塾大学出版会）
「自由民権運動史上における村松愛蔵——飯田事件を中心に」（『法学論集』第三三号、一九八六年、駒沢大学）
「自由民権運動史上の広瀬重雄」（『法学研究』第七三巻第一号、二〇〇〇年、慶應義塾大学）
「自由民権運動史上における富松正安」（『法学政治学論究』第三号、一九八九年、慶應義塾大学）
「有罪確定後の加波山事件関係者」（手塚豊編『近代日本史の新研究』第Ⅶ巻、一九八九年、北樹出版）
「自由民権家の出獄と公権回復——大阪事件関係者の場合」（『法学論集』第五〇号、一九九五年、駒沢大学）
「第一回衆議院議員選挙と大井憲太郎——その選挙人・被選挙人資格をめぐって」（日本法政学会編『現代政治学の課題』二〇〇六年、成文堂）
「明治憲法発布の大赦令関係資料——裁判所別既未決犯罪表と赦免者名簿」（『政治学論集』第三四号、一九九一年、駒沢大学）

慶應義塾大学法学研究会叢書

執筆者紹介
寺崎修　てらさき おさむ
慶應義塾大学法学部教授。専攻は日本政治史、日本政治思想史。1945年生まれ。慶應義塾大学大学院法学研究科修士課程修了。法学博士。
主要業績に、『明治自由党の研究』上・下（慶應義塾大学出版会、1987年)、『近代日本史の新研究』1〜9巻（共著、北樹出版、1981〜1991年)、『福澤諭吉書簡集』1〜9巻（共編、岩波書店、2001〜2003年)、『福澤諭吉著作集』7巻（編、慶應義塾大学出版会、2003年)、『福沢諭吉の手紙』（共編、岩波文庫、2004年)、『近代日本の政治』シリーズ日本の政治2巻（編著、法律文化社、2006年)、『福沢諭吉の思想と近代化構想』叢書21COE-CCC 30（編著、慶應義塾大学出版会、2008年）など。

慶應義塾大学法学研究会叢書　77

自由民権運動の研究
——急進的自由民権運動家の軌跡

2008年3月31日　初版第1刷発行

著　者————寺崎　修
発行者————慶應義塾大学法学研究会
代表者　坂原正夫
〒108-8345　東京都港区三田2-15-45
TEL 03-3453-4511
発売所————慶應義塾大学出版会株式会社
〒108-8346　東京都港区三田2-19-30
TEL 03-3451-3584　FAX 03-3451-3122
装　丁————廣田清子
カバー・表紙図版：
「板垣君遭難之図」一楊斎豊宣画、明治15年頃
神奈川県歴史博物館所蔵
印刷・製本———港北出版印刷株式会社
カバー印刷———株式会社太平印刷社

Printed in Japan ISBN 978-4-7664-1474-5
落丁・乱丁本はお取替いたします。

跋

学問的価値の高い研究成果であつてそれが公表せられないために世に知られず、そのためにこれが学問的に利用せられずして、そのまま忘れられるものは少なくないであろう。又たとえ公表せられたものであつても、口頭で発表せられたために広く伝わらない場合があり、印刷公表せられた場合にも、新聞あるいは学術誌等に断続して載せられた場合は、後日それ等をまとめて通読することに不便がある。これ等の諸点を考えるならば、学術的研究の成果は、これを一本にまとめて出版することが、それを周知せしめる点からも又これを利用せしめる点からも最善の方法であることは明かである。この度法学研究会において法学部専任者の研究でかつて機関誌「法学研究」および「教養論叢」その他に発表せられたもの、又は未発表の研究成果で、学問的価値の高いもの、または、既刊のもので学問的価値が高く今日入手困難のものなどを法学研究会叢書あるいは同別冊として逐次刊行することにした。これによつて、われわれの研究が世に知られ、多少でも学問の発達に寄与することができるならば、本叢書刊行の目的は達せられるわけである。

昭和三十四年六月三十日

慶應義塾大学法学研究会

人名索引

カ行

サ行

タ行

ナ行

ハ行

マ行

ヤ行

ワ行